Im Europa der frühchristlichen Jahrhunderte und des Mittelalters waren Massenbewegungen in Erwartung eines bevorstehenden Weltuntergangs an der Tagesordnung. Diese apokalyptische Mentalität speiste sich aus den eschatologischen Offenbarungen der Heiligen Schrift und der Apokryphen, die im Mittelalter intensiv gelesen und weitererzählt wurden. Insbesondere im Gefolge von Kriegen und Naturereignissen wie Hungersnöten und Epidemien, denen die Menschen schutz- und hilflos ausgesetzt waren, aber auch als Reaktion auf kosmische Erscheinungen entstanden solche Untergangsvisionen.

Claude Carozzi zeigt in einer präzise erforschten und anschaulich geschriebenen Gesamtschau, daß eschatologische Schriften und Bewegungen trotz aller Unterschiede stets dieselben Erwartungen beschworen: das Erscheinen des Antichristen, das Martyrium der Propheten Elias und Henoch, in welchem die letzte Verfolgung der Christenheit gipfelt, und schließlich die Wiederkehr des Herrn, die Vernichtung des Antichristen und das Jüngste Gericht mit der Erwählung der Gerechten, die das Tausendjährige Reich tragen sollten.

Diese Phantasien vom Ende der Welt wurden von Massenbewegungen verbreitet. Bauern und Bäuerinnen, Handwerker und Handwerkerinnen, aber auch Mönche und Patrizier folgten charismatischen Führern, die predigten, die Erde gewaltsam zu »reinigen« und sich auf das Kommen des Antichristen vorzubereiten. Dem inhaltlichen Wandel dieser Bewegungen geht Carozzi genauso nach wie den veränderten sozialen, mentalen und ökonomischen Bedingungen und veranschaulicht so ein wichtiges Moment christlich-europäischer Mentalität.

Claude Carozzi, geboren 1939, ist Professor für Mittelalterliche Geschichte an der Universität von Aix-en-Provence in Frankreich.

Europäische Geschichte

Herausgegeben von Wolfgang Benz

Konzeption: Wolfgang Benz,
Rebekka Habermas und Walter H. Pehle

Europäische Geschichte

Claude Carozzi

Weltuntergang und Seelenheil

Apokalyptische Visionen im Mittelalter

Aus dem Französischen
von Eva Moldenhauer

Fischer
Taschenbuch
Verlag

Originalausgabe
Veröffentlicht im Fischer Taschenbuch Verlag GmbH,
Frankfurt am Main, Oktober 1996

Redaktion: Tanja Hommen, Johannes Heil
Gesamtherstellung: Clausen & Bosse, Leck
Printed in Germany
ISBN 3-596-60113-4

Gedruckt auf Munken Print Extra der Papierfabrik Munkedal AB, Schweden

Inhalt

Zweiter Teil:

Vorwort

Das Christentum ist eine Heilsreligion. Von Anbeginn stimmten seine Anhänger darin überein, daß Christus durch seine Auferstehung den Weg des Heils vorgezeichnet habe. Das Heilsdenken ist also stets mit einem eschatologischen Konzept verbunden gewesen: Der Christ wird am Ende der Zeiten auferstehen. Im Kern beruht diese christliche Lehre auf einer Offenbarung (griechisch: »apokalypsis«), die in den Evangelien, aber auch im letzten Buch des Neuen Testaments enthalten ist: die Offenbarung des Johannes. Die Lektüre dieser Texte erlaubt uns jedoch keine konkrete Kenntnis der Eschatologie. Denn sobald es um Einzelheiten geht, sprechen die Verfasser des Neuen Testaments, in Nachahmung derer des Alten Testaments, eine verschlüsselte Sprache, die nicht leicht zu entziffern ist. Doch schon sehr früh wurden von den Exegeten, den Auslegern der Bibel, Schlüsse gewagt. Sie beruhen auf besonderen, dem verschlüsselten Stil angepaßten analytischen Methoden. Die so gewonnenen Resultate sind durch das allgemeine Denken der einzelnen Epochen und des jeweiligen religiösen Milieus beeinflußt. Auf diese Weise kann eine religiöse Mentalität eine Ideologie hervorbringen. Eine Ideologie ist – in dem Fall, der uns hier beschäftigt – ein vermittelndes Denken zwischen einer Theologie, die auf der umfassenden Deutung der Heiligen Schrift gründet, und einer exakten Beschreibung der realen Erfahrung, die in keiner Epoche vollständig sein kann. Wenn die Theologie nur unklare Vorstellungen über das Ende der Zeiten vermitteln und zugleich die Beobachtung der Welt deren Sinn nicht erschließen kann, dann muß die Ideologie diese Lücken füllen.

Dieses Buch will die historische Entwicklung des apokalyptischen Denkens analysieren, das heißt die ideologischen Denkweisen, die es geprägt haben. Als Ausgangspunkt wurde ein Traktat gewählt, der Mitte des 10. Jahrhunderts von einem lothringischen Mönch geschrieben wurde, Adso von Montier-en-Der. Er hat das Wesentliche der Endzeitlehre seiner Tage schriftlich niedergelegt, so daß es möglich ist, die wichtigsten Züge der ihr zugrundeliegenden Geisteshaltung zu erfassen. Meine Arbeit wird also versuchen, die Ursprünge dieses Denkens ausfindig zu machen und dann ihre Entwicklungen und Veränderungen bis in den Anbruch der Neuzeit hinein zu verfolgen. Da sich diese Entwicklung im Rahmen einer immer stärker institutionell gegliederten Kirche vollzog, müssen ihre Auswirkungen auch im Innern des kirchlichen Gemeinwesens selbst untersucht werden. Damit wird auf einige Höhepunkte der Kirchengeschichte eingegangen. Doch im Rahmen dieses Buchs sowie in Anbetracht des Umfangs der Materie kann nicht alles zur Sprache kommen. Es handelt sich also um eine Auswahl. Mit dem, was beiseite gelassen wurde, ließe sich fast ein weiteres, ebenso umfangreiches Buch schreiben. Mein Ziel bestand nicht darin, eine endgültige Synthese abzufassen, sondern Pfade in eine Art Dschungel zu schlagen.

Dieser Eindruck ergibt sich zunächst aus einer beträchtlichen Bibliographie, die jedoch nur wenige Werke enthält, die das Problem in seinem ganzen Ausmaß behandeln. Außerdem sind die Fakten, die man unter dem Titel »Weltuntergang und Seelenheil« zusammenfassen kann – ganz zu schweigen von denjenigen, die mitunter dazugerechnet werden, ohne daß sie dort etwas zu suchen hätten –, von beträchtlicher Zahl. Was mich betrifft, so glaube ich, daß das Heilsdenken im Christentum grundlegend mit dem Verständnis vom Wesen der Zeit zusammenhängt; daß es in diesem Bereich eine Art Konkurrenz zwischen der römischen Kirche und dem antiken und später mittelalterlichen Kaiserreich gab; und daß schließlich die Entwicklung der kirchlichen Bußlehre, die allmählich zu einem regelrechten System geriet, einer der Hauptfaktoren dafür gewesen ist, daß das apokalyptische Denken innerhalb der Kirche zurückging, während es außerhalb ihrer zunahm.

Hier nun die Pfade, die ich beschritten, und die Höhepunkte, die ich herauszuschälen versucht habe. In der Bibliographie sind die wichtigsten Titel aufgeführt, die mich auf diesem Weg begleitet haben.

Die absichtlich reduzierten Anmerkungen verweisen auf diese Titel sowie auf die historischen Dokumente, die erwähnt oder zitiert werden.

Erster Teil:
Die Entstehung der apokalyptischen Vorstellungen

Der Mönch Adso von Montier-en-Der

Das Wesentliche der apokalyptischen Ideologie des hohen Mittelalters ist fast vollständig in Adsos Antichrist-Traktat enthalten.[1] 953–954 auf Wunsch von Königin Gerberga, der Schwester Ottos I. von Germanien und Gattin des Königs von Frankreich, Ludwigs IV., des Überseeischen, von Adso, einem Mönch aus dem Kloster von Montier-en-Der, verfaßt, fand dieser Text weite Verbreitung; 171 Textzeugen vom 10. bis 14. Jahrhundert sind erhalten. Ein weiterer Beweis für das Interesse, das er in jener Epoche weckte, ist die Tatsache, daß er anerkannten Autoren wie Hrabanus Maurus oder Alkuin zugeschrieben wurde. Man hat auch nicht gezögert, ihn zu bearbeiten, um ihn dem jeweiligen Zeitgeschmack anzupassen. Damit wurde ihm das Schicksal zuteil, das stets jenen Texten widerfuhr, die man als grundlegend erachtete. Dieser Traktat war jedoch nicht besonders originell. Die Durchsicht seiner Quellen führt zum Schluß, daß Adso sehr großzügig aus den Werken seiner Vorgänger geschöpft hat: Hieronymus, Beda Venerabilis, Alkuin, Walahfrid Strabo und Haimo von Auxerre. Abgesehen von Hieronymus handelt es sich bei allen um Autoren des 8. und 9. Jahrhunderts; und abgesehen von dem Angelsachsen Beda sind es karolingische Autoren. Adso teilt uns im übrigen selbst mit, daß er nichts aus sich selbst schöpft: »Es ist Geschriebenes, das ich in den Büchern fand, die ich sorgfältig studiert habe.«[2]

Indes darf man sich fragen, welche Gründe Königin Gerberga bewogen haben, Adso über ein solches Thema zu Rate zu ziehen. Dieser selbst gibt im übrigen am Ende des Briefs, der dem Traktat als Prolog dient, seiner Verwunderung darüber Ausdruck. Hat die Königin nicht den Gelehrten Rorico in ihrer Nähe? Dieser, im allgemeinen als der Bischof von Laon identifiziert, hätte ihre Wißbegier in bezug auf den Antichrist sicherlich befriedigen können. Doch es scheint um etwas anderes gegangen zu sein als um eine theologische Analyse. Denn Adso behauptete, nach Haimo von Auxerre, daß der Antichrist erst käme, wenn die *regna* sich vom Römischen Reich getrennt hätten, und er fügt hinzu: »Aber diese Zeit ist noch nicht gekommen, denn obwohl wir das Römische Reich größtenteils zerstört sehen, wird doch, solange es Frankenkönige gibt, die es erhalten, die Würde des Römerreichs nicht ganz untergehen, weil sie in diesen Königen weiterlebt.«[3] Wir sehen also: Wer nach der Zeit des Antichrist fragt, stellt sich die Frage nach der Dauer der karolingischen Dynastie. Wahrscheinlich zielte darauf Gerbergas Frage ab, zu einer Zeit, in der die Kaiserwürde seit 924 vakant war und die Zukunft der karolingischen Dynastie einzig auf den beiden Söhnen der Königin ruhte. Diese Absicht wirkte unvermeidlich auf Adsos Werk zurück, da die Königin ihn bat, ein Orakel zu verkünden. Aber Adsos Antwort geht über die vorgegebene Richtung hinaus und ändert sie. Einerseits weigert er sich, in Betracht zu ziehen, daß die Trennung der Königreiche vom Imperium, die mindestens seit dem Tod Karls des Dicken im Jahre 888 bestand, das Nahen der Endzeit zur Folge haben könnte; andererseits legte er seinen Traktat weit mehr auf eine Erläuterung des Wesens des Antichrist als auf die Umstände seines Erscheinens aus, trotz des eindeutigen Titels, den er ihm gegeben hat.

Der Antichrist

Von Anfang an drängt ihn die Erklärung des Namens »Antichristus« in diese Richtung. Er definiert ihn als den Widerpart zu Christus, sowohl in seinem Wesen als auch in seinen Taten. Er ist der personifizierte Hochmut, der die Demütigen verstößt und die Sünder und Gottlosen erhöht; er lehrt die den Tugenden entgegengesetzten Laster; er zerstört das Gesetz des Evangelismus und setzt den Kult der Dämonen wieder in Kraft. Schließlich, die Parallele auf die Spitze treibend, gibt er sich selbst als allmächtigen Gott aus. Die Logik, der Adso hier folgt, ist die Logik der Analogie der Gegensätze; sie verführt ihn, den Antichrist zur vollständigen Antithese Christi zu machen. So stellt sich der Antichrist später als der den

Juden verheißene Messias vor. Er läßt sich in Jerusalem nieder, thront im Tempel Gottes, das heißt, wie Adso hinzufügt, in der heiligen Kirche. Um die Könige und die Völker zu verführen, bedient er sich zwar des Schreckens und der Bestechung, aber er tut auch Wunder und außergewöhnliche Zeichen. Hinter diesem Porträt verbirgt sich ein zutiefst doppeldeutiges Konzept. Denn die Analogie durch das Gegenteil verlangt, wenn sie zu Ende gedacht wird, daß der Antichrist, die vollständige Antithese zu Christus, ein böser Gott oder zumindest eine Inkarnation Satans wird.

Daher ist Adso gezwungen, das Porträt zu korrigieren. Zunächst ist der Antichrist nicht wie Christus von einer Jungfrau geboren worden, sondern wie alle anderen Menschen aus der Paarung eines Vaters und einer Mutter hervorgegangen. Allerdings hat sich noch vor der Empfängnis der Teufel im Uterus seiner Mutter eingenistet. Damit wird die Kraft, die Stärke des Teufels immer mit ihm sein,

»und so wie der heilige Geist über die Mutter unseres Herrn Jesus Christus kam, sie mit seiner Macht bedeckte, sie mit dem Göttlichen erfüllte, damit sie vom heiligen Geist empfange und das, was geboren wurde, heilig und göttlich sei, so wird der Teufel auf die Mutter des Antichrist herabkommen, sie bedecken, sie umfangen, sie halten, sie ganz und gar besitzen, außen wie innen, damit sie mit Hilfe des Teufels durch den Mann empfange und das, was geboren wird, ganz und gar Missetat, Bosheit und Verderbtheit sei«.[4]

Abgesehen von der Anspielung auf den Mann, durch den die Mutter des Antichrist empfangen hat, lenkt hier alles die Gedanken des Lesers auf eine Inkarnation ähnlich jener Christi. Außerdem bezeichnet Adso den Antichrist nicht nur als »Sohn des Verderbens«, sondern auch als »Sohn des Teufels«. Der Satz, in dem er ihn so nennt, verdient, vollständig zitiert zu werden:

»Und dann wird der Mann der Sünde offenbart werden, der Antichrist, der, obwohl ein Mensch, die Quelle jeglicher Sünde und der Sohn des Verderbens sein wird, das heißt der Sohn des Teufels, nicht von Natur aus, sondern durch Nachahmung, weil er in allem den Willen des Teufels ausführen wird, weil er körperlich die Fülle der diabolischen Macht und jeglichen Geistes des Bösen innehaben wird und weil alle verborgenen Schätze der Bosheit und der Missetat in ihm sein werden.«[5]

Trotz Adsos Vorsichtsmaßnahmen läßt sich schwer vorstellen, daß der »Sohn des Teufels«, »Quelle jeglicher Sünde«, »Inhaber der Fülle der diabolischen Macht und jeglichen Geistes des Bösen« nur ein Mensch sei, der einfach dem Teufel gehorche. Gewiß ist er der »Sohn des Teufels« nur durch Nachahmung, nicht von Natur aus; aber was ist eine so getreue, so unkorrigierbare und vorherbestimmte Nachahmung anderes als eine »zweite Natur«! Die Zweideutigkeit bleibt unvermindert bestehen, wenn man die Kräfte des Antichrist betrachtet. Es sind die Kräfte des Teufels, sagt uns Adso, aber er hat sie aus Bethsaida und Chorazin, den von Christus verfluchten Städten, durch Vermittlung von Magiern, Hexern, Wahrsagern und Zauberern, »die, vom Teufel angestiftet, ihn großziehen und in allen bösen, lügnerischen und unheilvollen Künsten unterweisen werden«.[6] Der Antichrist wäre also nur ein zum Bösen erzogener Mensch, und seine Macht über die Elemente und die Geschöpfe, die ihn selbst Tote erwecken läßt, rührte einzig daher. Wenn aber seine Empfängnis so geschah, wie Adso sie beschrieben hat, dann brauchte er solche menschlichen Erzieher nicht, es sei denn, um allzu ungeheuerliche Kräfte auf das menschliche Maß zurückzuschrauben. Außerdem stellt deren Aufzählung alle bösen Künste unter das Banner Satans und schreibt ihnen indirekt die Fähigkeit zu, ebensolche Wunder zu tun wie Christus. Hinter diesem Bild eines Antichrist, der in Jerusalem in der heiligen Kirche thront, wie Christus Wunder tut, unausweichlich die Menge verführt, ein Meister der bösen Künste, verbirgt sich das Bild einer Kirche des Teufels, der Kirche Christi parallel und ihr Punkt für Punkt entgegengesetzt, so wie der Antichrist, die Pseudoinkarnation des Dämons, die Antithese zu Christus ist. In der Tat muß man hinter diesem zweigeteilten Schema, dessen sich Adso nicht ganz entledigen kann, eine starke Tendenz zum Dualismus sehen, die den schlichten Manichäismus nur mit Hilfe wenig überzeugender Vorsichtsmaßnahmen vermeidet. Es war jedoch möglich, den Antichrist anders zu definieren. Wenn man die Vorsilbe »anti« in einem weiteren Sinn verstand, konnte man ihn einfach zu einem menschlichen Feind Christi und nicht zu seiner bösen Replik machen. Doch indem Adso verstreute Elemente zusammenträgt, ist er der Urheber des Dilemmas, aus dem er sich nur mühsam zu befreien vermag.

Tatsache aber bleibt, daß sich diese Tendenz zum Dualismus gut in das apokalyptische Szenarium vom Ende der Zeiten einfügt. Der Antichrist ist nämlich ebenso der große Verführer wie der große Verfolger. Er wird an den Stätten predigen, an denen Christus gelebt hat, und Boten in alle Welt schicken. Er wird die Könige und Fürsten bekehren, die von seinen gewaltigen Wundern geblendet sind. Die Kinder Israels schließen sich ihm an. Doch Gott wird die Propheten Elias und Henoch, denen das Privileg zuteil geworden war, dem Tod zu entrinnen, auf die Erde zurückschicken. Ihre dreieinhalb Jahre währende Predigt wird den Glauben der Getreuen wieder stärken. Aber der Antichrist wird die beiden Propheten töten und alle martern, die er nicht verführen kann. Seine dreieinhalbjährige Herrschaft fällt mit der Zeit der letzten und endgültigen Verfolgung der Christen zusammen. Das Böse wird also siegen, aber nicht nur durch Gewalt, sondern auch durch Verführung. Allein die außergewöhnlichen Kräfte des Antichrist, zusammen mit einer verwirrenden Ähnlichkeit seines Wesens mit Christus, ermöglichen dieses Ergebnis. Zu einer Zeit und in einer Kultur, in der die Gewaltlosigkeit keine Tugend an sich war, konnte das Böse leicht die Farbe des Guten annehmen. Die Christen der Endzeit, die das Martyrium vorziehen, können sich nur auf das Zeugnis von Elias und Henoch stützen. Während der großen Bedrängnis kann allein ein blinder Glaube zum Heil führen, denn die Werte sind in einem großen dualistischen System verschmolzen, in dem jedes Element das andere verschärft, wobei der »Sohn des Teufels« dem Sohn Gottes entgegensteht. Dieser von Adso kaum gezügelte Manichäismus erlaubt es nun, zwei große, das Christentum begründende und vom Judentum geerbte Bilder wiedererstehen zu lassen: die Reinigung durch das Martyrium und die Erhöhung der wenigen Auserwählten, des »kleinen Rests« (Is. 10, 20–22) der Gläubigen. Man sieht also, daß der Antichrist zwangsläufig zu einer Art Anti-Gott geriet, dessen Macht und Verführung die Verdienste der kleinen Schar der in der Endzeit gemarterten Auserwählten fast übermenschlich erscheinen lassen. Aber auch hier stößt Adso auf eine Unmöglichkeit. Zu Beginn seines

Traktats hatte er daran erinnert, daß Christus gekommen sei, um »die Sünder zu rechtfertigen«[7], das heißt ihnen die Mittel zu geben, ihr Heil zu finden. Dieses kann nicht einer kleinen Zahl vorbehalten sein. Nach Beda und Haimo von Auxerre interpretiert Adso daher die vierzig Tage des Schweigens, von denen im Buch Daniel die Rede ist, als vierzig Tage, die »den Auserwählten« gewährt werden, »damit sie Buße tun, weil sie vom Antichrist verführt worden waren«[8]. Damit erfährt das dualistische System eine letzte Korrektur, da es allzu rigide war, um mit der älteren christlichen Heilstheologie übereinzustimmen. Man kann auch die Wiederkehr von Elias und Henoch in diesen Zusammenhang rücken, denn es ist schwer vorstellbar, wie sich ohne sie die kleine Zahl der Auserwählten würde sammeln können.

Adsos Traktat ist also ganz und gar paradox, und zwar vor allem deshalb, weil die Person des Antichrist selbst ein lebendes Paradoxon ist. Alle Vorkehrungen, mit denen Adso vermeiden will, aus ihm einen Anti-Gott oder eine Inkarnation des Teufels zu machen, laufen auf eine einzige Behauptung hinaus: Der Antichrist ist nur ein Mensch. Aber indem Adso ihn so definiert, stößt er auf eine weitere theologische Unmöglichkeit: Wenn der Antichrist wie jeder Mensch geboren worden ist, muß er Zugang zur Gnade und zur Möglichkeit des Heils haben. Doch dieses Vorrecht der Menschheit wird ihm stillschweigend verwehrt, insofern mit seiner Empfängnis der Teufel in den Uterus seiner Mutter eindringt und ihn zu einer Art Besessenem von Geburt oder zur Inkarnation des Teufels macht. Der Antichrist ist damit so etwas wie ein unmenschliches Wesen, da ihm der freie Wille verweigert wird.

Kann er weder Gott noch Teufel noch Mensch sein, so ist der Antichrist vielleicht nur eine Allegorie. Merken wir zunächst an, daß seine Funktion und seine Natur allein durch seinen Namen vollständig definiert sind und daß diesem Namen keine identifizierbare Person entspricht. Zwar ist er Jude und wird in Babylon aus dem Stamm Dan geboren, aber alle diese Merkmale sind aufgrund des antithetischen Charakters, der seinem Namen innewohnt, vorgegeben. Er existiert nur durch sein Gegenteil, dessen umgekehrtes Bildnis er ist, und hat keine eigene Identität. Insofern kann er eine gute Allegorie des Bösen sein, wenn letzteres lediglich das Gegenteil des

Guten ist. Aber er ist eine Allegorie, die berufen ist, sich eines Tages zu verkörpern, einen Namen und ein Gesicht zu erhalten. Doch »keiner weiß den Tag noch die Stunde«. Adso ruft dies am Ende seines Traktats in Erinnerung.[9] Wer also die Zeit für gekommen hielt, weil die Beobachtung der Zeichen der Zeit darauf schließen ließ, konnte ihm die Merkmale des Erstbesten zuweisen. Er ist eine formbare Gestalt. Außerdem muß man mit »den Antichristen« rechnen, denn Johannes hat gesagt, es seien mehrere (1. Joh. 2,18–19), und man weiß, daß es sich um Vorläufer oder um Diener Satans handelt. Letztlich gibt es, wie Adso versichert, in jeder Epoche viele Antichristen: »Denn wer immer, ob Laie, Kanoniker oder sogar Mönch, wider die Gerechtigkeit lebt, die Regel seines ›ordo‹ bekämpft und das Gute verlästert, der ist ein Antichrist und ein Diener Satans.«[10] Es gibt also innerhalb der Kirche, in der christlichen Gemeinschaft eine »fünfte Kolonne«, eine geheime Kirche Satans, und bestimmte ihrer Adepten sind, wie wir sahen, die Erzieher des Antichrist. Die Tendenz zum Dualismus zeigt sich somit innerhalb der Gesellschaft, innerhalb des »ordo«, in dem die Menschen hierarchisch eingeteilt sind. Die Zweideutigkeit des Antichrist ist überall anzutreffen, und die dualistische Versuchung erobert sämtliche Bereiche der menschlichen Tätigkeit um so leichter, als das Religiöse und das Gesellschaftliche ineinandergreifen. Der Ursprung dieser Denkweise rührt zweifellos von einer Unfähigkeit her, die Zweideutigkeit der menschlichen Person theologisch zu fassen. Nicht, daß diese Definition nicht versucht worden sei, man braucht nur Augustinus zu lesen, um sie auf beinahe jeder Seite zu entdecken; aber sie hat keinen Eingang in die Vorstellungswelten gefunden. Es geht hier nicht um die Mentalität des Volkes, Adso war ein Gelehrter, er war Scholar in Toul und sollte bald Abt von Montier-en-Der sein. Es handelt sich um eine verbreitete Denkstruktur, die auf einer nichtcartesianischen Logik beruhte und ein regelrechtes mythisches Denken zuließ, dessen Hauptelemente zu entwirren uns der Traktat ermöglicht.

Der letzte Kaiser

Bei Adso erscheint Christus nur, um den Antichrist zu töten, falls nicht der Erzengel Michael mit dieser Aufgabe betraut wird. Sonst ist er lediglich mittels des negativen Porträts des Antichrist anwesend, und seine Wiederkunft, die den Bericht beschließen müßte, wird von Adso in eine unbestimmte Zukunft verwiesen. Sicher ist, daß Adsos Traktat sich auf den Antichrist beschränkte und nicht die Eschatologie als Ganzes betraf. Das Jüngste Gericht und das Ende der Welt werden ausgespart, und das Szenarium beschreibt lediglich die sieben letzten Jahre der Geschichte oder die sieben letzten Jahre, die auf die Geschichte folgen. Und tatsächlich könnte man meinen, diese gehe zu Ende, sobald der letzte Kaiser der Römer seine Krone und sein Zepter auf dem Ölberg niederlegt.[11] Das Auftreten dieser Figur rührt von der Art und Weise her, wie Adso, nach Haimo von Auxerre, eine Stelle aus dem zweiten Brief des Paulus an die Thessalonicher (2,3) interpretiert. Paulus erklärte, daß die Wiederkunft Christi nicht eintreten werde, bevor nicht der große »Abfall« vom Glauben gekommen und der »Mensch der Sünde« und der »Sohn des Verderbens« erschienen seien. In letzterem erkannte jedermann leicht den Antichrist. Der Abfall, der seinem Erscheinen vorausgeht, wurde seit langem so gedeutet, als bezöge er sich auf das Römische Reich und seine Teilung. Dazu mußte das Reich zuvor nicht nur wiedervereint werden, sondern die Grenzen der ganzen Welt erreicht haben.

Vor Adso hatte der sogenannte Pseudo-Methodios in einer apokryphen Apokalypse, kurz nach 660 in Syrien geschrieben und fälschlich dem Bischof und Märtyrer Methodios von Patara zugeschrieben, einen Kaiser der Endzeit auftreten lassen, der vor der Ankunft des Antichrist die Ismaeliten, das heißt die Muslime besiegen sollte.[12] Es handelte sich im vorliegenden Fall um einen Aufruf zum Erwecken der römischen Kaiser mittels ihrer byzantinischen Nachfolger. Dieser Text war zu Beginn des 8. Jahrhunderts ins Lateinische übersetzt worden, und selbst wenn Adso keine direkte Kenntnis von ihm gehabt hatte, mußte die Legende vom Endzeitkaiser zu seiner Zeit in Umlauf gewesen sein. Ein weiterer Text, ebenfalls syrischen

Ursprungs, begann vielleicht damals in einer lateinischen Version zu zirkulieren: die Tiburtinische Sibylle.[13] Es ist nicht zu ermitteln, ob ihr Bild des Endkaisers bereits im 9. Jahrhundert seine endgültige Form besaß. Aber sein Name, Constans, folgt der Erinnerung an die Kaiser des 4. Jahrhunderts. Sowohl der anonyme Kaiser bei Pseudo-Methodios wie der von der Sibylle vorausgesagte sind Krieger, die die Ismaeliten oder die Völker des Nordens (Gog und Magog) vernichten. Sie zerstören das Heidentum, damit der Antichrist – oder der »Sohn des Verderbens«, wie Pseudo-Methodios ihn nennt – sich nur noch Christen gegenüber sieht. Beide sind Kaiser der Griechen und der Römer. Das sibyllinische Orakel soll in Rom gesprochen worden sein, aber die Kriege des Constans spielen sich im Osten ab, wie die des anonymen Kaisers von Pseudo-Methodios. Schließlich legen beide ihre Insignien in Jerusalem nieder.

Adso stellt die Dinge ganz anders dar. Der Kaiser der Endzeit wird unter den »Königen der Franken« gewählt werden.[14] Er wird also ein Karolinger sein, und die Anspielung auf den Bischof Rorico von Laon am Ende von Adsos Brief, einen Nachfahren Karls des Großen, untermauert diese Hypothese. Es wird jedoch keinerlei kriegerische Eroberung erwähnt, sondern lediglich eine Wiederherstellung des Römischen Reichs, von dem im Moment, mittels seiner Könige, nur die »Würde« weiterlebt. Erstaunlich ist, daß die Umstände dieser Wiederherstellung nicht genannt werden. Adso erwähnt weder Eroberungen noch Ausrottungen von Heiden oder Muslimen. Das liegt vielleicht daran, daß er nicht im apokalyptischen Stil schrieb, sondern einen Traktat verfaßte. Wahrscheinlich ist auch, daß er mehr an eine Erneuerung des Reichs Karls des Großen dachte als an eine wirklich universelle Ausdehnung. Allerdings gibt es bei ihm keine Anspielung auf die Stadt Rom, noch weniger auf den Papst, der doch seit Ludwig dem Frommen die Kaiser salbt. Adso scheint sich also vor dem Gegenwartsbezug zu hüten. Die Ungarn oder die Sarazenen tauchen ebensowenig auf wie Gog oder Magog. Sein einziges Zugeständnis an die Geschichte besteht in der Feststellung, daß das Reich der Römer derzeit »zum größten Teil zerstört« sei.[15] Es lebt nur in seiner Würde fort, und deren Insignien, das Zepter und die Krone, werden auf dem Ölberg niedergelegt werden, wenn die Zeit »des Endes und der Vollendung des Reichs der Römer und der Christen« gekommen sein wird.[16] Adso interessiert sich mehr für den symbolischen und zeitlosen Aspekt des Reichs, mehr für seine eschatologische Funktion als für seine politische Macht. Sonst könnte er im übrigen nicht sagen, daß die Zeit des »Abfalls« der Reiche noch nicht gekommen sei, während Regino von Prüm nach der Absetzung Karls des Dicken im Jahre 888 erklärte, jedes Volk habe sich damals einen König aus seinem Innern gewählt.[17] In der Tat blieb 953–54, als Adso schrieb, allein die Würde, da der Thron vakant war.

Aber der Mythos war geboren und sollte weiterleben, wie die Rolle beweist, die er in der Folgezeit spielen sollte. Er stützte sich auf den symbolischen Gehalt der Würde, wie es die bevorstehende Erneuerung zeigen sollte, welche Adso nicht vorauszusehen scheint. Freilich war Otto I. kein Karolinger. Der symbolische Gehalt der Würde beruht im übrigen eher auf religiösen denn politischen Werten. Das römisch-ostfränkische Pontifikale, das große liturgische Buch zum Gebrauch der Bischöfe, das die Grundlage für die römische liturgische Erneuerung im 12. Jahrhundert lieferte, wurde zur Zeit Adsos in Mainz erarbeitet. Es enthält Rituale der Kaisersalbung, bei welcher der religiöse und symbolische Gehalt des Amtes hervorgehoben wird. Dem Kaiser obliegt das Heil des Christenvolks, das er regiert.[18] Sein Amt hat also eine eschatologische Perspektive. Die Insignien seiner Würde werden ihm übergeben, damit er den Frieden und die Ordnung der Welt gewährleiste, und der letzte Inhaber des Reichs wird sie erst dann in Jerusalem, das damals als geographischer Mittelpunkt der Welt galt, niederlegen, sobald diese Ordnung und dieser Friede universell geworden sein werden.

Man könnte meinen, dann wäre der Augenblick der Wiederkunft Christi gekommen. Doch es besteht eine Verbindung zwischen dem letzten Kaiser und dem Antichrist, die bewirkt, daß ihre Aufeinanderfolge unausweichlich erscheint. Christus soll nämlich unter Kaiser Augustus geboren worden sein, dem Gründer des Römischen Reichs; also wird der Antichrist unter dem letzten und berühmtesten aller römischen Kaiser geboren werden. Noch einmal zeigt sich das Gesetz der Analogie. Im Gegensatz zu Pseudo-Methodios spielt Adso nicht auf die Lehren der Weltzeitalter an, aber sie waren so verbreitet, daß er sie gekannt haben muß. Ob man sich nun auf das System der drei oder der sechs Zeitalter bezog, in jedem Fall wird die Übereinstimmung zwischen der Geburt Christi und dem augusteischen Friedenskonzept hervorgehoben. Er leitet entweder die Zeit »der Gnade« ein, die auf die Zeit des mosaischen Gesetzes folgt, oder das sechste Zeitalter, dem jene fünf vorausgingen, die von Adam, Noah, Abraham, der Babylonischen Gefangenschaft (oder Moses) und David eingeleitet wurden.[19] Die Geschichte des letzten Zeitalters muß also so zu Ende gehen, wie sie begonnen hatte.

Der letzte Kaiser ist keine allegorische Gestalt wie der Antichrist, aber gleich ihm vorläufig noch eine leere Hülle. Adso macht ihn zu einem Karolinger, doch bei Pseudo-Methodios und der Tiburtinischen Sibylle war er ein Byzantiner. Später wird er ein Salier oder ein Staufer sein können... Da sein Schicksal mit dem des Antichrist zusammenhängt, werden die Zeichen für die Ankunft des einen dazu dienen, den anderen anzukündigen.

Henoch und Elias

Die enge Verbindung der Protagonisten könnte die Rolle von Elias und Henoch überflüssig machen.[20] Ihr Auftreten ist indes wesentlich. Während der Mythos des Antichrist mit dem Christentum und der Mythos vom Endkaiser mit der Christianisierung des Römischen Reichs aufkam, geht der Gedanke von der Wiederkehr der beiden Propheten auf das antike Judentum zurück. Der Patriarch Henoch – später als Prophet betrachtet – war in den Augen Gottes so gerecht, daß er dem Tod entrann und in den Himmel entrückt wurde. Zwei apokalyptische Texte beschäftigen sich mit ihm. Das Buch Henoch offenbart die Geheimnisse des Himmels und das Schicksal der Menschen.[21] Sie hängen mit der Ausbildung des Gedankens von der letzten Auferstehung und des Jüngsten Gerichts im vorchristlichen Judentum zusammen. Auch Elias, in einem Feuerwagen entrückt, war Gegenstand einer späteren Apokalypse.[22] Die Idee, daß die beiden Propheten im Hinblick auf das Ende der Welt von Gott in Reserve gehalten würden, ist sehr alt und war weit verbreitet. Man setzte sie im allgemeinen den beiden Zeugen gleich, die gemäß der Offenbarung des Johannes (Kap. 11) als Endzeitpropheten geschickt werden. Pseudo-Methodios und die Tiburtinische Sibylle lassen sie auf die gleiche Weise eingreifen wie Adso. Sie kommen, um die Getreuen gegen die große Drangsal zu wappnen, indem sie sie mit einem unbesiegbaren Glauben ausstatten. Diejenigen, die ihre Predigt empfangen, sind »Auserwählte«, »Söhne Israels«, die kleine Zahl der künftigen Märtyrer. Der Aufenthalt der Propheten auf der Erde wird dreieinhalb Jahre dauern, wie die Herrschaft des Antichrist, der die große Drangsal einleiten wird, indem er sie tötet.

Propheten also werden mit dieser letzten Predigt beauftragt sein, und nirgendwo spricht Adso von Priestern oder Bischöfen. Die einzige Anspielung auf die Kirche bietet der Hinweis, daß der siegreiche Antichrist an ihrer Spitze im Tempel Gottes thronen wird. Die Kirche spielt keine eschatologische Rolle. Adso scheint, wie wir schon am Beispiel der Heilstheologie festgestellt haben, die augustinische Tradition nicht zu beherzigen. Zwar griff er lediglich frühere Traditionen auf, aber daß er sie ohne die geringste Korrektur aufgreifen kann, unterstreicht Adsos zutiefst religiöse Mentalität. Das letzte Bollwerk gegen den Antichrist, die aktivste Stütze des Glaubens erwächst für ihn weder aus der Institution der Kirche noch aus den Sakramenten, sondern aus der Prophetie.

Die Tätigkeit der beiden Propheten ist durch eine besondere chronologische Aufeinanderfolge mit der des Antichrist verbunden. Sie teilen sich die Zeitspanne der letzten sieben Jahre der Heilsgeschichte: Elias und Henoch predigen dreieinhalb Jahre, und der Antichrist verfügt über dieselbe Zeit, um sich zu offenbaren. Diese Aufteilung folgt überlieferten Mustern und geht auf alte Deutungen des Buchs Daniel und der Apokalypse zurück. Ein Engel Gottes hatte Daniel verkündet, daß nach dem vollständigen Ablauf des Zyklus der Reiche die Welt noch siebzig Wochen bestehen werde, daß es jedoch am Ende noch eine letzte Woche geben werde, von der die erste Hälfte den Zeugen Gottes und die zweite Hälfte der Entfesselung ihrer Gegner vorbehalten sei. Alle Kommentatoren interpretieren die Tage als Jahre und teilen daher die letzte Periode, die auf die eigentliche Geschichte folgt, zwischen den beiden Propheten und dem Antichrist auf. Unter diesen Voraussetzungen zeigt die Abdankung des letzten Kaisers das Ende der Geschichte an; die letzte »Woche«, die darauf folgt, ist in gewisser Weise eine Hinzufügung ex tempora. Eine alte Tradition, aus der Kommentierung des Zweiten Thessalonicherbriefes hervorgegangen, erklärte das Römische Reich zum die Ankunft des Antichrist hinauszögernden politischen Bollwerk, so wie Elias und Henoch das prophetische Bollwerk bilden. Die dem Antichrist zufallenden dreieinhalb Jahre bezeichnen also den Bruch aller Schutzwälle. Das kann jedoch nur mit Gottes Erlaubnis geschehen. Also ein weiteres Paradox. Warum sollte Gott das Bedürfnis verspüren, eine Zeitlang jegliche Heilsökonomie aufzuheben, und sein Volk ohne institutionellen oder prophetischen Schutz gegen das Böse zurücklassen? Adso und einige seiner Vorgänger haben diese Schwierigkeit erkannt und die vierzig Tage für eine letzte Buße hinzugefügt, ungeachtet der Logik, nach der Christus wiederkommen müßte, sobald der Antichrist beseitigt ist. Freilich muß man berücksichtigen, daß der genaue Tag der Wiederkunft Christi unbekannt ist. Unter dieser Voraussetzung ist jeder chronologische Automatismus auszuschließen, und dasselbe gilt auch für das Ende der vierzig Tage. Doch hinter diesen letzten Vorsichtsmaßnahmen lassen sich weitere Probleme erkennen. Wenn die Auserwählten vierzig Tage zur Buße benötigen, so deshalb, weil sie vom Antichrist verführt worden sind. Das dürfte heißen, daß die letzte Prüfung nicht überzeugend genug war, den Glauben auf die Probe zu stellen. Andere als die Märtyrer sind für das Heil mittels einer Zeit der Buße ausersehen, die einer Art irdischem Purgatorium ähnelt. Wenngleich diese den Verstorbenen zu gewöhnlichen Zeiten im Jenseits zugute kommen kann, so wird es beim Nahen der Endzeit aus Zeitmangel unmöglich, sie zu gewährleisten. Daher kann die Auslöschung der Dauer nicht ohne so etwas wie eine unbestimmte Aufhebung der Zeit erfolgen, zum einen, um dort für eine Erwartung zu sorgen, wo es keine mehr geben dürfte, und zum anderen, um den Auserwählten eine Chance zu geben. Der Zusammenprall zwischen der symbolisch gesetzten Zeit und der menschlichen Lebensdauer führt tatsächlich zu einer paradoxen Situation, als wäre die menschliche Geschichte dazu geschaffen, nie zu enden, und als ließe sich die Ewigkeit unmöglich mit ihrem Ende verbinden.

Betrachtet man es genau, ist Adsos Traktat schon in der Anlage paradox. Das Zusammentragen verstreuter apokalyptischer Angaben hat einen zsuammenhanglosen Text ergeben. Aber er hat sehr lange hervorragend funktioniert, weil er zweifellos einer Erwartung entsprach. Auf den ersten Blick beruhte diese Erwartung auf drei wesentlichen mythischen Elementen: dem Römischen Reich, dem Antichrist und der von Elias und Henoch verkörperten Prophetie. Wie schon gesagt, es fehlt die Kirche. Dieses Spiel mit drei Personengruppen beruhte auf einer einfachen Logik mit zwei Gliedern, die eine Fabel von nahezu manichäischer Struktur bot. Zwar fand man darin den traditionellen apokalyptischen Kontext wieder, doch zu einem Traktat ausgeformt, wurde dieses dualistische Schema über die Maßen rigide. Es entwickelte sich in der Tat zu einem ideologisch untermauerten Mythos. Hier liegt zugleich der Grund für seine Wirksamkeit. Die Ideologie stellte die Verbindung zum täglichen Leben her, dessen Ereignisse zu Indizien eines epischen Kampfs werden konnten, und der Mythos verlieh der eschatologischen Erwartung und der Hoffnung auf das Heil Konsistenz.

Die Zeit der Kirche und die Zeit des Reichs

Bevor wir versuchen, die Grundlagen dieser mythischen Ideologie zu verstehen, müssen wir ihre Ursprünge und sodann ihre Entwicklung untersuchen. Die Ursprünge sind zwar insofern intellektuell, als man ihre Fortschritte in den Büchern verfolgen kann; aber die Verhaltensweisen, die bei der Lektüre der Geschichtsdeuter zu beobachten sind, zeigen, daß es außer der Exegese, der Bibelauslegung, noch andere Wurzeln gibt.

Die Schriften

Im 24. und 25. Kapitel des Matthäus-Evangeliums konnten die Christen seit den Anfängen einen fernen Entwurf dessen lesen, was Adso später systematisieren sollte.[23] Bei Matthäus beantwortete Christus die Frage seiner Jünger nach den »Zeichen für seine Ankunft und das Ende der Welt« (24,3). Die Rede ist apokalyptisch, und die Ausführung folgt keiner Ordnung – weder einer Chronologie noch wenigstens einer logischen Ordnung. Der von der Beschreibung erzielte und angestrebte Eindruck ist, daß Christus unverhofft kommen werde: »Wie der Blitz bis zum Westen hin leuchtet, wenn er im Osten aufflammt« (24,27). Vor dieser unvermuteten Wiederkunft werden manche falschen Christen und manche falschen Propheten auftreten, die »große Zeichen und Wunder tun, um, wenn möglich, auch die Auserwählten irrezuführen« (24,24). Der Hintergrund dieses Ereignisses werde katastrophal sein. Kriege und Hungersnöte würden kommen, die Sünde werde zunehmen und die Nächstenliebe erkalten, und während dieser großen Not würden erschreckende kosmische Zeichen erscheinen: Dann »wird sich die Sonne verfinstern, und der Mond wird nicht mehr scheinen; die

Sterne werden vom Himmel fallen, und die Kräfte des Himmels werden erschüttert werden« (24,29). Jesus nannte laut Matthäus auch zwei präzisere Anzeichen: Es werde auf der ganzen Welt das Evangelium verkündet, und »der Greuel der Verwüstung, der durch den Propheten Daniel vorhergesagt worden ist, an dem heiligen Ort stehen« (24,15), das heißt im Tempel zu Jerusalem. Dann müßten die Anhänger Christi der Verfolgung, die über sie kommen werde, standhalten können. »Wer jedoch bis zum Ende standhaft bleibt, der wird gerettet« (24,13). Dieses Bild schließt mit dem Anbruch des Jüngsten Gerichts, wo Christus die Schafe von den Böcken scheiden werde, diejenigen, die ihn unter den Armen wiedererkannt haben, von jenen, die ihn verkannten (25,31–46).

Die Präliminarien des Jüngsten Gerichts, von denen parallele Berichte im Markus- und im Lukas-Evangelium zu finden sind, erlauben keine chronologische Spekulation und geben nur winzige Anhaltspunkte für Berechnungen. Der »Greuel der Verwüstung« könnte sich darin zeigen, daß der Antichrist im Tempel zu Jerusalem stehen wird, aber für den Verfasser des Evangeliums handelte es sich wahrscheinlich um eine Entweihung oder um die Einführung eines heidnischen Kults an diesem Ort. Was die Verkündigung des Evangeliums auf der ganzen Welt betrifft, so wird Adso sie später dem letzten Kaiser zuschreiben, von dem bei Matthäus noch keine Rede ist. Im übrigen ist bei ihm, wie auch bei den anderen Synoptikern, nirgendwo von nur einem falschen Christus oder falschen Propheten die Rede, sondern von mehreren, die allerdings Teil des allgemeinen katastrophalen Klimas sind. Es sind Komparsen, gefährlich zwar, doch ihre Rolle ist unwesentlich. Die Feinde der Getreuen, die Verfolger, werden nicht klar identifiziert. Markus und Lukas spielen außer auf die Regierenden und die Könige auch auf die Juden an, Matthäus spricht lediglich von Völkern, Satan wird jedenfalls nicht genannt. Was zudem jede chronologische Spekulation sinnlos macht, ist die von den drei synoptischen Evangelisten wiederholte Behauptung, niemand könne den Tag noch die Stunde des Weltendes wissen.

Im zweiten Brief des Paulus an die Thessalonicher scheint sich das Bild zu verdeutlichen.[24] Die Ankunft Christi stehe keineswegs kurz bevor, und man solle sich von falschen Prophezeiungen oder falschen Briefen, die Paulus selbst zugeschrieben werden, nicht beirren lassen. Denn der Ankunft Christi gehen notwendig bestimmte Ereignisse voraus. Zuerst muß eine »discessio« kommen (2,3). Dieses Wort gibt einen genau umrissenen griechischen Terminus, die »Apostasie«, wieder. Aber die lateinischen Kirchenväter und die mittelalterlichen Leser der Vulgata konnten auch an einen Abfall oder ein Schisma denken. Wie dem auch sei, imAugenblick dieser »discessio« werde der »Mensch der Sünde« oder der »Sohn des Verderbens« erscheinen, »der Widersacher, der sich über alles, was Gott oder Heiligtum heißt, so sehr erhebt, daß er sich sogar in den Tempel Gottes setzt und sich als Gott ausgibt« (2,4). Aber etwas oder jemand halte ihn zurück, damit er nicht schon jetzt, sondern erst »zur festgesetzten Zeit« offenbar werde. Damit signalisiert Paulus, daß er auf ein seinen Lesern bekanntes, in seiner Epoche also existierendes Denkmuster anspielt. Auch wenn das »Geheimnis des Frevels« bereits am Werk sei, werde es erst sichtbar werden, wenn derjenige, der es zurückhalte, beseitigt sei. Dann aber werde der Herr ihn durch den Hauch seines Mundes töten (2,8). Der Gottlose werde »die Kraft des Satans« haben, mit großer Macht auftreten und trügerische Zeichen und Wunder tun, die der Herr zulassen werde, damit alle gerichtet würden, die dem Frevel zugestimmt haben.

Es wird am Ende der Zeit also jemanden geben, der sich als Gott ausgibt und in den Tempel Gottes setzt. Nichts weist darauf hin, daß man ihn mit einer der falschen Christusverkörperungen oder falschen Propheten gleichsetzen kann, die die Synoptiker erwähnen. Er kann jedoch auch nicht mit Satan identifiziert werden. Daß er als der »Sohn des Verderbens« oder der »Gottlose« bezeichnet wird, erlaubt noch nicht, ihn näher zu identifizieren. Dasselbe gilt für die Person oder die Sache, die seine Ankunft »zurückhält«. Was die »discessio« betrifft, so ließ sich ihre Bedeutung auch mit dem Verweis auf das griechische Verständnis von »Apostasie« nicht klären. Dagegen läßt sich die Haltung des »Sohns des Verderbens«, der im Tempel Gottes sitzt und sich als Gott ausgibt, mit dem von Matthäus erwähnten »Greuel der Verwüstung« vergleichen. Letzterer leitete sich aus dem Buch Daniel ab, das in diesem Zusammenhang von einer Entweihung des Heiligtums zu Jerusalem sprach.

Um diesen »Gottlosen« identifizieren und ihm den Namen Antichrist geben zu können, mußten die Bibelausleger im ersten Johannesbrief nachlesen. Dieser verkündete, die letzte Stunde sei bereits gekommen. Diejenigen, an die er sich wende, hätten gehört, daß ein Antichrist kommen werde und daß bereits viele Antichristen am Werk seien. Dieser Antichrist sei der Lügner schlechthin. Er leugne, daß Jesus der Christus, der Gesalbte Gottes, sei, er leugne den Vater und den Sohn (2,18–22). In seinem zweiten Brief (2. Joh. 7) nennt ihn Johannes den Verführer schlechthin. Aus seinem Zeugnis können wir schließen, daß das Antichristthema schon im ersten Jahrhundert existierte. Aber wir können nicht wissen, ob ihm bereits damals alle Zeugnisse, die wir zusammengetragen haben, zugeordnet wurden. Außerdem ist nicht bekannt, wieviel Symbolik und welche mythischen Elemente dabei mitschwangen. Dachte Johannes zum Beispiel an eine Gestalt aus der Geschichte? Oder hielt er den Antichrist für eine Synthese dessen, was die Welt, die zu fliehen er nachdrücklich empfiehlt, an Verführung und Verirrung aufweist?

Demselben Autor schreibt die Tradition den Text der Offenbarung zu, die seinen Namen trägt.[25] Vermutlich um das Jahr 95, am Ende der Herrschaft Domitians geschrieben, unterscheidet sie sich sehr stark von seinem Brief, insbesondere durch ihre universelle Dimension. Die Briefe an die sieben Gemeinden in Asien, die den Prolog bilden, lenken den Blick auf ein größeres Gebiet als ein schlichter Brief an eine einzelne Gemeinde. Außerdem verleiht ihr der apokalyptische Stil einen kosmischen Klang. Den modernen Leser stellt sie vor schwierige exegetische Probleme, die hier nicht erörtert zu werden brauchen. Für den Leser des Altertums oder des Mittelalters ging es weniger um die Frage, wie und warum die Schrift verfaßt wurde, als vielmehr darum, welche Bedeutung sie hat, das heißt wie ihre eschatologische Botschaft zu lesen ist.

Auf den ersten Blick folgt der Aufbau einem einfachen Schema. Johannes wird Zeuge eines großen kosmischen Dramas. Er wohnt der Öffnung von sieben Siegeln bei, er hört sieben Posaunen ertönen und sieht, daß sich sieben Schalen über die Welt ergießen. Jeder dieser Momente signalisiert oder bedingt ein bestimmtes Ereignis, eine von Gott gesandte Geißel. Damit schließt der erste Teil. Der zweite Teil beschreibt das Strafgericht über Babylon und seine Zerstörung, auf die zwei große eschatologische Schlachten folgen. Die erste sieht Christus im Kampf mit Satan, der besiegt und für tausend Jahre gefesselt wird. Gleich darauf findet die erste Auferstehung statt; sie gilt nur den Auserwählten, die mit Christus tausend Jahre herrschen werden. In der zweiten Schlacht, am Ende dieser tausend Jahre, verbündet sich der freigelassene Satan mit Gog und Magog, bevor er und seine Verbündeten durch ein vom Himmel fallendes Feuer verzehrt werden. Dann kommt das Weltgericht und die zweite, diesmal endgültige Auferstehung. Zum Schluß sieht Johannes das künftige himmlische Jerusalem, und das Buch endet mit der Ankündigung der baldigen Wiederkunft Christi.

Die Apokalypse wäre einfach zu entschlüsseln, könnte man ihrem Schema folgen. Das ist jedoch unmöglich, denn die Ereignisreihe des ersten Teils etwa ist nur über die vier ersten Abschnitte einheitlich gestaltet. Die drei letzten Ereignisse jeder Reihe sind zum Teil so stark ausgebaut, daß ihr Inhalt den Handlungsrahmen sprengt. So werden nach der sechsten und der siebten Posaune völlig eigenständige Episoden eingeschoben. Nach der sechsten Posaune kommen Reiter, die ein Drittel der Menschheit ausrotten. Dann erscheint ein gewaltiger Engel, der ein kleines Buch in der Hand hält, das Johannes nehmen und verschlingen muß. Sodann wird ihm geheißen, den Tempel Gottes zu vermessen, nur den Hof außerhalb des Tempels nicht, denn er ist den Heiden überlassen, die »die heilige Stadt zertreten werden, zweiundvierzig Monate lang« (11,3). Dann aber werden die zwei Zeugen auftreten und zwölfhundertsechzig Tage prophetisch reden. Am Ende ihres Auftrags »wird sie das Tier, das aus dem Abgrund heraufsteigt, bekämpfen, besiegen und töten« (11,7), ihre Leichen bleiben drei Tage dort liegen, wo der Herr gekreuzigt wurde, bis Gott sie auferweckt.

Desgleichen wird nach der siebten Posaune das Königreich Christi verkündet, und die Bundeslade erscheint im Tempel. Gleich darauf »erscheint ein großes Zeichen am Himmel« (12,1), die Frau, die mit Sonne, Mond und zwölf Sternen umgeben ist; sie ist schwanger und wird von einem Drachen mit sieben Köpfen und zehn Hörnern bedroht, der mit seinem Schwanz ein Drittel der Sterne vom Himmel fegt und auf die Geburt des Kindes wartet, um es zu verschlingen. Dieses Kind ist dazu berufen, »über alle Völker mit eisernem Zepter zu herrschen« (12,1). Gleich nach seiner Geburt wird es zu Gott entrückt, während die Frau in die Wüste flieht, wo sie zwölfhundertsechzig Tage lang mit Nahrung versorgt wird. Der Drache und seine Engel werden dann von Michael bekämpft, der sie aus dem Himmel vertreibt. Der Drache setzt seine Missetaten auf der Erde fort und verfolgt zuerst die Frau, der Adlerflügel gegeben werden, »damit sie in die Wüste an ihren Ort fliegen konnte. Dort ist sie vor der Schlange sicher und wird eine Zeit und zwei Zeiten und eine halbe Zeit lang ernährt« (12,14). Nach dieser Szene sieht Johannes ein verwundetes Tier mit sieben Köpfen und zehn Hörnern aus dem Meer steigen, dem der Drache seine Macht übergibt. Ein anderes Tier steigt aus der Erde herauf; es stellt sich in den Dienst des ersten, heilt es und bringt die Völker dazu, es anzubeten; seine Zahl ist 666. Später wird dieses zweite Tier als falscher Prophet bezeichnet.

Diese beiden Sequenzen gehen also bei weitem über die jedem Posaunenklang zufallende Ereignisebene hinaus. Aber nichts gibt dem Leser zu verstehen, daß es sich um Ebenen außerhalb des Kontextes handelt. Diese Sicht setzt die analytischen Methoden der Exegese unserer Tage voraus, während die alten Kommentatoren die Apokalypse immer als homogenen Text behandelt haben. Unter diesen Umständen blieben ihnen nur zwei Lösungen: entweder sie nahmen an, daß nicht nur einzelne Elemente des Textes, sondern seine Gesamtheit allegorisch zu verstehen sei, oder sie begriffen den gesamten Text als minutiöse Vorwegnahme wirklicher Ereignisse, die lediglich in verschlüsselten Worten erzählt wurden. Es ist aber unübersehbar, daß sich die allegorische Lesart, obwohl am Ende ausdrücklich auf den Gegenstand des Werks hingewiesen wird (Offb. 22) – die Wiederkunft Christi, die Parusie –, erst durchsetzen konnte, als die eschatologische Spannung im Verlauf der Zeiten nachließ. Für die ersten Kommentatoren war noch die historische Lesart die verlockendste. Unter diesen Voraussetzungen konnte die Entzifferung der allegorischen Elemente nur auf die Gegenwart bezogen werden. So konnte das »Tier, das aus dem Meer steigt« und die Macht des Drachens erhält, das Römische Reich sein; und das zweite Tier, das ihm zu Hilfe kommt, der falsche Prophet, der Antichrist. In einem Kontext der Verfolgung gewann diese Interpretation, die vielleicht Johannes' eigener entsprach, ein besonderes Gepräge. Sie konnte dazu anregen, die ganze von der Apokalypse prophezeite Geschichte zu rekonstruieren, indem man alle Symbole einzeln entzifferte und sie in den allgemeinen Rahmen integrierte. Das Ende war bekannt: die Parusie; seine Vorbedingung ebenfalls: die Zerstörung Babylons-Roms. Blieb noch zu rekonstruieren, was vorausging, indem man zu bestimmen versuchte, welcher Punkt im Schema der Apokalypse der eigenen Gegenwart entsprach.

Bei dieser Rekonstruktionsarbeit konnte man sich auf die synoptischen Evangelien berufen, auf Paulus, auf den Johannesbrief, aber auch auf die alten Propheten und vor allem auf Daniel. Christus hatte ihn in Zusammenhang mit dem »Greuel der Verwüstung« erwähnt, und die Leser des 13. Kapitels der Apokalypse konnten darin Anklänge an das 7. Kapitel des Buchs Daniel erkennen. Diese prophetische Schrift aus der Mitte des 2. Jahrhunderts v. Chr. (zwischen 167 und 164) enthält Passagen, die der Apokalypse entsprechen. Das Thema der Aufeinanderfolge der König- oder Kaiserreiche kehrt mehrmals wieder. Das Standbild, das Nebukadnezar im Traum sieht und das aus vier Metallen (Gold, Silber, Bronze und Eisen) zusammengesetzt ist, dessen Füße jedoch zum Teil aus Eisen und zum Teil aus Ton bestehen, verbildlicht die Aufeinanderfolge von vier Reichen sowie ein geteiltes fünftes, Ursache für den Einsturz des Ganzen. Die vier Tiere, die Daniel ebenfalls im Traum aus dem Meer steigen sieht, sind abermals vier Reiche (Kap. 7). Aber das vierte Tier hat zehn Hörner: zehn Reiche, die ihm entstammen. Neben diesen zehn Hörnern wächst noch ein kleines Horn, das drei der früheren herausreißt: abermals eine Aufeinanderfolge von Reichen mit einer Reihe von Machtkonflikten, denen das letzte Horn entsprungen ist, der letzte König, der die Heiligen unterdrückt, zweifellos Antiochos IV. Epiphanes. Ein ähnliches Szenarium entsteht in einem weiteren Traum, in dem ein Ziegenbock und ein Widder gegeneinander kämpfen (Kap. 8). Der Widder hat zwei ungleich hohe Hörner (die Meder und die Perser), der Bock nur eines (Alexander), mit dem er die beiden Hörner des Widders abbricht; aber auch sein eigenes Horn bricht ab, und an seiner Stelle wachsen ihm vier schwächere Hörner: vier Reiche. Aus einem dieser Hörner entsteht ein weiteres, das die drei anderen stürzt. Hier gelangt man zum gleichen Vorgang, der schon zu Antiochos IV. Epiphanes führte, dem Gottlosen, der Israel unterdrückte. Aber über diesen Vorgang hinausgehend, projiziert das Buch Daniel jedesmal eine letzte Wirklichkeit, das ewige Reich Gottes, das nicht untergeht: »Die Herrschaft und Macht und die Herrlichkeit aller Reiche unter dem ganzen Himmel werden dem Volk der Heiligen des Höchsten gegeben. Sein Reich ist ein ewiges Reich, und alle Mächte werden ihm dienen und gehorchen« (7,27). Dieses Reich müsse von einem Messias gegründet werden (9,25). Am Ende der Zeiten werde es eine Auferstehung geben, entweder zum ewigen Leben oder zur ewigen Schmach (12,2). Man findet also schon bei Daniel, was die beiden Teile der Apokalypse ausmacht: Aufeinanderfolgen symbolischer Reiche oder Ereignisse sowie die Ankündigung einer Endzeit mit einem messianischen Reich und einer letzten Auferstehung. Es liegt auf der Hand, daß man das Schema von Daniel und das von Johannes nicht einfach übereinanderlegen konnte, beide Texte haben außer der eschatologischen Buße nur wenig gemeinsam. Aber sie verwenden die gleichen allegorischen Mittel, um ihre Rede abzustecken. Außer den Tieren findet man bei beiden in Zahlen ausgedrückte Schätzungen. Zum Beispiel die Dauer von dreieinhalb Jahren, die bei Daniel anders formuliert ist: »Es dauert noch eine Zeit, zwei Zeiten und eine halbe Zeit. Wenn der am Ende ist, der die Macht des heiligen Volkes zerschlägt, dann wird sich das alles vollenden« (12,7). Diese Antwort gibt ein Mann, »der in Leinen gekleidet war und einen Gürtel aus feinstem Gold um die Hüften trug« (10,5) – an denjenigen erinnernd, an den sich Johannes in der Apokalypse wendet (1,13-14) –, auf die Frage nach der Dauer der »Zeit der unbegreiflichen Geschehnisse«, das heißt der Unterdrückung der Gerechten (12,6). Und der Bote fügt die rätselhaften Worte hinzu: »Von der Zeit an, in der man das tägliche Opfer abschafft und den Greuel der Verwüstung aufstellt, sind es zwölfhundertneunzig Tage. Wohl dem, der aushält und dreizehnhundertfünfunddreißig Tage erreicht« (12,11-12). Symbolische Zahlen, gewiß, die jedoch schwer zu verstehen sind, da für dieselbe Art von Ereignissen – die Greuel der Verwüstung – bei Daniel noch eine andere Zahl auftaucht: »Zweitausenddreihundert Abende und Morgen wird es dauern« (8,14).

Die messianische Erwartung

Zur Zeit Christi war die messianische Erwartung bei den Juden sehr stark ausgeprägt; sie stand am Ursprung des großen Aufstands von 66, der mit der Einnahme Jerusalems und mit der Zerstörung des Tempels im Jahre 70 endete. Die Geisteshaltung der ersten Christen war nicht grundlegend anders. Viele erwarteten die Wiederkunft Christi, der kommen würde, um ein tausendjähriges Reich auf Erden zu errichten, nach einer ersten Auferstehung, die allein den Gerechten vorbehalten wäre. Das Ende der Johannes-Apokalypse formulierte den Inhalt dieser glühenden Erwartung: Der Bürge für diese Offenbarungen behauptet es: »Ja, ich komme bald. Amen. Komm, Herr Jesus« (Offb. 22,20). Damit wurden das endgültige Verschwinden der gegenwärtigen Welt, die Auferstehung aller und das Jüngste Gericht in eine ferne Zukunft gerückt.

Die Träger dieser Geisteshaltung sind vor allem in Kleinasien zu suchen.[26] Sie beriefen sich auf eine johanneische Tradition, auf die sich noch Irenäus, der große Theologe des 2. Jahrhunderts, stützen konnte. Die Leitidee des Chiliasmus ist, daß die Gerechten zusammen mit Christus auf einer erneuerten Erde herrschen werden. Die Fruchtbarkeit des Bodens wird vervielfacht und natürlich sein: »Es werden Tage kommen, wo Weinstöcke wachsen, jeder mit zehntausend Reben, und an jeder Rebe zehntausend Zweige, und an jedem Zweig zehntausend Ranken, und an jeder Ranke zehntausend Trauben, und an jeder Traube zehntausend Beeren, und jede Beere wird ausgepreßt tausend Liter Wein geben.« Irenäus zufolge sagte dies Papias, ein Schüler des Johannes.[27] Gleichzeitig werden die Heiligen, die in diesem Glück leben, mit der Tierwelt in Frieden sein: »Und alle Tiere würden sich mit den Speisen nähren, die ihnen die Erde bietet, und friedlich und zutraulich untereinander, gegen den Menschen aber ganz unterwürfig sein.«[28] Im Herzen dieser neuen Welt wird Jerusalem wiedererrichtet sein, nach dem Vorbild des himmlischen Jerusalems; ebenso wird aus dieser ersten Auferstehung seit Christus ein neuer Mensch hervorgehen, der nicht mehr der Verwesung preisgegeben ist.

Wie man sieht, treffen in diesem chiliastischen Entwurf zwei markante Bilder aufeinander: die Rückkehr ins ursprüngliche irdische Paradies und der Vorgriff auf die himmlische Stadt. Das Überwiegen des ersten Aspekts brachte manche auf den Gedanken, daß die Fruchtbarkeit des Bodens mit der der Menschen einhergehen würde, die ihrerseits Tausende von Heiligen zeugten. Der Fruchtbarkeit der Menschen wäre keine Grenze gesetzt und die Rückkehr zur ursprünglichen Unschuld gelungen. Dieser Meinung begegnet man bei Cerinthus, einem Häretiker des ersten Jahrhunderts, desgleichen in der jüdisch-christlichen Sekte der Ebioniten. Überwog dagegen der Einfluß des Bildes vom himmlischen Jerusalem, so neigte man dazu, das chiliastische Schema soweit wie möglich zu spiritualisieren. Irenäus scheint diesen Weg einzuschlagen, wenn er von der Unverweslichkeit der Heiligen während des Milleniums, des tausendjährigen Friedensreiches, spricht.

In gewissem Maße lenkte der Montanismus, der in der zweiten Hälfte des 2. Jahrhunderts entstand, das chiliastische Schema noch mehr in diese Richtung. Der Ausgangspunkt dafür war sicherlich der hohe Stellenwert der Prophetie in der Kirche der beiden ersten Jahrhunderte. Auch davon zeugt Irenäus: »Deshalb sagt auch der Apostel: ›Weisheit reden wir unter den Vollkommenen‹, indem er die vollkommen nennt, die den Geist Gottes empfangen haben und durch den Geist wie er selber in allen Sprachen reden. Hören wir doch auch von vielen Brüdern in der Kirche, daß sie prophetische Charismen haben, und in allerhand Sprachen durch den Geist reden, das Verborgene der Menschen zu ihrem Vorteil ans Licht bringen und die Geheimnisse Gottes erklären.«[29]

Montanus, ein bekehrter Heide, sowie die beiden Prophetinnen in seiner Begleitung, Prisca und Maximilla, hielten sich für die Deuter des Paraklet (des Heiligen Geistes). Sie prophezeiten im Zustand der Ekstase, und ihre Orakel rückten sie als »Neue Prophetie« in die prophetische Tradition der Kirche. Sie verkündeten im wesentlichen die nahe Ankunft des tausendjährigen Reichs und die Herabkunft des himmlischen Jerusalem auf die Erde, an der Stelle der phrygischen Stadt Pepusa. Die Gemeinden Kleinasiens, auf die der Montanismus allmählich Einfluß gewann, sollten sich auf dieses Ereignis vorbereiten und ihr Leben ändern: Die Wiederverheiratung wurde verboten, junge Mädchen und Frauen mußten während des

Gottesdienstes einen Schleier tragen, das Fasten wurde verschärft und seine Häufigkeit erhöht, eine härtere Bußdisziplin eingeführt; niemand durfte vor dem Martyrium fliehen, man sollte ihm im Gegenteil entgegengehen.

Der Grund für diese Vorschriften hängt sicherlich mit der vermeintlichen Nähe der Endzeit zusammen. Wollte man zu den Auserwählten gehören, mußte man sich im Zustand höchster Reinheit präsentieren. Kurz, die gewöhnliche Kirche sollte sich in eine »Kirche der Heiligen« verwandeln. Unter diesen Bedingungen ist es verständlich, daß die Propheten und Märtyrer in der Wahrnehmung, aber auch in der Hierarchie der christlichen Gemeinden den ersten Rang einnahmen, während die Bischöfe dort eine zweitrangige Stellung hatten. Schließlich leitete die Offenbarung, die Montanus und seine beiden Schülerinnen erhalten hatten, eine neue Ära ein, die Ära der Herabkunft des Heiligen Geistes, des Paradieses auf die Erde. Tertullian zufolge, der sich am Ende seines Lebens dem Montanismus anschloß, hatte sich der Heilige Geist mit Montanus und nicht am Pfingsttag manifestiert. Diese Idee, mit Montanus eine neue Ära anheben zu lassen, war wahrscheinlich nicht alt, aber sie erlaubte es dem Montanismus, den Tod seiner Gründer zu überleben. Maximilla hatte nämlich vor ihrem Tod um 179 erklärt, sie werde die letzte der Propheten vor dem Ende der Zeiten sein. Aber da nichts geschehen war, mußte man wohl oder übel die Existenz der Kirche der Heiligen verlängern, und das Beste war sicherlich, die Bewegung in die Geschichte einzubetten, wie auch die große Kirche es für sich zu tun im Begriff war.

Der Einfluß des Montanismus machte sich nur etwa bis ins 6. Jahrhundert bemerkbar. Dagegen lebte der Chiliasmus als solcher weit kraftvoller fort. Da er eine rein intellektuelle und zudem persönliche Angelegenheit war, mußte er sich nicht wie der Montanismus von der Kirche lösen. Er war auch keine Häresie, sondern brachte lediglich eine besondere Geisteshaltung zum Ausdruck, die auf einer bestimmten Weltsicht und einer allegorischen Lesart gründete. Denn die Überzeugung vom nahen Weltende beruhte auf der Beobachtung der Zeichen der Zeit und erst in zweiter Linie auf chronologischen Spekulationen. Die Christen der ersten drei Jahrhunderte stießen auf die Feindseligkeit der Völker des Imperiums und waren in Krisenzeiten Verfolgungen ausgesetzt. Für sie bedeutete die bevorstehende Wiederkunft Christi, die Zerstörung des Imperiums herbeizusehnen. Obwohl, wie wir sehen werden, nicht alle so dachten, meinten doch viele, daß das Römische Reich grundschlecht sei, und verglichen seine Macht mit der des dem Meer entstiegenen Tieres. Für sie war Rom ein götzendienerischer und dem wahren Gott feindlich gesinnter Staat. Ab dem 3. Jahrhundert wurden durch Zwangsrekrutierungen viele Christen in die Armee eingezogen; sie neigten jedoch dazu, den Wehrdienst zu verweigern. Der Kaiserkult, der eine Opfergeste gebot, flößte ihnen Abscheu ein. Außerdem setzte die Zugehörigkeit zum Christentum eine Ablehnung aller bürgerlichen Ämter voraus, da diese religiöse Kulthandlungen verlangten. Alle Christen waren also faktisch dem Bann ausgesetzt. Daher fiel es ihnen leicht, die Haltung der Heiden als dämonische Aggressivität zu deuten und den begonnenen Kampf mit der letzten Prüfung zu identifizieren, die der Ankunft des Antichrist und der ersten Auferstehung vorausgehen sollte. Die Einsetzung des irdischen Reichs Christi sollte die legitime Vergeltung der Märtyrer und Verfolgten sein. Gleichzeitig sollte es eine Rückkehr zu den paradiesischen Zeiten der Versöhnung mit der erneuerten Natur mit sich bringen, also die Gewißheit, dem Schrecken der Geschichte entgehen zu können.

Bekanntlich ist das Christentum sehr früh mit dem griechischen Denken in Kontakt getreten. Um die Heiden zu bekehren, mußte man ihre Sprache sprechen können. Schon mit den Paulusbriefen machte sich diese Tendenz bemerkbar. Das setzte eine allmähliche Anpassung an philosophische und juristische Denkweisen voraus. Paulus war römischer Bürger und wußte aus seiner rechtlichen Situation Nutzen zu ziehen. Später sind Rhetoren und andere gebildete Männer zum Christentum übergetreten, etwa Justinian, Irenäus, Origenes, Tertullian sowie die sogenannten »Apologeten«.[30] Ihr Anliegen war im allgemeinen ein doppeltes: die Gläubigen vor den gnostischen Einflüssen zu schützen und zu versuchen, den Feindseligkeiten von staatlicher Seite vorzubeugen. In beiden Fällen mußte man die Sprache des Feindes kennen. Gegenüber den gnostischen Häretikern wurden keine Kompromisse gemacht; aber dem Staat gegenüber mußte man sich rechtfertigen, versuchen, ihn zu beschwichtigen, und durfte ihn nur dann frontal angreifen, wenn es nicht anders ging. Doch die Hauptschwierigkeit rührte daher, daß das Römische Reich kosmopolitisch angelegt war und die unterschiedlichsten Kulte erlaubte. Die Bekräftigung seiner Einheit und die Anerkennung seiner Autorität beruhten auf der Schaffung eines öffentlichen und zivilen Kults, der auf den Kaiser ausgerichtet war, dem göttliche Ehren erwiesen werden mußten. Es handelte sich um rein formale Gesten mit minimalen Anforderungen, und für Heiden war es unverständlich, daß jemand sich weigern konnte, diese einfachen Formalitäten zu erledigen. Außerdem waren die Christen, wie schon gesagt, aus denselben religiösen Gründen gezwungen, sich vom gesamten bürgerlichen Leben fernzuhalten. Je mehr ihre Zahl zunahm, desto mehr erschienen sie daher als nicht zu duldende Fremdkörper.

Die Apologeten standen also vor einer schwierigen Aufgabe, die von vornherein zum Scheitern verurteilt war. Aber die Art und Weise, wie sie sie zu lösen versuchten, verdient Beachtung. Ihr letztes Ziel bestand in dem Nachweis, daß die Christen im Grunde die bestmöglichen Bürger seien. Der Ausgangspunkt war, die Wahrhaftigkeit des christlichen Gottes und die Notwendigkeit des Monotheismus darzulegen. Dieser Nachweis ging natürlich mit einem Angriff gegen die Absurdität des Polytheismus einher. Nebenbei konnte der Autor die Anklagen wegen Inzest, Kannibalismus oder Kindesmord zurückweisen, die immer wieder gegen die Christen erhoben wurden. In diesem Stadium angelangt, mußte jeder begreifen, daß die religiösen Grundlagen, auf denen das Imperium und die Städte, ja die ganze Welt ruhten, falsch seien. Wenn der Staat außerdem die Christen zu Unrecht verfolgte, setzte er sich dem Zorn des wahren Gottes aus. Diese Argumentation zielte natürlich nicht nur auf Duldung, sondern in letzter Konsequenz auf die Bekehrung des gesamten Imperiums. Denn diese erschien um so notwendiger, als allein die Gebete und die inständigen Bitten der Christen bisher verhindert hätten, daß über das Reich und den Kaiser die verdiente Strafe hereinbrach.

Die ganze Argumentation beruhte auch auf der von Paulus entwickelten Idee, daß alle Macht von Gott komme. Im Jahre 212 hatte Tertullian dieses Argument bis an die äußerste für einen Christen annehmbare Grenze in seiner Schrift an den Prokonsul und Verfolger Scapula vorgebracht: »Die Christen sind niemandes Feind, am wenigsten des Kaisers. Da sie wissen, daß derselbe von ihrem Gott eingesetzt worden ist, so müssen sie ihn notwendig lieben, fürchten, ehren und seine Erhaltung wünschen mit der des gesamten römischen Reiches, solange die Welt steht. Denn so lange wird letztere auch bestehen. Wir verehren daher den Kaiser, aber auf eine Weise, wie es uns erlaubt ist und ihm selbst nützt, als einen Menschen, der nach Gott der zweite ist; der, was er ist, von Gott erhalten hat und nur Gott nachsteht.«[31]

In seinem um dieselbe Zeit geschriebenen Traktat über die Auferstehung des Fleisches zitierte er die Stelle des zweiten Briefs an die Thessalonicher bezüglich der »discessio« (2. Thess. 2,3) und fügte im Hinblick auf das Hindernis, das die Ankunft des Antichrist zurückhalte, hinzu: »Wer anders als der römische Staat, dessen Schwächung und Aufteilung auf zehn Könige auch den Antichrist herbeiführen wird?«[32] Damit war eine Verbindungslinie in Hinblick auf die Endzeit zwischen dem Imperium und dem Christentum hergestellt. Melito von Sardes hatte im übrigen um 170 in einer an Mark Aurel gerichteten Apologie eine ähnliche These entwickelt, die auf den gleichzeitigen Ursprüngen des Römischen Reichs und der neuen Religion gründete: »Unsere religiöse Bewegung erwachte dereinst kräftig im Schoße von Barbaren; reifte unter der ruhmreichen Regierung deines Vorgängers Augustus unter deinen Völkern zur Blüte und brachte vor allem deiner Regierung Glück und Segen. Von da ab nämlich erhob sich die römische Macht zu Größe und Glanz. Ihr ersehnter Herrscher bist du und wirst du sein mit deinem Sohne, sofern du diese Religion, welche zugleich mit dem Reiche groß geworden ist, mit Augustus ihren Anfang genommen hatte und von deinen Vorfahren wie die übrigen Religionen geachtet wird, beschütztest. Daß unsere Religion zugleich mit dem Reiche, das glücklich begonnen hatte, zu dessen Wohl erblühte, ergibt sich am deutlichsten daraus, daß ihm von den Zeiten des Augustus an nichts Schlimmes widerfahren ist, daß es im Gegenteil – wie es aller Wunsch ist – lauter Glanz und Ruhm geerntet hat.«[33]

Melito wagte nicht, direkt zur Bekehrung des Reichs aufzurufen, aber er deutete es geschickt an. Die Kirche und das Reich hatten gewissermaßen dasselbe Horoskop, ihre Geschicke stimmten überein. Man sollte sich nach dem konstantinischen Frieden an diese schicksalhafte Übereinstimmung erinnern. Bis dahin hatten diese mehr oder weniger diskreten Andeutungen zwar das Ziel, die Christen von der Hauptanklage des Desinteresses gegenüber dem Schicksal des Reichs freizumachen, aber sie erlaubten es nicht, den folgenschweren Vorwurf zu entkräften, den Kelsos um 178 indirekt formulierte, als er die Christen ermahnte, sie sollten »dem Kaiser beistehen mit aller Kraft, mit ihm für das uns abmühen, was recht ist, für ihn kämpfen und, wenn die Not es forderte, mit ihm ins Feld rücken und mit ihm seine Truppen anführen; wir sollten obrigkeitliche Ämter in der Vaterstadt übernehmen, wenn die Erhaltung der Gesetze und die Gottesfurcht auch dieses fordere«.[34] Ein für die Christen undurchführbares Programm. Aber hinter den Bemühungen einiger von ihnen, sich bei den Herrschenden zu rechtfertigen, stand, so muß man vermuten, ein Heimweh nach dem Reich, ein Bedürfnis, als seine wahren Stützen anerkannt zu werden, das Verlangen nach einer Situation nicht nur der Duldung, sondern auch der Zusammenarbeit.

Dieses Verlangen stand natürlich im Widerspruch zu den chiliastischen Strömungen, die das Ende des Imperiums und die sofortige Heraufkunft des Reichs Christi herbeisehnten. Männer wie Tertullian und Melito waren wahrscheinlich zwischen diesen beiden Polen hin und her gerissen. Aber im Zentrum stand die Frage, ob das Imperium bis zum Ende auf seiner Opposition gegen die neue Religion beharren werde. Dies war eine Frage nach dem Zeitmaß: Wann würde die »discessio« eintreten? Mußte man auf den Anbruch eines irdischen »Milleniums« warten oder hatte dieses Stadium mit der Zeit der Kirche bereits begonnen? Konnte man die Zukunftsprognosen des Imperiums und der Kirche wirklich in Übereinstimmung bringen? Kurz, sollte man nicht einräumen, daß das Reich Christi nicht von dieser Welt war und daß die gemeinsamen Zeiten der Kirche und des Imperiums noch lange andauern konnten? Zweifellos wurde diese Problematik um die Wende des 2. zum 3. Jahrhundert noch nicht so deutlich empfunden. Dennoch kann man erkennen, daß zu jener Zeit in der Kirche eine doppelte Bewegung ihren Anfang nahm: Einerseits wies man den Chiliasmus immer offener zurück, andererseits begann man, sowohl historische wie mythische Zeitrechnungen aufzustellen, die es erlaubten, das Römische Reich in die Heilsgeschichte einzubeziehen. Aufgrund dieser beiden Bewegungen veränderte sich das eschatologische Bild und nahm allmählich die Gestalt an, wie wir sie später bei Adso von Montier-en-Der finden. Diese Entwicklung wurde bemerkenswerterweise mit der Bekehrung des Imperiums im 4. Jahrhundert nicht grundlegend modifiziert.

Die chiliastische Erwartung der ersten zwei Jahrhunderte scheint nicht auf präzisen chronologischen Spekulationen beruht zu haben. Bis Hippolyt begegnen wir keiner einzigen Schrift, die die Angaben der allegorischen Exegese mit Forschungen historischer Chronologie in Übereinstimmung brachte. Man berechnete das Datum der Endzeit nicht. Irenäus bietet ein gutes Beispiel für die Art und Weise, wie man damals verfuhr. Nach dem Hinweis, daß die in der Apokalypse genannte Zahl des Tiers, 666, die Zahl des Antichrist sei, meint er, es sei müßig, schon jetzt wissen zu wollen, welchem Namen sie entspreche. Dagegen entschlüsselt er nach dieser Zahl das historische Schema, das zum Antichrist führt: »Diese Zahl sei aber sechshundertsechsundsechzig, d. h. sechs Zehner, sechs Hunderter und sechs Einer. Das ist die Rekapitulation der gesamten Apostasie, die in sechstausend Jahren stattgefunden hat. Wie viele Jahrtausende nämlich die Erschaffung der Welt gedauert hat, in so vielen Jahrtausenden wird sie auch vollendet werden. Und deshalb heißt es in der Genesis: ›Und es vollendete Gott am sechsten Tage alle seine Werke, die er gemacht hat, und am siebenten Tage ruhte er von allen seinen Werken, die er gemacht hatte.‹ Das ist eine Erzählung des Geschehenen und eine Prophetie des Zukünftigen. Wenn nämlich die Tage des Herrn wie tausende Jahre sind, die Schöpfung aber in sechs Tagen vollzogen ist, dann ist offenbar auch ihre Vollendung das Jahr 6000.«[35]

Die Zahl wird also einzig dazu dienen, den Antichrist im gegebenen Augenblick zu identifizieren, erlaubt es jedoch nicht, schon jetzt seinen Namen zu wissen und den Tag seiner Ankunft vorauszusehen. Das »Jahr 6000« ist kein Datum, sondern ein nach typologischen Kriterien festgelegter Terminus, und Irenäus hütet sich, ihn rückblickend in eine Chronologie einzufügen; er erklärt in seiner

Schrift gegen die Häretiker: »Ihr behauptet in eurer kühnen Aufgeblasenheit ganz frech, daß ihr die unaussprechlichen Geheimnisse Gottes wüßtet, wohingegen der Herr, der der Sohn Gottes selbst ist, die Kenntnis des jüngsten Tages und seiner Stunde nur dem Vater zuschreibt. [...] Wenn also der Sohn sich nicht schämte, diese Kenntnis nur dem Vater zuzuschreiben, sondern von der Wahrheit Zeugnis gab, dann brauchen auch wir uns nicht zu schämen, was in den tieferen Fragen uns dunkel bleibt, Gott zu überlassen. Niemand nämlich ist über seinem Meister.«[36] Irenäus' Vorgänger, Pseudo-Barnabas oder Justinian, äußerten sich ähnlich. Seine Zeitgenossen, die Montanisten, bezogen sich ebensowenig wie er auf eine historische Chronologie: Sie betonten das nahe Bevorstehen der Wiederkunft Christi. Hippolyt von Rom erwähnt den Fall eines Bischofs, der seine Gemeinde in die Wüste geführt habe, um Christus entgegenzugehen; ein anderer hatte, auf einen Traum hin, den Tag des Gerichts für das folgende Jahr vorausgesagt, woraufhin die Gläubigen ihre Felder verlassen und ihre Habe verkauft hatten. Für sie war die Gewißheit der Wiederkunft Christi nicht mit der Richtigkeit einer historisch-chronologischen Berechnung, sondern mit einer prophetischen Inspiration verbunden.

Um dem chiliastischen Taumel zu widerstehen, gab es zwei Mittel, die die Männer der Kirche gleichzeitig anwendeten: die verbleibende Frist auf der Grundlage einer chronologischen Berechnung festzulegen, da sie so hinter die Grenzen einer unmittelbaren Erwartung verschoben würde; oder aber nachzuweisen, daß jede eschatologische Aussage einer symbolischen Sprache folgte, und damit die Erwartung selbst vollständig zu spiritualisieren, indem man sie aus dem historischen Kontext herauslöste.

Die mythische Chronologie des Heils

Das Schema der sieben Tage der Schöpfung, das Irenäus und seine Vorgänger als Spiegel des Ablaufs der Geschichte verstanden, konnte in eine chronologische Berechnung integriert werden und ermöglichte die Festlegung der beiden Schlüsseldaten: das Datum der Geburt Christi und das Datum des Weltendes. Hippolyt hat dies Anfang des 3. Jahrhunderts auf zwei Arten versucht. In seinem Daniel-Kommentar betrieb er eine allegorische Exegese; doch zuvor legte er den chronologischen Rahmen fest, dessen Richtigkeit er dann beweisen wollte: »Wenn wir die Zeit berechnen, die seit der Erschaffung der Welt und seit Adam verstrichen ist, klärt sich das Problem. Die erste Parusie unseres Herrn, die fleischliche Parusie, die ihn in Bethlehem zur Welt kommen ließ, hat am achten Tag der Januarkalenden stattgefunden, an einem Mittwoch, im zweiundvierzigsten Jahr der Herrschaft des Augustus, fünftausendfünfhundert Jahre nach Adam. Er hat seine Passion im dreiunddreißigsten Jahr erlitten, am achten Tag der Aprilkalenden, an einem Freitag, im achtzehnten Jahr von Kaiser Tiberius, unter den Konsuln Rufus und Rubellio [...]. Man muß also zu sechstausend Jahren gelangen, damit der Sabbat kommt, der heilige Tag, an dem Gott ruhte, ›nachdem er alle seine Werke vollendet hatte‹. Der Sabbat ist die Form und die Gestalt des künftigen Reichs der Heiligen, wenn sie mit Christus herrschen werden, nachdem er vom Himmel herabgestiegen ist, wie Johannes es in seiner Apokalypse erzählt. Denn die Tage des Herrn sind ›wie tausend Jahre‹. Da Gott alles in sechs Tagen geschaffen hat, muß man zur Zahl von sechstausend Jahren gelangen. Und diese sind noch nicht vollendet, denn Johannes sagt: ›Fünf sind gefallen, einer ist jetzt da, der andere ist noch nicht gekommen.‹ Mit dem anderen meint er den siebenten, den der Ruhe.«[37]

Anders als sein Vorgänger Theophilus von Antiochien verglich Hippolyt die Geschichte der Welt mit dem Leben Christi. Es ist wahrscheinlich, daß die chronologischen Präzisierungen, die sich auf die Daten der Geburt und der Passion bezogen, das Resultat einer späteren Hinzufügung oder Modifizierung sind. Der begriffliche Rahmen jedoch blieb unverändert: die Verbindung der Ankunft Christi mit dem Ende der Zeiten sowie die Absicht, dessen Datum zu berechnen. Dazu schlägt Hippolyt zunächst den Weg der allegorischen Exegese ein. »Aber man wird sagen: ›Wie kannst du mir beweisen, daß der Erlöser im Jahre 5500 geboren wurde?‹ Das ist sehr einfach. Was einst Moses mit dem Tabernakel tat, war nur die Form und das Symbol der geistigen Mysterien, so daß du, wenn die Wahrheit in Christo am Ende der Welt erschienen sein wird, verstehen kannst, daß alles dies Wirklichkeit geworden ist. Denn Gott sagt zu Moses: ›Mach dir eine Arche aus unverweslichem Holz, überziehe sie innen und außen mit reinem Gold. Mache sie zweieinhalb Ellen lang.‹ Wenn man zusammenzählt, ergibt das fünfeinhalb Ellen: was die 5500 Jahre symbolisiert, an deren Ende der Erlöser aus der Jungfrau geboren wird und so in der Welt die Arche herstellt, die sein eigener Leib ist [...]. Seit Christi Geburt muß man also noch 500 Jahre zählen, um auf 6000 zu kommen, und dann wird das Ende sein. Und daß der Erlöser wirklich in der fünften und einer halben Zeit mit der unverweslichen Arche seines eigenen Leibes in der Welt erschienen ist, das beweist das Wort des Johannes: ›Es war die sechste Stunde‹, das heißt die Hälfte eines Tages. Aber für den Herrn ist ›ein Tag wie tausend Jahre‹. Die Hälfte davon sind also 500 Jahre.«[38]

Aus Hippolyts Berechnung ergab sich, daß man zum Zeitpunkt, als er schrieb, in den Jahren 203–204, bis zur Ankunft des Antichrist und zum Ende der Zeiten noch ungefähr dreihundert Jahre warten mußte. In einer späteren Chronik, die mit dem Jahr 234 endet, kam er zu demselben Ergebnis, wobei er sich diesmal auf historische chronologische Berechnungen stützt. Es ist viel darüber gestritten worden, ob Hippolyts Chiliasmus tatsächlich einer sei, denn eine chiliastische Weltanschauung besteht nicht nur im Glauben an das tausendjährige Reich Christi. Sie setzt auch und vor allem die Hoffnung auf dessen unmittelbar bevorstehende Ankunft voraus. Wenn man, wie Hippolyt, das mögliche Datum weit über die mittlere Lebensdauer eines Menschen hinausschiebt, läuft dies unweigerlich darauf hinaus, die wichtigste psychologische Triebkraft des Glaubens selbst zu beseitigen. Die Beharrlichkeit, mit der Hippolyt seine Leser zur Geduld aufforderte, zeigt, daß er vor allem ihr eschatologisches Fieber zu lindern suchte.

Hippolyts Chronologie findet sich bei mehreren anderen Schriftstellern wieder. Einige greifen lediglich kommentarlos dieselben Angaben auf, und zwar zu rein chronographischen Zwecken. Interessanter sind diejenigen, die sie in einem chiliastischen Kontext präsentieren. Der erste ist Sextus Julius Africanus, der etwa zur gleichen Zeit wie Hippolyt eine Chronik schrieb, die bis zum Jahr 221 reicht. Er zog darin eine Parallele zwischen der jüdischen und der griechisch-römischen Geschichte. Auch er siedelte die Geburt Christi im Jahr 5500 seit Erschaffung der Welt an und datierte das Ende der Welt auf das Jahr 6000. Im Unterschied zu Hippolyt ließ er jedoch den Sabbat der Welt, das »Millenium«, sofort darauf beginnen. Der Sabbat als Tag der Ruhe gleich der Ruhe Gottes am siebten Tag nach dem sechstägigen Schöpfungswerk entspräche danach der 1000jährigen Ruhe nach dem Ende der sechs Weltalter. Auch Lactantius legte im 7. Buch seiner nach 313 geschriebenen Divinae Institutiones (Göttliche Einrichtungen) die Geburt Christi und das Ende der Welt auf die gleiche Weise fest und arbeitete den chiliastischen Kontext noch stärker heraus. Ebenso Julius Quintus Hilarianus, ein afrikanischer Bischof, 397 in einer kurzen Weltchronologie.

Weniger klar ist der Fall von Sulpicius Severus (~363–~420). Seine chiliastischen Ansichten spiegeln die seines Lehrers Martin von Tours wider. In seiner Chronik, die bis zum Jahr 400 reicht, verfuhr er auf recht merkwürdige Weise. Er ließ sich von der Chronik des Eusebius von Cäsarea inspirieren, dessen Chronologie, wie wir sehen werden, das Datum des Weltendes um drei Jahrhunderte verschiebt, rechnete aber die Jahrhunderte bis zu Samson in der Tradition Hippolyts zusammen. Von da an hörte er auf zusammenzuzählen, aber es ist deutlich zu sehen, daß er, hätte er weitergemacht, das Jüngste Gericht ebenfalls auf das Jahr 500 n. Chr., entsprechend dem Jahr 6000 seit der Welterschaffung, datiert hätte. Ihm war wohl einerseits die Unvereinbarkeit zwischen den Berechnungssystemen von Hippolyt und Eusebius von Cäsarea aufgefallen, und er dürfte es andererseits vorgezogen haben, gemäß der von Martin ererbten Geisteshaltung das für seine Zeit typische Gefühl der Bedrängnis und der unmittelbaren Heilserwartung zu bewahren.

Demnach gab es zwei Arten des Chiliasmus. Die einen betrachteten das Millenium einfach als das Ende der Heilsgeschichte. Ihre chronologischen Berechnungen dagegen rückten es in eine noch ferne Zukunft und beschwichtigten alle zeitgenössischen Ängste. Den »wahren« Chiliasten wie Sulpicius Severus hingegen widerstrebte jede genaue Berechnung, die die Begeisterung sinken lassen würde. Für sie ist das Millenium die Erlösung oder die Verdammnis, dessen Erwartung den Glauben stärkt.

Allerdings nähert man sich von einem Berechner zum nächsten allmählich dem von Hippolyt festgesetzten Datum. Die Abweichungen ergaben sich aus den unterschiedlichen Zahlenangaben, wie sie die hebräische Bibel, ihre griechische Übersetzung (Septuaginta) und die lateinische Bibel (Vulgata) bieten. Noch im Jahre 463 legte ein Chronograph das Ende der Welt und die Heraufkunft des »Milleniums« auf das Jahr 500 fest. Dieses Datum aber war schon seit langem hinausgeschoben worden. Bereits im Jahre 303 hatte Eusebius von Cäsarea mit neuen Berechnungen begonnen. Als Schüler des Origenes war er ein Gegner des Chiliasmus und legte die Lebensdaten Christi so fest, daß das Ende der Zeit in das Jahr 800 fallen mußte. Dieser neuerlichen Berechnung war kein unmittelbarer Erfolg beschieden, aber 378 übersetzte Hieronymus, ebenfalls ein Antichiliast, die Chronik des Eusebius ins Lateinische und verhalf ihr im Abendland zu großer Verbreitung. Der erste, der sich auf diese neuen Daten stützte, war Orosius, ein Freund des Augustinus, der 416 seine Historie schrieb. Nach ihm bezogen sich fast alle Chronographen oder Historiker auf Eusebius-Hieronymus.

Natürlich wurde beim Herannahen des Jahres 800 eine erneute Berechnung erforderlich. Beatus von Liébana († 798) stellte, als er 786 seinen Kommentar zur Apokalypse schrieb, mit Verwunderung fest, daß nur noch vierzehn Jahre bis zum sechsten Jahrtausend blieben. Vorher hatte allerdings schon Beda Venerabilis (~672/3 –735) eine Berechnung angestellt, die sich von der des Eusebius von Cäsarea unterschied. Letzterer hatte sich auf Daten gestützt, die sich aus der griechischen Bibelübersetzung, der Septuaginta, ergaben. Im Jahre 703, beim Nahen des siebten Jahrtausends der alten Chronologie, entdeckte Beda, auf die hebräische Tradition gestützt, daß die Fleischwerdung Christi im Jahre 3042 stattgefunden habe; damit war das Jahr 6000 seit der Erschaffung der Welt auf das Jahr 2058 n. Chr. verwiesen! Zur gleichen Zeit machte Beda im übrigen das Numerierungssystem gebräuchlich, das Dionysius Exiguus Anfang des 6. Jahrhunderts erarbeitet hatte. Von nun an sollte man die Jahre von der Geburt Christi an zählen, die man, im übrigen mit einem Irrtum von vier bis sieben Jahren, auf das Jahr 753 nach der Gründung Roms datierte. Dieses System wurde auf dem fränkischen Konzil von 742 und später von den karolingischen Chronisten benutzt. Fest steht, daß die allmähliche Akzeptanz dieser beiden Berechnungsweisen allen eschatologischen chronologischen Spekulationen den Boden entzog. Unter anderem konnte das Nahen des berüchtigten Jahres 1000 niemanden mehr »terrorisieren«, der ein Minimum an Bildung besaß.

Doch zu jener Zeit, seit Augustinus, stand der Chiliasmus, den wir zu Beginn der Kirchengeschichte antrafen, intellektuell nicht mehr in Kurs.

Der erste, der ihm konsequent entgegentrat, war Origenes.[39] Die wörtliche Deutung des Textes der Offenbarung, der eine »erste Auferstehung« ankündigt, ersetzte er entsprechend seiner Methode durch eine spirituelle Exegese. Die »erste Auferstehung« ist die noch rätselhafte Auferstehung, derer jeder Christ durch die Taufe teilhaftig wird. Die zweite wird am Ende der Zeiten stattfinden. Das Reich Christi wird also nach dem Jüngsten Gericht im Himmel errichtet werden. Origenes wurde von Dionysius, dem Bischof von Alexandrien, abgelöst, dem es gelang, die ägyptischen Chiliasten zu überzeugen.

Doch bis zum Anfang des 4. Jahrhunderts hatte sich der Chiliasmus in all seinen Formen allgemein eingebürgert. Commodianus und Lactantius sind seine bekanntesten Vertreter. Victorinus von Pettau, wahrscheinlich 304 gestorben, schrieb den ersten lateinischen Kommentar zur Apokalypse, deren 20. Kapitel er wörtlich interpretierte. Noch im 4. Jahrhundert waren Apolinarios von Laodikeia und ein unbekannter, Ambrosiaster genannter Verfasser Chiliasten. Außer Lactantius, der zu Beginn des 4. Jahrhunderts meinte, man habe nur noch zweihundert Jahre bis zum sechsten Jahrtausend zu warten, legte keiner der anderen Autoren ein Datum fest. Diese auf der Exegese gründenden Lehren fanden bei den Gläubigen ein großes Echo, aber es läßt sich nicht genau feststellen, ob es sich um einen Chiliasmus handelte, der auf dem Wege einer langfristigen Chronologie das Ende der Zeit weit hinausschob, oder um einen, der keinen Aufschub duldete, wie man es bei dem Dichter Commodianus der Heftigkeit seines Ausdrucks wegen vermutet. Wahrscheinlich jedoch ist, daß große Verfolgungen wie die unter Decius (249–251) und Diokletian (284–305) gerade die letztere Haltung nur verstärken konnten und sie in Haß auf das Imperium umschlagen ließen, einen Haß, den Lactantius in seinem Buch »De morte pessecutorum« (Über den Tod der Verfolger) sehr gut zum Ausdruck bringt. Unter diesen Umständen konnte die spirituelle Exegese der Apokalypse unangebracht erscheinen. Aber inzwischen erlaubte es der von Hippolyt festgelegte chronologische Rahmen, die Leidenschaften zu kanalisieren und die unmittelbaren chiliastischen Exzesse, die denen der ersten Montanisten ähnelten, zu verhindern. Trotzdem gab es noch immer zurückgezogene montanistische Gemeinden, die zu wahren fundamentalistischen Sekten geworden waren und im Westen nicht vor dem 6. Jahrhundert verschwinden sollten. Vom Ende des 4. Jahrhunderts bis zu seinem Tod bekämpfte Hieronymus den Chiliasmus mit denselben Waffen wie Origenes. Augustinus sollte das gleiche tun, seine Kritik jedoch in einen größeren Zusammenhang stellen, von dem wir noch sprechen werden.

Ob Chiliasten oder nicht, den Christen, die über das Ende der Welt spekulierten, war natürlich bekannt, daß diesem das Ende Roms vorausgehen würde. Wenngleich sie sich ihren religiösen Anschauungen gemäß darüber freuen konnten, hatten doch manche Christen nach dem Toleranzedikt von Mailand im Jahre 313 und dem Ende der Verfolgungen wieder Geschmack am römischen Patriotismus gefunden. Seit der Zeit Konstantins hatten die Christen in die kaiserliche Verwaltung Einzug gehalten, und Bischöfe gehörten zu den Beratern des Herrschers. Für diese und für alle, die ihnen durch Verwandtschaft oder Interesse nahestanden, war das Schicksal Roms fortan eng mit dem der Kirche verbunden. Diese Verbindung wurde seit Theodosius noch enger, als die heidnischen Kulte eingestellt wurden und nur noch die Gebete der Christen geeignet schienen, das Imperium zu unterstützen. Denn von dieser Zeit an legte die Göttin Fortuna ihre Ämter nieder.

Das Schicksal des Römischen Reichs

Daß die Römer abergläubisch waren und empfänglich für die »fata«, ist hinlänglich bekannt. Daher haben auch sie chronologische Spekulationen angestellt, um die Dauer des Imperiums zu berechnen.[40] Dabei scheint es zwei Haupttraditionen gegeben zu haben. Den einen zufolge war Rom zwar eine lange Lebensdauer beschieden, aber sie war zeitlich begrenzt; den anderen zufolge soll Rom ein »imperium sine fine«, eine Herrschaft ohne Ende, verheißen worden sein.

Den antiken Historikern zufolge hatte Romulus auf dem Dach des Kapitols zwölf Geier gesehen. Dieses günstige Vorzeichen hatte ihm einen Vorteil über seinen Bruder verschafft, der nur zehn gesehen hatte. Zugleich deutete man dieses Omen auch als Hinweis auf die Dauer Roms, die somit zwölf Jahrhunderte betragen würde. Das achte und neunte Jahrhundert Roms waren in den Jahren 47 und 147 von den Kaisern Claudius und Antonius Pius in heiterer Atmosphäre gefeiert worden. Und im Jahre 248 hatte Philippus Arabs das Millenium in einer Zeit großer Schwierigkeiten begangen. Das elfte Säkulum, das in das Jahr 348 fiel, war mit der Ausgabe von Münzen gefeiert worden, aber wir wissen nicht, ob man diesen Tag wirklich würdig begangen hatte, denn Aurelius Victor, ein heidnischer Schriftsteller, beklagte 360, das Jahr 348 sei allen anderen ähnlich gewesen. Jedenfalls wußte nunmehr jedermann, daß Rom in sein zwölftes Jahrhundert eingetreten war, nach dem anfänglichen »Horoskop« also in das letzte. Ebenso wußte jeder, daß die Sibyllinischen Bücher die Geheimnisse der Endzeit des Imperiums bargen, und wahrscheinlich ließ Stilicho sie gerade deshalb wenige Jahre vor der Einnahme Roms durch Alerich im Jahre 410 verbrennen. Wenn Rom also nicht unsterblich war, konnte man sein Leben mit dem eines Menschen vergleichen, der nacheinander alle Altersstufen bis zum Greisenalter durchläuft. Florus zum Beispiel hatte in seiner zur Zeit Trajans geschriebenen Römischen Geschichte dieses Thema erörtert und die Ansicht vertreten, das sich Rom an der Schwelle zum Greisenalter wieder verjüngen werde. Im 4. Jahrhundert jedoch, als der Heide Symmachus 384 die Göttin Rom sprechen ließ, stellte er sie als alte Frau vor. Ebenso betonte Rutilius Namatianus, ein anderer Heide, in einem 418 geschriebenen Gedicht das hohe Alter der Stadt, die »schon tausendeinhundertsechzig Jahre« zähle. Auch Augustinus stimmte mehrfach den Refrain vom »gealterten Rom« an.

Einer anderen Tradition zufolge aber war Rom die Ewigkeit verheißen worden.[41] Vergil hatte es in der Aeneis durch Jupiter proklamieren lassen, der Aeneas verkündete, er werde seiner künftigen Gründung ein »imperium sine fine« gewähren. Und Sueton berichtete, daß auch Kaiser Augustus den Flug von zwölf Geiern beobachtet habe, Zeichen eines Neubeginns, einer Verjüngung.[42] Die im Jahre 17 v. Chr. gefeierten Jahrhundertspiele waren das wichtigste Zeichen dieser Verjüngung. Sie gingen auf eine zyklische Tradition des etruskischen Denkens zurück, demzufolge jedesmal, wenn eine Generation völlig erloschen war, ein neues Weltzeitalter, ein Jahrhundert eingeleitet wurde. Die Spiele und Rituale, die den Neubeginn begrüßten, konnten also nur zu einem Zeitpunkt zelebriert werden, da alle Zeugen der vorangegangenen Feier mit Sicherheit tot waren. Üblicherweise ließ man zwischen jedem Jahrhundertspiel einen Zeitraum von 110 Jahren verstreichen. Augustus knüpfte also lediglich an die im übrigen mit der Konsultation der Sibyllinischen Bucher zusammenhängende Praxis an, wenn er dem Spiel ein besonderes Gepränge gab. Auf diese Weise konnte Roms Ewigkeit periodisch erneuert werden. Was auch unter den Kaisern Domitian und Septimius Severus in den Jahren 88 und 204 geschah. Aber der heidnische Historiker Zosimos stellte um 380 mit Bitterkeit fest, daß man es unterlassen habe, die Jahrhundertspiele von 313 zu feiern. Nun hatten aber diese Spiele dieselbe Bedeutung wie die Hundertjahrfeiern; sie markierten nicht die Etappen eines unausweichlichen Alterns, sondern bestärkten im Gegenteil die Idee der römischen Ewigkeit. Zwar standen die beiden Traditionen in Widerspruch zueinander, brachten jedoch eine doppelte psychologische Tendenz zum Ausdruck, die bei vielen Völkern anzutreffen ist: einerseits die Angst, ja die Gewißheit eines Niedergangs und andererseits die

Suche nach einer periodischen Rückkehr zu den Ursprüngen, die einen neuen Zyklus des Wohlstands einleitet. Kurz, man will die Furcht bannen, die der lineare Ablauf der Zeit einflößt, indem man ihn in eine ewige Wiederkehr verwandelt.

Daraus folgt, daß sich die chronologischen Spekulationen der Christen und der Heiden nicht gänzlich deckten. Es war schwierig, die Idee, daß Rom die Gewißheit einer imperialen Ewigkeit besaß, mit jener anderen Idee zu versöhnen, die in seiner Zerstörung das willkommene Zeichen für das Ende der Zeit sehen wollte. Noch fremder war der christlichen Mentalität die Idee, eine irdische Gründung könne als solche das Unterpfand ihres Schicksals selber in Händen halten. Wenn Rom altern und untergehen sollte, so geschah dies nicht als Folge eines astrologischen, in den Zahlen niedergelegten Fatalismus, sondern allein durch den Willen Gottes, der mit Rom so umgehen würde, wie er mit dem Volk Israels umgegangen war. Dennoch konnte eine gewisse Anzahl von Gegebenheiten annähernd übereinstimmen. Roms zwölftes Jahrhundert sollte sich im Jahr 448 vollenden; die Verfechter der Chronologie Hippolyts setzten das Datum des Weltendes auf das Jahr 500 fest. Die Schwierigkeiten des Imperiums um die Wende vom 4. zum 5. Jahrhundert konnten als Vorzeichen der Endzeit gelten. Aber wurde dieses Ende noch immer von allen Christen so sehr herbeigesehnt? Insbesondere von denen, die Ämter innehatten, nicht zu vergessen die Mitglieder der Senatorenklasse, die sich nach und nach der neuen Religion anschlossen, welche Theodosius zur Staatsreligion gemacht hatte?

Die eschatologische Krise

In vielerlei Hinsicht markieren das 4. und das 5. Jahrhundert eine Übergangsperiode, in deren Verlauf das Westreich allmählich zusammenbrach, während die Barbarenkönigtümer sich zu etablieren begannen und Rom mehr und mehr zum religiösen Haupt der westlichen Christenheit wurde. In der Mitte dieser Periode kam es zu einer eschatologischen Krise, in der Kirchenmänner und Laien die

Überzeugung gewannen, daß der Antichrist geboren sei und das Ende der Welt nahe.[43]

Zeit seines Lebens, das 397 endete, hatte es Martin von Tours mit Antichristen und falschen Propheten, Vorläufern des wahren Antichrist zu tun. Sein Freund und Biograph Sulpicius Severus verbreitete Martins chiliastische Vorstellungen weiter. Im selben Jahr 397 beendete ein afrikanischer Bischof, Julius Quintus Hilarianus, eine auf den Berechnungen Hippolyts gründende Chronik, die mit einem chiliastischen Glaubensbekenntnis schloß. Diese drei Männer zeugen nicht nur vom Überleben einer Glaubensvorstellung, sondern auch von einem Klima der Spannung als Resultat einer ängstlichen Beobachtung der Zeichen der Zeit. Schon 360–63 hatte Hilarius von Poitiers in dem arianischen Kaiser Konstantius II. (337–361) den verkörperten Antichristen gesehen. Die äußerst harten Auseinandersetzungen innerhalb des Christentums kamen zu der immer drückenderen Bedrohung durch die Barbaren hinzu. 378 war Kaiser Valens von den Goten geschlagen worden und sein Leichnam unauffindbar geblieben. Für die christlichen wie für die heidnischen Schriftsteller, Ambrosius wie Ammianus Marcellinus, war dieser Moment der Anfang von Roms Untergang. Die Herrschaft von Theodosius veränderte die Atmosphäre nicht, sondern sein Verbot der heidnischen Kulte förderte geradezu die Auseinandersetzungen zwischen Christen und Nichtchristen. Im Jahr 398 soll Gott einem der Offiziere Konstantinopels im Traum die Absicht offenbart haben, die Stadt zu zerstören. Der Bischof und der Kaiser ordneten darauf die totale Evakuierung der Hauptstadt an. Im selben Jahr brachten die heidnischen Kreise Roms ein Orakel in Umlauf, wonach der christlichen Religion 365 Jahre gewährt worden seien, nachdem der Apostel Petrus in einem Ritualmord ein einjähriges Kind geopfert habe. Die Frist sollte nach den einen im Jahr 394, nach den anderen im Jahr 398 ablaufen. Um 400 verkündete, aus Palästina kommend, eine gewisse Melania die Ankunft des Antichrist. Ab 401 und 402 zogen die Goten Alarichs durch Norditalien, und 405 unternahmen die Ostgoten einen Streifzug nach Etrurien. 407 wimmelte es so sehr von alarmierenden Orakeln und Voraussagen, daß Stilicho das Buch der Sibyllinischen Orakel verbrennen ließ. Der heidnische Dichter Claudianus hatte mit für die Ausbreitung dieser angespannten und unheilvollen Stimmung gesorgt, indem er 402 die öffentliche Meinung aufgriff und nach der tatsächlichen Dauer der Rom zufallenden zwölf Jahrhunderte fragte. Doch nachdem Alarich an der Spitze seiner Goten im Jahre 410 Rom geplündert hatte, meinten viele, das Ende der Welt nahe heran. War nicht dieser gotische Überfall genau das Ereignis, auf das Paulus im Brief an die Thessalonicher anspielte? War nicht soeben eingetreten, was die Ankunft des Antichrist zurückhielt? Und war Roms Fall nicht der von der Apokalypse verkündete Fall Babylons?

Augustinus machte sich daher an die Arbeit, diese Fragen zu beantworten und die Vorstellungen über die Beziehungen zwischen der Kirche und dem Imperium neu zu formulieren. Denn den Fall Roms als Vorzeichen des Weltendes zu deuten, wäre darauf hinausgelaufen, eine notwendige Beziehung zwischen der Kirche, einer übernatürlichen Gründung, und dem irdischen Reich herzustellen. Nun hatten aber die Christianisierung des Imperiums und das Verbot der heidnischen Kulte eine solche Gleichsetzung nahegelegt. Auch das chiliastische Denken förderte eine derartige Identifizierung, da Christus sein Reich auf Erden errichten sollte und damit geistige und weltliche Macht zusammenfielen. Kurz, die eschatologische Herrschaft Christi über die nun verschmolzenen Reiche konnte nachträglich die kaiserliche Macht über die Kirche rechtfertigen. Jetzt aber gebot es der Zerfall dieser Macht, daß die Kirche sich von ihr lossagte. Desgleichen galt es, die Erwartung der Endzeit zu dämpfen, auch wenn sie nicht chiliastischer Art war. Die Zeit der Kirche, die in der Hand Gottes lag, mußte ihre Eigenständigkeit behalten, denn sie war der Ewigkeit teilhaftig. Rom dagegen war sterblich. Die irdischen Zeichen der Zeit mochten ihm gelten, die Kirche aber hing nur von geistigen Zeichen ab.

In seinem Buch vom Gottesstaat sagt Augustinus, die tausend Jahre, von denen in der Apokalypse die Rede sei, bedeuteten »die Fülle der Zeit«,[44] wobei die Zahl Tausend die Totalität bezeichne. Da im übrigen, gemäß der Tradition des Origenes, die erste Auferstehung die Taufe sei, bezeichneten diese tausend Jahre in Wirklichkeit die Zeit der Kirche der Getauften. Satan sei also gefesselt worden, damit er die Kirche nicht mehr in die Irre führen könne. Am Ende der Zeiten werde er dreieinhalb Jahre lang – eine weitere symbolische Zahl – in Gestalt des Antichrist losgelassen.[45] Die Herrschaft Christi finde also »jetzt«, und zwar in der Kirche, statt. Was ihre Dauer betreffe, so erklärte Augustinus in seinem Briefwechsel mit Hesychius, dem Bischof von Salona, man könne sie unmöglich kennen. Wir könnten wissen, *wie* das Ende der Welt sein werde, aber nicht *wann*. Als Antwort auf einen Einwand von Hesychius, der feststellte, daß unter den christlichen Kaisern die Evangelisierung rasch voranschreite, fügte er hinzu, dies sei kein hinreichendes Zeichen.[46] Augustinus' Interpretation, gestützt auf Tyconius, lief also darauf hinaus, eine eigenständige Zeit der Kirche zu definieren. Eine weitere Vorstellung, auf die Augustinus jedoch nur am Rande einging, war jene, daß das Römische Reich die Ankunft des Antichrist zurückhalte – gemäß einer Exegese des zweiten Briefs an die Thessalonicher. Sie war unter anderem von Tertullian, Cyrillus von Jerusalem, dem Ambrosiaster, Johannes Chrysostomus und Hieronymus vertreten worden. Augustinus kannte diese Ansicht und wies auf sie hin, zog es für seinen Teil jedoch vor, zu sagen, er wisse überhaupt nicht, was Paulus habe sagen wollen. Seine Haltung ist verständlich, da es ihm widerstrebte, den Ablauf der heiligen Geschichte, der Zeit der Kirche, mit einem politischen Ereignis zu verknüpfen. Das ganze Buch vom Gottesstaat tendiert in der Tat in diese Richtung: Auch wenn die beiden Staaten, der weltliche und der Gottes, in dieser Welt untrennbar miteinander verflochten sind, so sind sie doch in ihren Endzwecken unterschieden und hängen nicht voneinander ab. Die Kirche ist eine mystische Realität himmlischen Ursprungs, deren erste Bürger die Engel sind. Auf Erden ist sie im Exil und nur vorübergehend anwesend, ihre Zeit hinieden und ihr Maß hängen allein von Gott ab. Es ist also sinnlos, über die Chronologie zu spekulieren.

Wurde Augustinus gehört? Sicher nicht von allen. Die Ereignisse, die die Etappen des Zusammenbruchs des Westreichs bis 476 abstecken, sowie die Abdankung des Romulus Augustulus waren eher dazu angetan, sich stärker an apokalyptischen Denkweisen zu orientieren. Zumal das nach Hippolyts Berechnungen unheilvolle Jahr 500 herannahte. Die Königreiche der Barbaren – Franken in Gallien, Vandalen in Afrika, Ostgoten in Italien und andere – saßen fest im Sattel. Eine Chronik, die wahrscheinlich in der Umgebung von Cassiodorus, Theoderichs Mitarbeiter, geschrieben worden ist, erwähnt 493 und 496 Gerüchte, denen zufolge die Geburt des Antichrist bevorstehe. Diese Daten entsprachen beide – nach unterschiedlichen Berechnungsweisen – dem Jahr 470 nach der Passion Christi. Es sieht sogar so aus, als habe der Chronist Elias und Henoch mit dem Philosophen Boëthius und dessen Schwiegervater Symmachus identifizieren wollen, die unter Theoderich wegen Hochverrats zum Tode verurteilt und 524 bzw. 525 hingerichtet wurden. Der Chronist datierte ihre Hinrichtung fälschlicherweise auf das Jahr 523. Zudem signalisierte er in diesem Jahr die Thronbesteigung von Kaiser Justinian I. (527–565), dreißig Jahre nach 493, zu der Zeit, in der aufgrund des anerkannten Parallelismus seines Lebens mit dem Leben Christi der Antichrist erscheinen sollte. Gerüchte über die teuflische Natur Justinians waren zu jener Zeit recht verbreitet.

Vom christlichen Rom zur Erneuerung des Imperiums

Die Periode der großen Spannung im 5. Jahrhundert ist aber auch die Zeit, in der sich das kaiserliche Rom in eine *Roma christiana* verwandelte.[47] Schon der christliche Dichter Prudentius (gestorben um 405) hatte hervorgehoben, daß die Gräber von Petrus und Paulus die neuen Unterpfänder für die Ewigkeit der Stadt seien. Dem Bild des Heiden Symmachus, der Rom als alte Frau darstellte, setzte er die Erneuerung entgegen, die der Stadt aufgrund ihrer Bekehrung zuteil geworden war. Er griff die Verse der Aeneis auf, in denen Jupiter dem Aeneas ein immerwährendes Reich verspricht, und gab ihnen eine christliche Bedeutung.[48] Nach seinem Sieg über Maxentius lehrte Konstantin »das Land des Quirinus, ewig mächtig zu sein, von einem höheren Reich«. Das heißt, er setzte keine Schranke, legte keine zeitliche Grenze fest. Er lehrte Rom, eine Macht ohne Ende auszuüben, so daß der Wert Roms nie mehr altere, daß sein Ruhm, den es erworben, »niemals das Alter kenne«. Was ewig sein muß, war jetzt ein »höheres Reich«, das heißt ein spirituelles Reich. Die »Macht ohne Ende«, von Rom aus ausgeübt, war die Macht Christi, also der Kirche. Es ist wenig wahrscheinlich, daß sich Prudentius auf diesen Grundlagen eine wahre römische Vormacht vorgestellt hat, wie sie ab dem 11. Jahrhundert existieren sollte; fest steht jedoch, daß der »Stuhl Petri«, den sein Nachfolger einnahm, von dieser Zeit an großes Ansehen genoß. Der Bischof von Rom, der sich das Privileg der Schlüsselgewalt aneignete, handelte im Namen Petri. Zur Zeit Papst Leos I. (440–461) war Rom das Symbol der Einheit der westlichen Christenheit sowie das Zentrum der religiösen Rechtsprechung über jene Kirchen, die den Primat Roms anerkannten. Zu Beginn des 6. Jahrhunderts wurde der Mönch Dionysius Exiguus[49], ein in Rom lebender Grieche, in zweierlei Hinsicht Zeuge dieser Entwicklung. Einerseits erstellte er eine kirchenrechtliche Sammlung, die neben den Konzilbeschlüssen auch die Dekretalen der Päpste umfaßte; andererseits schrieb er einen Traktat mit dem Ziel, das Datum des ersten Pfingstfestes zu ermitteln, wobei er die Jahre, wie oben beschrieben, von der Geburt Christi an zählte und nicht mehr von der Gründung Roms an. Während das heidnische Rom somit in den Hintergrund trat, überließ es zwar Christus den Platz, aber auch dem Stellvertreter Petri, der den römischen Stuhl einnahm. Die im Namen Christi gezählte Zeit war immer noch die Zeit Roms. Die Gräber der Apostel Petrus und Paulus, die die Pilger aus dem ganzen Abendland anlockten, trugen dazu bei, die zentrale Rolle der Stadt hervorzuheben.

Das Westreich war untergegangen, die Wiedereroberung Italiens durch Justinian änderte nichts an der Situation. Tatsächlich sollten die Beziehungen des Papsttums zu Byzanz stets gespannt bleiben, insofern die Kaiser bestrebt waren, die religiöse Macht zu kontrollieren. Aber seit dem Ende des 5. Jahrhunderts nahmen die Päpste eine Regel für das Gleichgewicht der Kräfte an, die in einem Brief von Gelasius I. an Kaiser Anastasius im Jahre 494 definiert ist: »Zwei sind es [...], durch die an oberster Stelle diese Welt regiert wird: die heilige Autorität der Bischöfe und die kaiserliche Gewalt.«[50] In gewissem Sinn zog diese Formulierung die Konsequenzen aus der augustinischen Lehre der beiden Staaten. Freilich mit dem Unterschied, daß Augustinus wahrscheinlich keine päpstliche Machtkonzentration in Rom in Erwägung gezogen hatte und den weltlichen Staat auch nicht mit dem Königreich oder dem Kaiserreich zusammenfallen ließ. Es geschah jedoch im Namen der päpstlichen Autorität, als Papst Zacharias im Jahre 751 die Salbung König Pippins genehmigte. Es war ebenfalls ein Papst, der im Jahre 800 Karl den Großen zum Kaiser krönte. Und in Rom wurden seit Lothar I. schließlich die westlichen Kaiser gekrönt und auch gesalbt. Diese Erneuerung des Reichs war ursprünglich nicht römisch im strengsten Sinn – Karl der Große selbst übergab die Kaiserkrone seinem Sohn Ludwig dem Frommen in Aachen –, sie wurde es erst durch die Initiative der Päpste. Johannes VIII. wählte 876 selbst Karl den Kahlen aus, um ihn zum Kaiser zu machen, und er war auch der erste Papst, der sich als Stellvertreter Christi bezeichnete. Wenn das Reich eine Gabe Gottes war, dann kam die Wahl des Kandidaten dem Papst zu. Das karolingische Reich und sein Nachfolger, das ottonische Reich, waren in Wirklichkeit sehr verschieden vom Reich des Theodosius. Im 4. und 5. Jahrhundert war noch der Gedanke sehr verbreitet gewesen, daß es vor dem Christentum ein Reich gegeben habe, und man hatte die Zeit noch ab *urbe condita* gezählt. Seitdem hatten sich die Jahrhunderte des Römischen Reichs vollendet, seine Ewigkeit war nicht mehr erneuert worden. Von nun an zählte man die Zeit von Christi Geburt an, und das christliche Rom war zum Ursprung und zur Grundlage des christlichen Reichs geworden.

Daraus folgt, daß die eschatologische Spannung nachgelassen hatte. Die Kaiserkrönung im Jahre 800 hätte einen besonderen Sinn erhalten können, wenn man weiterhin der Ansicht gewesen wäre, dieses Datum leite das Ende der Zeiten ein. Aber Karl der Große erscheint nirgendwo explizit als ein Kaiser der Endzeit. Als später Karl der Dicke, der letzte Kaiser, der dem Anspruch nach über alle Nachfolgestaaten des Karolingerreiches herrschte, zur Abdankung gezwungen wurde, während in Frankreich und Italien regionale Königreiche begründet wurden, dachte niemand, daß die von der Schrift verkündete »discessio« stattfinde. Auch Adso führte Mitte des 9. Jahrhunderts in seinem Traktat keine chiliastische Anspielung, keine chronologische Spekulation ein. Und die Geschichte zeigt, daß es im Jahr 1000 keine chiliastisch gedeuteten Schrecknisse gegeben hat.[51] Die Kirche war seit langem in eine Art große

»lineare Zeit« oder »lange Zeit« eingetreten. Die von der Kirche gewollte Erneuerung des Reichs im Jahre 800 hatte vielleicht vorübergehend absorbiert, was wir die eschatologische Energie des Abendlands nennen könnten.

Das Kaiserreich materialisierte die politische Einheit der Christenheit, so wie das Papsttum ihre geistige Einheit symbolisierte. Man begegnet zwar noch der einst von Papst Gelasius (492–496) getroffenen Unterscheidung, aber sie beruhte nicht auf einer strengen Trennung zwischen dem Zeitlichen und dem Geistigen, wie es später der Fall sein würde. Ab Ludwig dem Frommen (814–840) und vor allem der Thronbesteigung Karls des Kahlen im Jahre 875 fiel die Initiative für die Wahl des Kaisers und seiner Salbung dem Papst zu. Der Kaiser der Franken wurde allmählich vor allem ein Kaiser der Römer. Die universelle Berufung des Reichs ging von einem Zentrum aus, das Rom hieß. Sein Oberhaupt mußte überall die Kirchen verteidigen, aber auch dazu beitragen, den Glauben zu verbreiten und über seine Reinheit zu wachen. Auf dieser Basis konnte sich mit Otto I. (962 gekrönt) eine wahre kaiserliche Mystik entwickeln. Das Papsttum hatte diese Entwicklung in dem Maße begünstigt, in dem es einen wirksamen Beschützer brauchte, insbesondere gegen die Sarazenen, und weil das Reich eine unerläßliche Stütze der missionarischen Arbeit bei den skandinavischen und slawischen Heiden war. Die Kehrseite war eine Bevormundung der Päpste, deren Wahl von den Kaisern kontrolliert wurde. Aber man versteht nun die eschatologische Rolle des Kaisers: Er war es, der der christlichen Expansion ein Ende setzen würde. Wenn »alle Völker unterwiesen sein werden«, dann würde das, was den Antichrist zurückhielt, keine Daseinsberechtigung mehr haben, und der letzte Kaiser würde seine Insignien in Jerusalem niederlegen können. Als Adso seinen Traktat schrieb, etwa zehn Jahre vor der Kaiserkrönung Ottos I., bestätigte er lediglich eine Tradition, die er wahrscheinlich bei der Lektüre entweder einer lateinischen Übersetzung von Pseudo-Methodios oder verlorengegangener Schriften des 9. Jahrhunderts gefunden hatte. Diese Tradition entsprach genau der Entwicklung der Reichsidee seit dem 9. Jahrhundert. In dem Augenblick, wo sie formuliert wurde, brachte sie zweifellos auch ein Bedürfnis zum Ausdruck; sie war ein Appell an das Reich, der bald

Gehör finden sollte. Es gab jedoch keinen Appell an das Papsttum, das Mitte des 10. Jahrhunderts viel von seinem Ansehen verloren hatte, unter anderem weil die Kaiser nicht mehr da waren, um über die Qualität der Wahlen zu wachen. Das eschatologische Schema entstand also ohne den Papst.

Die Kirche und die Zeit

Man kann zwar nicht behaupten, daß sich die Kirche seit Augustinus nicht für die Eschatologie interessiert habe; aber ebenso sicher ist, daß sie wichtigere, pastorale Anliegen hatte, die ihren Blick in eine andere Richtung lenkten.

Der Kirchenkalender

In erster Linie wurde zwischen dem 4. und dem 9. Jahrhundert der Rahmen für die liturgische Gliederung des Jahres erarbeitet, der Kirchenkalender.[52] Wenn man ihn mit dem der mediterranen oder europäischen Religionen des ersten Jahrtausends unserer Zeitrechnung vergleicht, mag man von seinem Umfang überrascht sein: Schon ab dem 6. Jahrhundert war das liturgische Jahr ausgefüllt, so daß jeder Tag eine bestimmte Bedeutung hat. Dieses Phänomen ist höchst bemerkenswert. Es bedeutet, daß der Kult nicht unterbrochen wird und daß der Gläubige jeden Tag daran teilnehmen kann. Zwar bilden die Sonn- und Feiertage das eigentliche Gerüst des Kalenders, aber das Fehlen unheiliger Tage, das einen wesentlichen Unterschied zur römischen Religion darstellt, zeugt vom Willen der Kirche, zwischen dem Menschen und Gott ein kontinuierliches rituelles Band zu schaffen. Dieses Band kommt in einem geschlossenen und eigenständigen Jahreszyklus zum Ausdruck. Die lange Zeit der Kirche ist somit lediglich eine Aneinanderreihung von Jahren, ohne daß irgendeine zyklische, die Jahre verbindende Struktur sie zu einem signifikanten Ganzen zusammenfaßte. Man kann dies als Reaktion auf die Jahreszyklen auf astrologischer Grundlage und deren Einfluß auf die traditionelle, heidnische Konzeption der Zeit interpretieren. Die Konzentrierung des Blicks auf einen Sonnen- und jahreszeitlichen Zyklus verhinderte auch, daß der Mensch längere Zeiträume umspannende chronologische Spekulationen unternimmt. Außerdem können die gesamte menschliche Lebensspanne und alle täglichen Verrichtungen durch eine kontinuierliche Feier geheiligt werden. Eine Heilsreligion ist dazu verpflichtet, dem Gläubigen in jedem Augenblick die Mittel zum Heil an die Hand zu geben.

Dieser Kalender ist jedoch nicht auf einen Schlag entstanden. Der Ausgangspunkt war sicherlich das Osterfest, dessen Feier auf den Beginn des 2. Jahrhunderts zurückgeht. Pfingsten und die Karwoche kamen erst im 4. Jahrhundert hinzu. Die vierzigtägige Fastenzeit vor Ostern war im Laufe des 3. Jahrhunderts eingeführt worden. Auch der Weihnachts-Zyklus von Weihnachten und Epiphanie (Dreikönigsfest) wurde im 4. Jahrhundert festgelegt. Die Adventszeit, eine Bußperiode, die Weihnachten vorausgeht, so wie die Fastenzeit Ostern vorausgeht, wurde erst im 6. Jahrhundert endgültig eingeführt. Außerhalb dieser beiden Grundzyklen wurde der Rest des Jahres allmählich mit Festen ausgefüllt, die dem Kult Christi selbst sowie dem Marienkult, der Märtyrer und der Heiligen galten. Von Anfang an wurde auch jeder Sonntag durch die Feier der Eucharistie mit dem Gedanken an den Tod und die Auferstehung Christi verbunden. Auf diese Weise rituell ausgerüstet, bildete das liturgische Jahr ein Ganzes, in dem der eucharistische Kult fortwährend gefeiert werden konnte. Dieser geschlossene Zyklus, Träger einer Kraft der Heiligung und Unterweisung, der sich auch mit dem jahreszeitlichen kosmischen Rhythmus verband, war eine Zwischenzeit zwischen der linearen, der eschatologischen Vollendung zustrebenden Zeit der Heilsgeschichte und der Ewigkeit, der Abwesenheit von Zeit.

Das Bußsystem

Daß die Kirche die großen Zyklen kosmischer und historischer Erneuerung, die das Imperium begangen hatte, abschaffte, führte nicht nur dazu, daß man sich auf den jährlichen Kultzyklus konzentrierte, sondern, im Gegenzug und zweifellos absichtlich, auch zur Betonung des individuellen Zugangs zum Heil.[53]

Denn wenn der Kult dem Wesen nach kollektiv ist, kann das Individuum nur im geläuterten Zustand wirklich daran teilnehmen. Lange Zeit wurde die Taufe als das einzige Bußsakrament angesehen. Der getaufte Mensch sollte keine schwere Sünde mehr begehen. Doch ab dem 3. Jahrhundert wurde ein System öffentlicher Buße eingeführt, das in gewisser Weise einer Wiederholung der Taufe entsprach und im 5. Jahrhundert seine endgültige Form annahm. Der Büßer, von der Gemeinschaft ausgeschlossen, führte für eine gewisse, manchmal lange Zeit, ein fast mönchisches Leben, bevor er feierlich wieder in die Gemeinschaft aufgenommen wurde und von neuem an der Eucharistie teilnehmen konnte. Aber diese Buße war nur ein einziges Mal im Leben möglich. Zweifellos aus diesem Grund tauchte im Laufe des 7. Jahrhunderts ein von den irischen Missionaren ersonnenes Ersatzsystem auf: die sogenannte Tarifbuße. Es wurden Sündenkataloge erstellt, die für jedes Vergehen eine angemessene Bußzeit und Bußart vorsahen. Ein kurzes Ritual am Ende der Buße gewährte die Vergebung oder Absolution der Sünde. Die öffentliche Buße wurde durch dieses neue System zwar nicht abgeschafft, aber seltener angewandt.

Sehr bald jedoch stellte sich ein Problem: das der Rekonziliation, der Sündenvergebung für die Sterbenden. Denn welches System auch angewendet wurde, es wirkte erst dann, wenn die Buße vollzogen war. Der Schuldige, der starb, ohne sie vollendet oder wenigstens angetreten zu haben, mußte zwangsläufig den Zugang zum ewigen Heil verlieren. Es ging also um die Frage, ob es der Seele möglich wäre, im Jenseits Vergebung zu erlangen. Die Idee eines reinigenden Feuers, das auf die Seelen der Sünder einwirke, war in Ansätzen von Augustinus formuliert worden. Gregor der Große (~ 540–604) griff sie auf und verhalf ihr zu allgemeiner Gültigkeit.

Dennoch hatte eine Entwicklung stattgefunden. Während Augustinus allgemein geblieben war und nicht vorgab, die Wirkungsweise dieses Feuers zu definieren, beschrieb Gregor das Schicksal der Seelen im Jenseits, insbesondere in seinen »Dialogen«. Tatsächlich war das alte Thema der Reise ins Jenseits[54], deren Möglichkeit Augustinus verworfen hatte, im Christentum erneut aufgekommen. Die Visionen von Furseus oder Barontus, im 7. Jahrhundert schriftlich niedergelegt, zeugen davon. Man räumte also die Möglichkeit ein, daß eine Seele im Zustand der Ekstase die Seelen besuchen könne, die sich im Jenseits aufhalten. Bis Anfang des 13. Jahrhunderts sollte sich die Literatur, die sich mit der Seelenreise befaßte, stark entfalten. Aber sobald einmal allgemein anerkannt war, daß die Seelen im Jenseits eine ähnliche Existenz führen wie im Diesseits, ließ die Lehre vom reinigenden Feuer Platz für das Konzept vom »Purgatorium« (wörtl. »Reinigung«) als Ort der Seelen zwischen Leben und Ewigkeit.[55] Wenngleich dieser Begriff erst im 12. Jahrhundert auftreten sollte, hatte Beda Venerabilis († 735) schon im ersten Drittel des 8. Jahrhunderts die Theorie dazu aufgestellt. Danach gibt es einen Ort und eine Zeit für die Seelen der Verstorbenen. Diejenigen, die nicht auf Erden Buße getan haben, tun es im Jenseits, während einer Dauer, die Christus anheimgestellt bleibt. Sobald ihnen vergeben worden ist, gelangen diese Seelen in eine Art von jenseitig entrücktem irdischen Paradies. Faktisch war dies das Verfahren der öffentlichen Buße, deren Ablauf in der anderen Welt erfolgen sollte.

So hat sich zwischen dem 5. und 9. Jahrhundert infolge des Bußproblems allmählich eine individuelle Eschatologie herausgebildet. Nicht mehr nur die anfängliche Zustimmung und die Teilnahme am Initiationsritus bestimmten das persönliche Heil, dem ganzen Leben des Menschen sollte Rechnung getragen werden in einem fortwährenden Bußprozeß, der sich über den Tod hinaus fortsetzen würde. Mindestens ab dem 4. Jahrhundert scheint allmählich eine wahre Bußobsession entstanden zu sein. Sie spiegelt sich auch in der Ausgestaltung des liturgischen Kalenders wider. Neben den vierzig Fastentagen und den vier Adventswochen begegnen wir nun drei Fastentagen in jeder Woche zu Anfang der vier Jahreszeiten, drei Tage während der Rogationen (Bittgebete) und einem Fastentag vor jedem allgemeinen oder lokalen großen Fest. So entstand das Fest der »Beschneidung des Herrn«, gemäß der Weisung, am achten Tag nach der Geburt den neugeborenen Knaben beschneiden zu lassen. Alles wurde auf den natürlichen Rhythmus der Natur und des menschlichen Lebens zurückgeführt; und mittels der Bußpraktiken wurde eine Verbindung zwischen der Heiligung der kurzen Zeit des Jahres und der Lebenszeit des Individuums hergestellt. Die Wirksamkeit des Rituals hing nämlich mit der Läuterung derer zusammen, die daran teilnehmen würden, und wie in der Bibel würde Gott sich von seinem Volk abwenden, wenn die Zahl der widerspenstigen Sünder zu groß würde. Das Heil des Kollektivs hängt also auch vom Heil jedes einzelnen Individuums ab.

Unter diesen Umständen versteht man, daß sich die Kirche nicht von der Eschatologie abwandte, als sie den Blick der Gläubigen auf die kurze Zeit und auf die persönliche Buße lenkte: Ihr war bewußt, daß sie damit erst die Grundlagen für eine Heilsgeschichte schuf. So wie jeder Tag zählte, so zählte auch jedes Individuum. Außerdem waren die Elemente zur Erneuerung der Zeit nicht mehr auf ausgedehnte chronologische Abschnitte verteilt, sondern fanden jährlich statt und waren auf das Osterfest ausgerichtet, an dem Christus jedes Jahr die Menschheit erlöst. Die wichtigsten zyklischen Umstellungen – die Indiktion von fünfzehn Jahren oder die österlichen Zyklen – hatten keine religiöse Bedeutung und blieben einfache chronologische Koordinaten. Bezeichnend ist auch, daß die verschiedenen Zeitpunkte, die den Beginn des Jahres festlegten, sich im Mittelalter stets auf ein mit dem Leben Christi verbundenes Datum stützten: Verkündigung, Geburt oder Ostern. Was das bedeutet, liegt auf der Hand, denn es ging darum, den mystischen Beginn einer Erneuerung der jährlichen Zeit festzulegen. Als man sich schließlich für den 1. Januar entschieden hatte, mußte man ihn, so gut es ging, mit einem analogen Ereignis verknüpfen, und man machte ihn zum Zeitpunkt der Beschneidung. Die Zeit, die zur endzeitlichen Eschatologie führte, zu der Christus für das Jüngste Gericht wiederkehren würde, war nichts anderes als eine Aneinanderreihung jährlicher Zyklen. Das bis dahin verfolgte Ziel war die Bekehrung der ganzen Menschheit, und daher lehnte die Kirche die verfrühten Einschnitte in die Zeit, wie sie etwa die Montanisten verkündet hatten, energisch ab.

Diese Periode, in der der Kalender entstand und gleichzeitig das Bußsystem eingerichtet wurde, das zum Purgatorium und zur Konzeption einer individuellen Eschatologie führte, war natürlich auch die Periode, in der die ersten Ansätze eines Schuldbewußtseins auftauchten. Wir haben bereits bemerkt, daß zwischen Schuld und Tod eine Verbindung hergestellt worden war. Die Idee des Purgatoriums war aus der Unmöglichkeit erwachsen, das Bußritual stets vor dem Tod zu vollenden. Die damit geschaffene paradoxe Situation wurde durch ein weiteres Paradox gelöst: die Verlängerung der Buße im Jenseits. Diese Lösung schaffte die Angst des Sünders angesichts des Todes nicht ab, sondern wies ihr nur einen Ausweg. Dieser Ausweg wurde in einer Sprache formuliert, die ein schwer zu lösendes Problem aufwarf: Welcher Natur ist die Seele, wenn sie fähig ist, körperliche Qualen zu erleiden? Doch hatte das Konzept des Purgatoriums den Vorteil, das individuelle Dasein bis zum Jüngsten Gericht zu verlängern. Die Seele blieb nicht mehr, wie es in den ersten Jahrhunderten vermutet worden war, in einem mehr oder weniger bewußten Schlaf versunken. Im Leiden oder in der Freude bewahrte sie ihre Individualität. Ebenso war sich auf Erden der schuldige Mensch, eben aufgrund dieser Schuld, seiner Individualität bewußt. Die Visionäre, die im 8. und 9. Jahrhundert durch das Jenseits streiften, begegneten dort Individuen mit einer Geschichte, die sie erzählen konnten und die ihre Anwesenheit an diesem Ort erklärte.

Unter diesen Voraussetzungen konnte das Jüngste Gericht nur eine große Rekapitulation der Geschichte jedes Individuums sein. Die Kirche konnte nur wünschen, die Zeit der Geschichte möge bis zu deren Ende ablaufen, das heißt, bis die ganze Menschheit die Botschaft vernommen hätte. Doch die Frage, wie sich das Ende der Zeiten abspielen werde, blieb weiterhin offen. Denn mit dem Ende der Welt ist es wie mit ihrem Anfang: Man bewegt sich im Bereich des Mythos.

Heil und Endzeit

Blickt man noch einmal an den Anfang des 3. Jahrhunderts zurück, so ist die Gestalt des Antichristen, wie Hippolyt sie schilderte, noch weit von Adsos Porträt entfernt[56]; weder im Traktat über den Antichrist noch im Danielkommentar findet man bei Hippolyt einen Hinweis auf seine Geburt oder seine Erziehung. Eine systematische Beschreibung seines Wesens, die auf der Antithese Christus-Antichrist gründet, fehlt völlig. Im großen und ganzen begnügte sich Hippolyt damit, die biblischen Angaben mit einem Mindestmaß an allegorischer Exegese anzureichern. Der Antichrist ist bei Hippolyt ein Tyrann, der sich vom Krieg nährt, er ist der Sohn des Teufels und stellt den vom Herrn vorhergesagten »Greuel der Verwüstung« dar. »Ihn beten die Ungläubigen als Gott an. Sie werden ihr Knie vor ihm beugen, ihn für Christus halten, weil sie sich nicht an das Wort des Propheten erinnern, der von ihm sagt, er sei ein Lügner und ein Betrüger.«[57] Ein Lügner also, aber keine umgekehrte Kopie Christi. Daß er »Sohn des Teufels« genannt wird, ist nichts weiter als ein moralisches Urteil über seine Person und seine Handlungen. In seinem Antichrist-Traktat behauptete Hippolyt lediglich, daß »der Verführer in allem dem Sohne Gottes ähnlich sein will«.[58] Er ahmt also Christus nach; er ist beschnitten, schickt falsche Apostel zu den Völkern, versammelt seine eigene Schar von Getreuen, gibt ihnen Zeichen. Unter diesen Bedingungen hat die Tatsache, daß er sich gemäß der Aussage des zweiten Thessalonicherbriefes im Tempel als Gott anbeten läßt, sowohl mit Betrug wie mit Nachahmung zu tun. Auch Lactantius wird Anfang des 4. Jahrhunderts den Antichrist in erster Linie als einen Lügner darstellen: »Er ist derjenige, der Antichrist genannt wird, sich selbst jedoch lügnerisch als Christus bezeichnet.«[59]

Mit Tyconius gewann das Moment der Nachahmung eine besondere Bedeutung.[60] Dieser Laie, ein Donatist, schrieb Ende des 4. Jahrhunderts ein »Buch der Regeln« sowie einen Kommentar zur

Apokalypse. Nur das erste Werk, das eine Darstellung seiner exegetischen Methode enthält, ist uns überliefert. Für ihn hatte die Heilige Schrift vor allem eine spirituelle Bedeutung, und die Funktion des Alten Testaments sah er in der typologischen Vorbildung des Neuen: Alles, was dort gesagt wurde, beziehe sich auf Christus und vor allem auf die Kirche. Der Heilige Geist verwende in der Bibel unterschiedslos die Art für die Gattung oder die Gattung für die Art. So wiesen Namen von Städten oder Personen, Zahlen, besondere Ereignisse (Arten) auf das Leben der Kirche, den Leib Christi (die Gattung) hin. Nach dieser Regel meinte Tyconius, bestimmte verborgene Wahrheiten aufdecken zu können. So sei der Leib Christi, die Kirche, zweigeteilt. Man treffe darin Gute, die den rechten Teil, und Böse, die den linken Teil bilden, die *pars sinistra*. Diese beiden Teile seien vermischt, so daß es in Wirklichkeit zwei nicht voneinander zu unterscheidende Körper gebe: den Körper Christi und den Körper des Teufels oder des Antichrist. Letzterer jedoch entspreche weder dem weltlichen Staat noch irgendeiner politischen Organisation. Nichts erlaube es, ihn institutionell vom eigentlichen Leib Christi zu unterscheiden. Nach Augustinus, der diese Regeln und diese Betrachtungsweise übernahm, handele es sich um einen »gemischten Leib«. Dieser Dualismus wurde aber so weit getrieben, daß die Bilder, die Bezeichnungen, die symbolischen Ausschmückungen des guten Teils auch die des bösen sein konnten. Diese dem Anschein nach vollkommene Ähnlichkeit fanden die Exegeten schon in der Johannes-Apokalypse vorgebildet, etwa wenn die »Hure Babylon« (Offb. 17) im Gepränge des himmlischen Jerusalem (Offb. 21) auftritt. Unter diesen Voraussetzungen konnte das, was über Christus gesagt wurde, auch über den Antichrist gesagt werden.

Diese Auffassung, die von Augustinus und den anderen Nachahmern der exegetischen Verfahrensweise des Tyconius übernommen und verbreitet wurde, hatte zweierlei Konsequenzen. In ekklesiologischer Hinsicht griff die Idee um sich, es gebe eine Art unterirdische Gegenkirche, die auf Betreiben des Teufels und seiner Anhänger das Heilswerk von innen untergrabe. Die Häretiker, die großen Sünder in der öffentlich geführten Debatte, alle, die vom geraden Weg abwichen, konnten verdächtigt werden, Schüler des Dämons zu sein, Mitglieder des *pars sinistra* der Kirche. Andererseits nahm die Figur des Antichrist selbst eine neue Gestalt an. Mit Satan oder dem Sohn Satans im wörtlichen Sinn gleichgesetzt, war seine Nachahmung Christi nicht nur Betrug oder Lüge; die Figur hatte einen solch systematischen Charakter erhalten, daß sie zum spiegelverkehrten Doppelgänger Christi werden konnte. Durch den Gebrauch der Antithese blieb er nicht mehr einfach der Gegner Christi, sondern wurde zum Gegenteil Christi, da die Vorsilbe »anti« von nun an in absolutem Sinn verstanden wurde. So meinte Sulpicius Severus, der Antichrist sei wie Christus von einer Jungfrau geboren worden. Ein karolingischer Hymnus behauptete, er sei »durch den Teufel empfangen« worden.[61] Adso enthielt sich solcher Behauptungen. Er verneinte, daß der Antichrist von einer Jungfrau geboren worden sei, und dachte dabei wohl an Hieronymus, der seiner Briefpartnerin Algasia erklärt hatte: »Wäre der Antichrist von einer Jungfrau geboren worden und als erster auf die Welt gekommen, so hätten die Juden eine Entschuldigung haben können.«[62] Er äußerte auch, daß die Empfängnis des Antichrist nicht direkt durch den Teufel erfolgt sei, sondern daß er seine menschliche Empfängnis gewissermaßen begleitet habe. Doch während sich seine Vorgänger wie Hrabanus Maurus oder Haimo von Auxerre damit begnügt hatten, den zweiten Thessalonicherbrief Satz für Satz zu kommentieren und infolgedessen nicht in Versuchung geraten waren, ein vollständiges Bild des Antichrist zu zeichnen, gab Adso dieser Versuchung nach. Damit kam bei Adso trotz seiner Vorsichtsmaßnahmen der unterschwellige Dualismus, der auf der Methode des Tyconius, aber auch auf der vom Neuplatonismus durchdrungenen christlichen Mentalität gründete, wieder zum Vorschein und konnte nicht vollständig verdeckt werden.

Die Propheten

Das Eingreifen von Elias und Henoch in der Endzeit ist, wie wir sehen, Teil einer sehr alten Tradition. Aber es deutet auch auf ein Mentalitätsphänomen hin. Wir haben uns bereits darüber gewundert, daß bei Adso die Kirche und die Bischöfe, die sich dem Antichrist entgegenstellen könnten, abwesend sind. Freilich hatte Alkuin, der Ratgeber Karls des Großen, behauptet, der Antichrist werde die Christen durch Schmeichelei, Angst und Wunder verführen. Adso griff diese Behauptung auf; für ihn hieß dies vielleicht, daß auch die offizielle Kirche verführt werden würde. Die beiden Propheten konnten daher als letzte Zuflucht in einer Situation verstanden werden, in der der gute Teil der Kirche im Begriff wäre, vom bösen Teil aufgesogen zu werden. Die Predigt von Elias und Henoch wäre also dazu bestimmt, »die Auserwählten für den Kampf« geistig zu rüsten. Diejenigen, die ihrer Unterweisung folgen, werden gemeinsam mit den Propheten zum Martyrium berufen sein.

Das Motiv der kleinen Zahl von Auserwählten hat tiefe biblische Wurzeln, die mit der prophetischen Tradition zusammenhängen. Der leidende Messias wird für die Auserwählten kommen; ihnen ist das Heil und das künftige Reich bestimmt. Die Funktion der Propheten besteht darin, diese Zukunft anzukündigen und gleichzeitig den Getreuen während der Marter geistig beizustehen. Christus selbst hat gemäß Lukas diese Ideen entwickelt: »Selig seid ihr, wenn euch die Menschen hassen und aus ihrer Gemeinschaft ausschließen, wenn sie euch beschimpfen und euch in Verruf bringen um des Menschensohnes willen. Freut euch und jauchzt an jenem Tag; euer Lohn im Himmel wird groß sein. Denn ebenso haben es ihre Väter mit den Propheten gemacht« (Luk. 6, 22–23). Die Beständigkeit dieser Themen im Christentum erklärt sich aus der eschatologischen Perspektive. Die Gemeinden der ersten Jahrhunderte warteten auf die Wiederkunft Christi, sie akzeptierten das Martyrium als Unterpfand des Heils und wurden in diesen Vorstellungen von den Propheten ermutigt. Diese hatten zwar keinen dauerhaften institutionellen Platz, aber ihre Präsenz in den apokalyptischen Schriften ist unübersehbar, vom »Hirt des Hermas« bis zu Pseudo-Methodios. Adso sollte diese Tradition später explizit aufgreifen. Zwar wurden hochrangige Bischöfe wie Polykarp oder Ignatius von Antiochia schon sehr früh zu Märtyrern, aber ihr Ende wurde nicht im Rahmen der Endzeiterwartung gedeutet. Die Idee von der Ewigkeit der Kirche, von Augustinus begründet, sollte jedoch erst sehr spät ihren mentalen Niederschlag finden. Noch zur Zeit Adsos war sie eine rein irdische Größe, die verschwinden würde wie das Römische Reich. Die Grundlage des Glaubens, Unterpfand des Heils, beruhte in den Augen der Menschen des ersten christlichen Jahrtausend mehr auf dem Zeugnis der Propheten und der Märtyrer als auf dem der Kirchenmänner. Noch Pascal wird sieben Jahrhunderte nach Adso diese Idee aufgreifen: »Ich glaube nur an die Geschichten, deren Zeugen sich würden erwürgen lassen.«[63]

Auf dieselbe Verbindung zwischen Martyrium, Prophetie und Endzeit trifft man im Montanismus und ähnlichen Bewegungen. Noch im 6. Jahrhundert erzählte Gregor von Tours die Geschichte eines Mannes, der sich als Christus ausgab und viele Schüler um sich geschart haben sollte.[64] Diese Wiederkunft Christi konnte natürlich nur eschatologisch verstanden werden. Aber es ist sicher, daß dieser Mann, wie seine montanistischen Vorläufer, seine Überzeugung nicht auf chronologische Berechnungen stützte. Ein solches Verhalten erklärt sich durch eine Intuition, eine Offenbarung, die das betroffene Individuum über die Natur seiner wahren Persönlichkeit hinaus verweist. Die Prophetie selbst leitet sich davon her: Wenn Christus wiederkehrt, dann ist das Ende der Welt da! Sulpicius Severus sprach ein Jahrhundert zuvor von einem Mann, der sich in einem wohl ähnlichen Zusammenhang für Elias gehalten hatte. Wir werden im Mittelalter noch weitere Beispiele dafür antreffen.

Aber die Rolle der Prophetie ging über diesen Rahmen hinaus. Martin von Tours, dessen Lebensbeschreibung in den Jahrhunderten nach seinem Tod viel gelesen werden sollte, galt als ein Prophet, nicht nur weil er das nahe Weltende predigte, sondern auch weil er die Wahrheit lehrte: die religiöse Wahrheit, aber auch die Wahrheit über die Menschen und die Welt, ganz nach Art der biblischen Propheten. Alkuin nannte Karl den Großen »König und Prophet«, nicht weil er ihn für fähig hielt, die Zukunft vorauszusehen, sondern weil er sein Volk die Wahrheit lehrte, wie ein »neuer David«. Für die Menschen jener Zeit waren Predigt und Prophetie wesensverwandte Berufungen, deren Bereiche sich zu drei Vierteln überschnitten. Das gilt nach Adsos Porträt auch für Elias und Henoch: »Zwei große Propheten werden in die Welt geschickt, Henoch und Elias, um die Getreuen Gottes mit göttlichen Waffen gegen den Ansturm des Antichrist zu versehen, sie zu unterweisen, sie zu stärken und die Auserwählten auf den Kampf vorzubereiten, indem sie dreieinhalb Jahre lehren und predigen.«[65]

Am Ende der Welt haben weder die Sakramente noch die Bischöfe und noch weniger der Papst eine Rolle zu spielen, allein das prophetische Wort kann dem Ansturm der *pars sinistra* der Kirche gegen den kleinen Rest der dem Martyrium geweihten Auserwählten wehren. Freilich sitzt, Adso zufolge, der Antichrist dann »in der heiligen Kirche«.

Der Mythos vom Ende der Zeiten

Indem Adso alle ihm zugänglichen Elemente zusammentrug, hatte er eine Fabel vom Ende der Zeit geschaffen, die trotz fehlender logischer Struktur einen Mythos begründen konnte; keinen Gründungsmythos, aber einen Mythos von der Fülle der Zeiten, um es in biblischer Sprache auszudrücken. Dieses Zeitende sollte auch das Ende eines Zyklus markieren, je nach Bezugssystem das Ende des sechsten oder des dritten Zeitalters, jedenfalls das Ende des mit Christus eingeleiteten Zyklus. Unter diesen Bedingungen konnte man natürlich Entsprechungen zwischen den beiden Enden dieses Zyklus entdecken. Christus wurde nach dieser Auffassung unter Augustinus geboren, zu Beginn des vierten Reichs Daniels (Dan. 2,40), dem Reich der Römer. Der Antichrist sollte unter dem letzten Kaiser der Römer geboren werden, der die Teile des Imperiums nach der großen »Trennung« vereinen werde. Der Zyklus war mit der Predigt der Wahrheit durch Henoch und Elias eröffnet worden, und mit dem letzten Ansturm der Gegenwahrheit sollte er geschlossen werden. Nach Tertullian wird die Welt so lange gedauert haben wie das Imperium, und Rom wird dank des Überlebens der Kirche tatsächlich die dem Imperium verheißene Dauer zuteil geworden sein. Die ganze Geschichte wird binnen sieben Jahren zu ihrem Ende kommen, dreieinhalb für Elias und Henoch und dreieinhalb für den Antichrist, so wie alles mit den sieben Tagen der Schöpfung begonnen hatte.

Diese Fabel, die Adso Mitte des 10. Jahrhunderts endgültig festlegte, gewann bald die Bedeutung eines Mythos. Die Menschen, die jenem Schema Glauben schenkten, paßten ihr Verhalten dem Schicksal an, das ihnen hier verkündet wurde. Anders gesagt, ihr Heil hing von der Anpassung ihres Verhaltens an die im apokalyptischen Schema ausgedrückten Werte ab. Auch wenn einige noch die Hoffnung auf eine irdische Verwirklichung des Reichs Gottes bewahrten, konnten sie ihre Überzeugung nicht mehr offen aussprechen, sie war eine Häresie geworden, eine ketzerische Abweichung. Für jene dagegen, die an die Apokalypse glaubten, gab es keinen Zweifel, daß die Verheißung in einem ewigen Jenseits in Erfüllung gehen würde, in einer himmlischen Gesellschaft, deren Gestalt die Visionäre schon jetzt erkundeten. Bis dahin war es geboten, so zu leben, als wäre das Ende der Zeit nahe: sich als Schüler Christi und nicht des Antichrist zu verhalten, im guten Teil der Kirche zu verharren.

Dennoch war die Haltung gegenüber der Prophetie zweideutig. Die Lehre der Kirche, vom Heiligen Geist inspiriert, war prophetischer Natur. Es war einem berufenen Prediger nicht verboten, die Zeichen der Zeit zu erforschen, die Apokalypse oder das Buch Daniel zu erklären. Predigen, wenn man vom göttlichen Geist erfüllt war, war kein Vergehen; kraft der eschatologischen Hoffnung die Bekehrung fordern war lobenswert. Den Glauben der Getreuen im Hinblick auf die Konfrontation mit den Mächten des Bösen stärken, schon jetzt tun, was später oder bald Elias und Henoch tun würden, das konnte nicht verdammenswert sein, im Gegenteil. Einzig der Inhalt der prophetischen, ja apokalyptischen Predigt konnte Gegenstand von Abweichungen sein. Aber anhand welcher Kriterien konnten Abweichungen definiert werden? Adsos Entwurf ist nie als Abweichung betrachtet worden. Nun sind aber die rein biblischen Angaben, auf die er sich stützte, wenig beweiskräftig und gering an der Zahl. Sein Antichrist hat wenig theologische Konsistenz; das von Tyconius und Augustinus übernommene Motiv, der ekklesiologische Dualismus, blieb anfechtbar. Und doch mochte es verlockend sein, diese Richtung weiterzuverfolgen. In der Tat rechtfertigte der Dualismus von Tyconius ebenso die Unterdrückung der Häresie wie ihre Äußerung. Sich schon jetzt gegen die Kirche des Antichrist wappnen, ließ sich rechtfertigen. Sogar den Dualismus in der Bußlehre der Kirche zu verschärfen, radikal mit Satan zu brechen versuchen, das ganze gesellschaftliche Leben zu verneinen und schon jetzt auf die Ankunft der Endzeit zu warten, mochte aufgrund der eschatologischen Bedrängnis legitim erscheinen. Man konnte sogar so weit gehen – was später auch geschah –, die Nützlichkeit der Kirche und der Sakramente zu leugnen; immerhin fehlten beide im landläufigen eschatologischen Schema. Gewiß sind Tyconius und Augustinus für solche Extreme nicht verantwortlich, aber selbst sie haben sich nicht von einer Denkweise abgesetzt, die gleichermaßen im antiken und mittelalterlichen religiösen Denken verankert war. Der Hang zum Dualismus ist Teil des christlichen Erbes. Unter diesen Voraussetzungen kann Prophetie, sofern sie auf fruchtbaren Boden fällt, diffuse kollektive Bedürfnisse spiegeln.

Zweiter Teil: Heil und Zeit

Die Heilsgeschichte war also im Grunde auch nach Christus linear angelegt, aber das zyklische Denken war nicht gänzlich verschwunden. Die Kirche meinte den letzten Zyklus, das letzte Weltalter, zu durchleben, in dessen Verlauf die Zeit, ohne Hoffnung auf Erneuerung, ihrem Ende zustreben mußte. Die Ideologie des Römischen Reichs, wie wir sie analysiert haben, verlangte jedoch am Ende jedes Zyklus rituelle Praktiken der Erneuerung. Das Christentum hatte dem ein Ende bereitet und gleichzeitig den liturgischen Jahreszyklus rings um Ostern ausgestaltet, das heißt um die Idee einer Erlösung der durch die Buße geläuterten Menschheit. Die Sehnsucht nach dem goldenen Zeitalter auf Erden, das Vergil in der vierten Ekloge beschrieben hatte, konnte in diesem System freilich keinen Platz finden. Nur die Chiliasten hatten sie bewahrt. Wo die Kirche einen Mythos von der Vollendung der Zeiten einsetzte, schuf sie letztlich einen Mythos von der Erneuerung der Zeit.

Die Sehnsucht nach den Ursprüngen

Einerseits war die zweimalige Renaissance des Reichs, unter Karl dem Großen und unter Otto I., als eine Erneuerung verstanden worden.[66] Das Römische Reich war wiedergeboren, und im Kaisertitel hatte die Ewigkeitsidee erneut ihren Platz gefunden. Daher hatten die Zeitgenossen diese Ereignisse vielleicht auch als eine Erneuerung der Zeit interpretiert. Dieser Eindruck verstärkt sich noch bei der Lektüre der Chronik des Radulf Glaber.[67] Er war weit davon entfernt, das Jahr 1000 in irgendeiner Weise auf das Herannahen des Weltendes zu beziehen, er sah in dieser Epoche vielmehr eine Erneuerung der Zeit. Das Zeugnis ist wohlbekannt: Radulf zählte gewissenhaft alle Katastrophen auf, die sich beim Nahen dieses Jahres ereignen würden: Hungersnöte, Steinregen, Kometen; dem fügte er die häretischen Tendenzen hinzu. Doch anläßlich des Jahres 1003 wies er mit folgendem berühmten Satz auf die neuen Kirchenbauten hin: »Es war, als hätte die Welt, indem sie ihre Kleider wechselte, einen weißen Kirchenmantel angelegt, nachdem sie das Alter abgeschüttelt hatte.«[68] Dann erinnerte er an den Wiederaufbau der Martins-Basilika in Tours und an die Gründungen des Wilhelm von Volpiano (962–1031), denen zahlreiche Reliquienfunde folgten. Diese Darstellung des Jahres 1000, seines Herannahens und seiner Folgen zeigt, daß es für Radulf vor allem als Jubiläumsdatum bedeutsam war, so wie später auch das Jahr 1033, in dem man den gleichen Wechsel von Unglück und Erneuerung beobachtete. Nun müssen wir hier in Erinnerung rufen, daß man im Mittelalter die Unglücksfälle der Zeiten stets als Gottesstrafe auffaßte. Unter diesen Umständen bedeutet der von Radulf hervorgehobene Wechsel den Übergang von der Buße zur Vergebung, vom Unglück zum Glück. Er knüpfte auch an die Konstellation des liturgischen Jahres an, mit dem Gegensatz Advent-Weihnachten für die Geburt Christi und Fastenzeit-Ostern für seinen Tod und seine Auferstehung. Kurz, Radulf hat sein chiliastisches

Schema auf derselben Grundlage aufgebaut wie das liturgische Jahr. Außerdem hat er eine Erneuerung des Zeitenzyklus nach dem Vorbild der Erneuerung zu Beginn des ersten Jahrtausends in Szene gesetzt: 33 Jahre von Christi Geburt bis zu seinem Tod und seiner Auferstehung, und nun 33 Jahre vom Jahr 1000 bis zum Jahr 1033. Das hatte zwar nichts mit dem Ende der Welt zu tun, entsprach aber auch nicht mehr dem kirchlich vorgegebenen linearen Zeitschema. Es ist nicht ausgeschlossen, daß zur gleichen Zeit auch Papst Silvester II. und Kaiser Otto III. ähnliche Überlegungen leiteten.[69] Das Bündnis eines neuen Konstantin mit einem neuen Silvester kennzeichnete nicht die Erneuerung eines Jahrtausends, sondern die Erneuerung des gleichermaßen christlichen wie römischen Reichs, da der Kaiser in Rom residieren und dort einen Hof nach Art von Byzanz einrichten wollte. Das *dominium mundi* fand damit seinen symbolischen Mittelpunkt gerade in jenem Augenblick wieder, da eine neue Ära anbrach.

Dieses Streben nach Erneuerung beruhte also auf einem Denken in Kategorien von Zyklen und Jubiläen, da es jedesmal an exemplarische Ereignisse anknüpfte: die Geburt oder den Tod Christi, den »Pakt« zwischen Konstantin und Silvester I. Es traf sich auch, jedoch auf einer anderen Ebene, mit dem chiliastischen Denken. Danach war die Wiederkunft Christi der Beginn einer Erneuerung oder einer radikalen Regeneration der Zeit. Der Anbruch der neuen Ära stand für die Chiliasten unmittelbar bevor, wie einst für die Montanisten. Außerdem mußte die Welt nicht nur verjüngt werden wie bei Radulf Glaber, sie mußte vollständig gewandelt werden. Was hinter diesem Denken stand, geht weit über ein Streben nach zyklischer Veränderung hinaus, es gründete auf der Sehnsucht nach den Ursprüngen, nach dem ersten Paradies, wo Überfluß und völlige Freiheit herrschten. In diesem Sinn bezogen sich die häretischen Chiliasten, die ab dem 11. Jahrhundert auftreten sollten, auf einen Ursprung vor dem Christentum, dessen Dogmen sie im Grunde leugnen oder umstürzen sollten. Kurz, der Unterschied zwischen den Denkweisen resultierte aus verschiedenen historischen und religiösen Bezugspunkten. Die einen starrten auf die christlichen Ursprünge, auf das Leben Christi und der Apostel; die anderen, die oft vom selben Punkt ausgegangen waren, gingen über den christlichen Ursprungsmythos hinaus, um zum Mythos von der Welt vor dem Sündenfall zurückzukehren, dem Mythos von der ursprünglichen Unschuld.

Die Armen Christi

Der Mythos von der Vollendung der Zeiten, wie Adso ihn zum Ausdruck gebracht hat, konnte nur im Kontext des christlichen Ursprungsmythos einen Sinn haben, insofern er dessen umgekehrte Elemente widerspiegelte. Im Neuen Testament konnten die Getreuen die Verhaltensmuster und die Grundlagen des Glaubens finden, die Elias und Henoch am Ende der Zeiten zu predigen berufen waren. Gerade im 10. und 11. Jahrhundert, als Adsos Antichrist-Traktat entstand und sich zu verbreiten begann, wandten sich die Christen erneut mit Nachdruck den Ursprüngen, den apostolischen Zeiten zu.

Seit jeher hatte die Armut als hohes mönchisches Ideal gegolten. Armut in diesem Sinne meinte den persönlichen Eigentumsverzicht zugunsten der mönchischen, seit der Karolingerzeit vor allem benediktinischen Gemeinschaft. Als individuelle asketische Übung galt sie, neben der Keuschheit und dem Gehorsam, als ein Mittel, zum Heil zu gelangen, indem man die bösen Triebe unterdrückte. Armut meinte aber bis dahin keine radikale Verdammung des Reichtums, ebensowenig wie die mönchische Keuschheit eine Verurteilung der Ehe implizierte. Beide waren Teil dessen, was die Iren des 7. Jahrhunderts im Gegensatz zum »blutigen Martyrium« das »weiße Martyrium« nannten. Der Arme als solcher besaß keinen herausragenden religiösen Rang. Im übrigen standen in der karolingischen Gesellschaft die Armen insgesamt den Mächtigen entgegen, die gleichzeitig die Reichen waren. Das lateinische Wort *pauper*, das den Armen bezeichnet, umfaßte nicht nur die Bedürftigen, sondern auch alle, die wehrlos waren: die Witwen und die Waisen sowie die Mönche und die Geistlichen. Insofern hatte die ökonomische Not keinen eigenen Status.

Im Jahre 910 jedoch bezeichneten sich in der Gründungscharta des Benediktinerklosters von Cluny (Burgund), ab dem 11. Jahrhundert einer der mächtigsten Orden im Westen, die Mönche selbst als »Arme Christi«.[70] Dies weist auf eine wichtige Änderung der Anschauung hin. Ihr lag die Erinnerung an die Glückseligpreisung zugrunde, der zufolge die geistig Armen Gott schauen werden (Mt. 5,2). Die Mönche waren diejenigen, die Gott schauen wollten, und die Armut erschien als geeigneter Weg, dies zu erreichen, so daß sie hier die Summe freiwillig gewählter Lebensweisen bezeichnete. Die einstigen »Gottesmänner« waren die »Armen Christi« geworden. Ihre Funktion als Fürsprecher der Menschen bei Gott führte über dieses freiwillige Streben nach Armut.

Von hier bis zu der Ansicht, daß der Zustand der Armut als solcher eine Fürsprecherfunktion verleihen könne, war es nur ein Schritt, der um 1040 klar vollzogen wurde, als Helgaldus, ein Mönch aus Fleury sur Loire, in seiner Vita des Königs Robert zeigte, wie dieser weltliche Mann Arme an seinem Tisch bewirtete und sie als seine Fürsprecher bei Gott ansah.[71] Den »heiligen Armen« Almosen zu geben, ermöglichte den Zugang zum Heil, unabhängig von deren tatsächlicher Heiligkeit. Aber freiwillig den Zustand der Armut zu wählen, reichte aus, das Heil zu erlangen – genau dies ist der Leitgedanke der um die Mitte des 11. Jahrhunderts geschriebenen Alexis-Vita. Am Ende des Jahrhunderts sollte der arme Eremit Petrus von Amiens ein Heer von Armen zum Kreuzzug führen, als wären sie die einzigen, die das Recht und die Fähigkeit besitzen, Jerusalem zurückzuerobern.

Kurz, die Armut wurde tatsächlich Ideal im Sinne des Evangeliums und im Hinblick auf die Endzeit. Christus hat die Armen als diejenigen bezeichnet, durch deren Vermittlung das Heil der anderen erreicht werde, er hat ihnen gegenüber auch eine Formel der Zugehörigkeit verwendet: »Was ihr für einen meiner geringsten Brüder getan habt, das habt ihr mir getan« (Mt. 25,40). Außerdem sicherte die Seligkeit der Armut den Armen den Besitz des Himmelreichs zu. Daher befanden sich die Mönche und die freiwilligen Armen, auch wenn sie Laien waren, auf dem Weg des Heils. Und die anderen Armen, ob sie ihre Lage nun akzeptierten oder nicht, waren der Weg, der zum Heil führte.

Die Nachahmung Christi

Diese allmähliche Fixierung des Denkens auf das Ideal der Armut ging mit einem wachsenden Bestreben einher, Christus nachzuahmen. Christi nachzueifern hatte schon Hieronymus empfohlen. Christus war der erste Märtyrer des Christentums und das erste Modell der Heiligkeit. Ein apostolisches Leben zu führen hieß nicht nur, an der Armut festzuhalten und seine Habe zu verteilen, sondern so zu leben, wie Christus gelebt hatte, seine Tugenden zu leben und, ihm nachfolgend, auch sein Kreuz zu tragen. Das Bild des siegreichen Christus, das bis zum Ende der Ottonenzeit vorherrschte, hatte die Ehrfurcht vor dem Leiden und die Verehrung der Menschlichkeit Jesu nie völlig verdrängt. Doch allmählich wandelten sich die Motive der Spiritualität merklich; von nun an hieß Christus zu folgen auch, bereit zu sein, wie er zu leiden. In diesem Sinn wurde die Armut als ein mit der Nachahmung Christi verwandtes Ideal aufgefaßt. Das neue Heiligkeitsmodell war die Synthese dieser Bestrebungen: gemeinsames Leben, Armut, Nachahmung Christi, Leiden – das alles schuf die Grundlagen eines neuen Evangelismus, der natürlich zunächst die Eremiten und Mönche beeinflussen sollte, bevor er auch die Laien erfaßte.

Arm werden, um sein Heil in der Nachahmung Christi zu finden, war nunmehr zur bevorzugten Achse jener Weltflucht geworden, die seit den Anfängen des Christentums den Weg derer bestimmte, die nach Heiligkeit strebten.[72] Die neuen religiösen Orden, die sich zwischen dem 11. und Anfang des 12. Jahrhunderts bildeten, folgten diesem Impuls. Kartäuser, Prämonstratenser, Zisterzienser und andere beschritten denselben Weg. Sie entfernten sich mehr und mehr vom Vorbild Clunys, das in Deutschland in Hirsau Nachahmung fand, wo man zunächst die Abkehr vom weltlichen Leben betonte: Sie begaben sich wie die Eremiten in die »Wüste«, das heißt in entlegene, unerschlossene Gebiete. Sie suchten nicht nur ein persönliches, sondern auch ein gemeinschaftliches Armutsideal zu verwirklichen. Dagegen sollten zu Beginn des 13. Jahrhunderts die Bettelorden wieder in die bewohnten Gebiete zurückkehren, in die Stadt wie auf das Land, versuchten jedoch durch Betteln einen noch radikaleren Armutsvorsatz zu verwirklichen.

Aber nicht alle kollektiven Bewegungen des 11. und 12. Jahrhunderts haben sich von vornherein in einem für die Kirche akzeptablen Schema bewegt.[73] Auch wenn sie nicht von der Orthodoxie abwichen, führte sie ihr Wirken anfangs nicht zu einer klassischen Form des Mönchtums. Bevor Norbert von Xanten den Prämonstratenserorden gründete, hatte er im Norden Frankreichs lange das Leben eines Wanderpredigers geführt. Ebenso Robert von Arbrissel, der spätere Gründer von Fontevrault, oder Stephan von Muret, der Begründer des Grammontenserordens. Das Ideal dieser Männer war in erster Linie die Nachahmung Christi und des ursprünglichen apostolischen Lebens. Sie und ihre Anhänger waren aus der Welt geflohen, sie predigten allenthalben Buße, praktizierten die Armut, indem sie von Almosen lebten, und wollten keine andere Regel als das Evangelium. Damit spiegelten sie das Leitbild von Elias und Henoch wider, die ihre Getreuen auf den Krieg gegen den Antichrist vorbereiteten. Ihre Berufung war eschatologisch. Durch seinen Briefwechsel mit Bernhard von Clairvaux wissen wir, daß Norbert von Xanten meinte, der Antichrist sei bereits in seiner Epoche geboren worden.[74] Anzumerken ist indes, daß er sich damals auf keine chronologische Berechnung stützen konnte. Allein seine prophetische Berufung erlaubte es ihm, so zu denken. Er war sich bewußt, welchem Leitbild er folgte.

Laien wie Valdes († 1218) oder diejenigen, die sich in Italien in den Humiliaten-Gruppen zusammengeschlossen hatten, ließen eschatologische Absichten weniger deutlich erkennen.[75] Sie flohen die Welt, und wählten die Armut und das apostolische Leben, gründeten jedoch keine Klöster. Den Anstoß zur Bekehrung von Valdes um 1170 gaben eine Lektüre der Übersetzung der Evangelien, das Anhören eines Vortrags der Alexiuslegende sowie das Evangelienwort, alle seine Habe zu verkaufen (Mt. 19,21–24). Seine Motive ähnelten also denen der Geistlichen oder der Eremiten, die ihm vorausgegangen waren; wenn er jedoch nach ihrem Beispiel predigen wollte, stieß er auf Schwierigkeiten. Die Kirche ließ nicht mehr zu, daß ohne theologische Ausbildung gepredigt wurde. Außerdem wurden die Waldenser aufgrund ihres Wanderlebens und ihrer Praxis des Bettelns von allen religiösen Autoritäten argwöhnisch beobachtet. Die Humiliaten dagegen, die zur gleichen Zeit in organisierten Gemeinschaften von der Arbeit ihrer Hände lebten, ließen sich leichter kontrollieren. Sie zeugten von einer Art der Weltflucht innerhalb der Städte selbst.

Die Häresie

Während derselben Periode entwickelten sich manche Christengruppen auf völlig andere Weise. In den Jahren 1020–1030 hatten sich häretische Bewegungen mit deutlich dualistischen Lehren formiert: in Arras, in Orléans, in Monteforte bei Mailand.[76] Die Zeugnisse, die uns davon berichten, stammen von Kirchenmännern und sind diesen neuen »Manichäern«, wie man sie oft nannte, feindlich gesinnt. Dennoch können wir uns eine Vorstellung von ihrem Denken machen. Sie lehnten systematisch alles »Fleischliche« ab, sowohl den Fleischverzehr wie die Sexualität; sie lehnten auch die Kirche und ihre Sakramente ab. Ihre Lehren erinnern in vieler Hinsicht an bestimmte gnostische Bewegungen der ersten Jahrhunderte des Christentums. Es handelte sich nicht um ein Überbleibsel, sondern wahrscheinlicher um das Wiederauftauchen eines zutiefst dualistischen Denkens. Dieses hatte, wie wir sahen, unterschwellig all die Jahrhunderte fortgelebt, und der Neuplatonismus, der es auf intellektueller Ebene ausdrückte, war durch Augustinus und später durch den irischen Theologen Johannes Duns Scotus (~ 1266–1308) übermittelt worden. Die Häretiker waren häufig hochgebildet, etwa die Kanoniker von Orléans. In diesen Gruppen verbanden sich intellektuelle Traditionen mit gewöhnlichen Bestrebungen. Die Ablehnung der Kirche und ihrer Sakramente, auf die ihre Auffassungen hinausliefen, stand am Ende dieses dualistischen Denkens. Für diese Häretiker war die Kirche »fleischlich«, also nicht geistlich, insofern sie darunter nicht nur das Materielle, sondern auch Geschichte und Institutionen begriffen. Ihr Ziel war eine Art spiritueller Kirche aus »Reinen«. Die eschatologische Brisanz ihrer Anschauungen ist offensichtlich: Wird die Ablehnung der Sexualität erst allgemein akzeptiert, dann impliziert sie das Erlöschen der Menschheit, also das Ende von Geschichte und Zeit. Auf diese Weise gelangte man zu einem Ende der Welt, das nicht mehr als Abschluß einer historischen Entwicklung erwartet, sondern durch ein willentliches Verhalten herbeigeführt wird. Die Bereitschaft zum Martyrium, für mehrere dieser Gruppen in Orléans und in Monteforte charakteristisch, war eine natürliche Folge dieser Haltung. Das Heil war ihnen gewiß, und der Verlust ihrer fleischlichen Hülle schreckte sie nicht.

Der Dualismus dieser Häretiker hatte den Rahmen von Tyconius gesprengt, da er die Kirche praktisch mit dem Corpus des Teufels identifizierte. Daraus folgte, daß sie als die einzigen Zeugen Christi übrigblieben, als die letzte und einzige kleine Schar der Auserwählten, die zum Martyrium bereit war. Ihr Verhalten entsprach dem von Adso beschriebenen, so als thronte der Antichrist bereits in der heiligen Kirche. An ihrer Spitze standen häufig Meister, Propheten, die natürlich an die Gestalten Elias und Henoch erinnern. Im übrigen ist es sehr wahrscheinlich, daß diese Gruppen die Vorläufer der Katharer des 12. Jahrhunderts waren, die in ihren Anfängen ebenfalls dualistisch dachten, ohne schon wirklich manichäisch zu sein.

Die gleichen Tendenzen zu einem extremen Dualismus zeigten sich bei Peter von Bruis (geb. 1126) und Heinrich von Lausanne (gest. 1145), die in der ersten Hälfte des 12. Jahrhunderts predigend durch Frankreich zogen.[77] Der erste war Priester, der zweite Mönch. Als Gebildete lehrten sie eine streng antiklerikale Doktrin und ein von jeglichem christlichen Ritual gereinigtes Evangelium. Sie verwarfen folglich die Sakramente, die Bedeutung der Kultorte und die bildliche Darstellung der Martern Christi. Kurz, sie betrachteten die sichtbare Kirche und ihren Kult als eine verderbte Illusion, sich selbst aber als Propheten einer neuen Kirche.

Es scheint, daß neben solchen eher doktrinär auftretenden Lehrern auch Schwärmer wie Eudo de la Stella und Tanchelm für ein Wiederaufleben des alten Chiliasmus sorgten.[78] Sie traten als Christus oder Messias auf und verkündeten die Heraufkunft der neuen Zeit. Auch sie sind lediglich durch die Schriften ihrer Feinde bekannt, die sie als Banditen an der Spitze von Räuberbanden darstellten. Schon der im 6. Jahrhundert von Gregor von Tours vorgestellte »Erleuchtete« hatte die Offenbarung seiner göttlichen Natur erfahren. Tanchelm, der um 1115 von einem Priester erschlagen wurde, und Eudo de la Stella, ein vornehmer Laie, der 1148 gefangengenommen und einer Synode zu Reims vorgeführt wurde, legten beide dasselbe Verhalten an den Tag. Ersterer, möglicherweise ein ehemaliger Notar, sagte, er habe die Fülle des Heiligen Geistes empfangen, der daraus einen neuen Christus geschaffen habe. Er hatte symbolisch eine Marienstatue geheiratet und war von einer Leibwache umgeben, »die ihm ein Schwert und ein Banner wie fürstliche Hoheitssymbole vorantrug«. Auch Eudo schmückte sich mit königlichem Gepränge: Er bezeichnete sich selbst als »denjenigen, der kommen wird, die Lebenden und die Toten zu richten«, und, eine der Titulierungen Christi in der Apokalypse aufgreifend (19, 16), auch als »König der Könige«. Beide luden ihre Anhänger zu festlichen Gelagen ein und verteilten Reichtümer unter sie, die Beute ihrer Raubzüge, wie es in den Quellen heißt. Diese waren, wie gesagt, den Anführern der Häretiker feindlich gesinnt und ließen keine Gelegenheit aus, ihnen die lasterhaftesten Ausschweifungen zu unterstellen. Diese Feindseligkeit muß man natürlich in Rechnung stellen. Indes kann man nicht umhin, an die Lehren von Cerinthus zu denken, eines Chiliasten aus dem 2. Jahrhundert, der die Wonnen des »Milleniums« in äußerst realistischen Worten beschrieben hat. Waren nun aber Eudo, Tanchelm und der von Gregor von Tours zitierte »Erleuchtete« nicht davon überzeugt, Christus zu sein und sein Reich auf Erden zu errichten? Kurz, war ihr Verhalten nicht einfach das der Auserwählten der Endzeit? Die Gewalttaten, die man ihnen vorwarf, vor allem gegenüber Kirchengemeinden und Priestern, wären demnach mit denen des letzten Kaisers zu vergleichen, der die Feinde Gottes vernichtet, oder mit denen Christi und seiner Gesandten, die den Antichrist und seine Handlanger zu Fall bringen. Ein apokalyptisches Verhalten also, geleitet von einer chiliastischen Lehre, die aus den Quellen der vor dem Christentum bestehenden religiösen Anschauungen schöpften. Bekanntlich ist der Chiliasmus keine Besonderheit des Christentums, er entspricht einer tief im menschlichen Geist wurzelnden religiösen Mentalität.

Diese Bewegungen waren jedoch weniger häretisch als regelrecht nichtchristlich, obwohl ihre Sprache die der Christen war. Wie die Häretiker zu Beginn des 11. Jahrhunderts wollten sie bereits auf Erden und augenblicklich ein Ideal paradiesischen Lebens verwirklichen. Aber hier muß der Vergleich schon enden, denn die Paradiese waren nicht die gleichen. Die einen gelangten durch eine Spiritualisierung ihres Verhaltens und völlige Enthaltsamkeit dorthin. Das Fleisch, das Leibliche war der Feind, von dem man sich lösen mußte, um zum vollkommenen Leben zu gelangen. Tanchelm oder Eudo dagegen schienen das paradiesische Leben als Entfaltung der Begierde in einem Leben des Überflusses und Vergnügens verstanden zu haben. Damit zeigen sich zwei entgegengesetzte Tendenzen, die sich jedoch, jenseits jeder chronologischen Spekulation, in einer Suche nach unmittelbarer eschatologischer Verwirklichung trafen, im Wunsch, die Zeit aufzuheben.

Ab 1140 erhoben dann häretische Bewegungen den Anspruch, selber die wahre Kirche zu sein.[79] In Köln lebten in gemeinschaftlicher Armut Männer und Frauen, die sich von den Früchten ihrer Arbeit nährten, und ihre Bischöfe und Auserwählten gaben vor, durch Handauflegen die Taufe »im Feuer und im Geist« erhalten zu haben. Nur sie hatten daher das Recht, als Söhne Gottes die Worte des Vaterunsers zu sprechen. Man findet hier zum Teil den ursprünglichen Anspruch von Männern wie Tanchelm oder Eudo wieder. Die Bekehrung war eine göttliche Auserwählung, der Aufstieg zu einem göttlichen Rang, der die Idee der Nachahmung Christi auf die Spitze trieb. Diese Nachahmung rührte nicht nur von einem mimetischen Verhalten her, sie äußerte sich auch als persönliche Angleichung, als Reinkarnation. Die Zusammenkunft ihrer Anhänger um diese Auserwählten bildete also die wahre geistige Kirche, die aus Armen und Reinen bestand. Der grundlegende Dualismus, Ablehnung des Fleisches und der Welt, traf sich mit dem weltlichen Evangelismus, wie Petrus Waldes ihn vertrat, um eine neue Religion zu stiften, die der alten entgegenstand, welche nicht nur für unvollkommen, sondern gleichsam für dämonisch gehalten wurde, verbunden mit der Welt und der Materie. Gleichzeitig wurden Verfolgung und Martyrium als ein Weg zum Heil freudig begrüßt.

Die Bewegung der Katharer, die in jenen Jahren im Süden Frankreichs und in Italien in Erscheinung trat, war sowohl eine neuartige religiöse Bewegung – sogar eine neue Religion – als auch ein Endpunkt. Die Katharer formulierten einen Dualismus mit einer Heilslehre, die anfangs auf ähnlichen Prinzipien gründete, wie sie von mehreren früheren häretischen Bewegungen vermittelt worden waren; als die Bewegung vollends ein manichäisches Denken adaptierte, entfernte sie sich noch mehr von der Norm und schuf eine andere Religion. Der Dualismus der Anfänge der Katharer fügte sich in eine Tradition ein, insofern sie im Namen einer »wahren« und »spirituellen« Kirche gegen eine »fleischliche« und in die Welt verstrickte Kirche antraten. Das Heil war folglich in erster Linie das Ergebnis eines Bruchs mit dieser Kirche und gleichzeitig mit der Welt. Die Ablehnung der Kirche zog natürlich die Ablehnung der Sakramente und des gesamten Rituals nach sich und damit auch eine Befreiung aus dem gesellschaftlichen Rahmen der Kirche, der mit der gregorianischen Reform seit Mitte des 11. Jahrhunderts verfestigt worden war. Unter der Leitung von Vollkommenen, auserwählten oder erleuchteten Armen, glaubten sich Menschen aus allen Gesellschaftsschichten auf dem Weg zu ihrem Heil, sobald sie sich von dem seit Jahrhunderten aufgeblähten religiösen Apparat befreit hatten. Für den einfachen, nicht eingeweihten Gläubigen ging es darum, einem vereinfachten Credo zu folgen, das schlichte geistige Bestrebungen ausdrückte. Von nun an radikalisierten sich die Katharer, wahrscheinlich unter dem Einfluß des bogomilischen Bischofs Niketas; es entstand ein Manichäismus, doch die Vorstellungswelt des einfachen Gläubigen wurde dadurch nicht zwangsläufig erschüttert. Satan dem lieben Gott entgegenstellen, Satan zum Demiurgen und Schöpfer dieser grundschlechten Welt und der menschlichen Leiber machen, die schon hienieden spürbare Dichotomie auf die kosmische und göttliche Ordnung übertragen – das alles war nur für die Vollkommenen eine wirkliche Entwicklung, für die anderen war es wahrscheinlich nur eine Erläuterung der Lehre. Im übrigen führte die Trennung zwischen den Vollkommenen und den einfachen Gläubigen dazu, daß einzig für erstere die sexuellen und Nahrungsverbote galten, die für die gemeinen Sterblichen nicht zu ertragen waren.

Doch an diesem Punkt angelangt, vertraten die Katharer schlicht und einfach eine dem Christentum entgegengesetzte neue Religion. Sicher ist, daß sie im Westen nicht so leicht hätten Fuß fassen können, wenn es nicht eine diffuse Tendenz zum Dualismus gegeben hätte, wie man sie in der apokalyptischen Tradition, aber auch in den evangelischen Bewegungen antrifft, die auf dem Bruch mit der Welt gründen. Auf dieselbe Weise fügte sich die Idee, daß die christliche Offenbarung durch Prophetie verbreitet werde, wie sie der Mythos von Elias und Henoch in der Endzeit veranschaulicht, vollkommen in ihre Unterweisung ein. Parallel dazu verlieh die eschatologische Rolle der Prophetie, letztes Bollwerk gegen die vom Antichrist besetzte Kirche, den Anführern jener Gruppen den Rang von Märtyrern, wodurch der Glaube der Getreuen nur noch mehr gestärkt wurde. Kurz, die religiöse Mentalität jener Zeit begünstigte die Herausbildung zyklisch strukturierter Glaubensvorstellungen: Feindschaft und Niederlage bestärkten lediglich die Überzeugung. Was die Eschatologie und das Heil betrifft, so neigten die Häretiker dazu, ihren Blick auf eine nahe Verwirklichung zu richten. Männer wie Eudo oder Tanchelm waren vom Nahen des »Milleniums« nicht mehr nur überzeugt, sie lebten es bereits mit ihren Anhängern. In dieser Hinsicht war der Terminus »Millenium« im übrigen nicht mehr ganz zutreffend. Andere ersetzten das unmittelbar bevorstehende Anbrechen des eschatologischen Tages durch den sofortigen Aufbau einer »spirituellen« Kirche auf den Trümmern der alten »fleischlichen« Kirche. Unter dem Druck des herannahenden Ereignisses waren die direktesten Mittel die besten, und auch Gewalt war nicht ausgeschlossen. Vor allem aber zählten Erfolge an individueller und kollektiver Bekehrung. Zustimmung und gegenseitige Bestärkung schafften jene zusammengeschlossenen und überzeugten kleinen Gemeinden, die zum Martyrium bereit waren. Damit – so ihre Begründer – befreie sich die Seele von der fleischlichen Last und gelange zu ihrer wahren Existenz. Bis dahin waren die Annahme der Armut, die Lossagung von der Welt und die Verdammung des Fleisches die Grundlagen für den errettenden Bruch. Diejenigen Gruppen, die orthodox blieben, verwirklichten ihre Ideale dagegen immer in einer Form des Mönchtums: Für die ersten Zisterzienser und für Bernhard von Clairvaux wurde die wahre spirituelle Kirche im Kloster und damit in der sichtbaren Kirche verwirklicht. Die Bekehrung war eine Hinwendung zur Buße, das Heil wurde in der Gemeinschaft erwirkt, blieb jedoch individuell; die Mängel der diesseitigen Kirche konnten das individuelle Heil nicht verhindern.

Das kaiserliche Papsttum

Während sich Häresien und neue Lehren verbreiteten, hatte sich die Kirche selbst reformiert, so daß sie der Gesellschaft des 11. und 12. Jahrhunderts wahre Umkehrungen von Werten anbieten konnte. Die Grundlagen dieser Reform, die ihr zugrundeliegende Ideologie, waren paradoxerweise nicht immer sehr weit von den Ausgangspunkten der Häresie selbst entfernt.

Die Reform

Die Theologen der Reform hatten seit der Mitte des 11. Jahrhunderts mit Nachdruck auf zwei Mängel der Kirche hingewiesen: die Simonie und den Nikolaitismus.[80] Erstere bezeichnet die allzu engen Beziehungen, die die Kirchenmänner nach Auffassung der Reformer zur Laienwelt unterhielten. Bischöfe wurden beschuldigt, ihre Ämter gekauft, das heißt den König oder den Kaiser anläßlich ihrer Ernennung mit einer Gabe bedacht zu haben. Die Ernennung erschien zudem als eine mit dem Lehnsverhältnis zusammenhängende Investitur: Der Herrscher selbst überreichte dem Bischof seinen Hirtenstab. Daraus folgte, daß ein Kirchenamt wesentlich von der königlichen oder kaiserlichen Autorität abhing. Freilich waren die Kirchen wegen ihrer reichen Güter, ihrer Teilhabe an der Machtausübung, ja ihrer Bedeutung für die königliche Heerfolge wichtige Räder im Herrschaftsgefüge der Königreiche. Das Lehnsverhältnis konnte unter diesen Bedingungen als bloße Maßnahme des Herrschers erscheinen, sich der Treue des neuen Staatsbeamten zu versichern. Die Geste der Bischofsinvestitur hatte in den Augen der Zeitgenossen zweifellos keine größere Bedeutung als bei den anderen Belehnungen, und der Hirtenstab wurde sicher nicht als ein heiliger

Gegenstand wahrgenommen. Was die Gabe des Bischofs an den König betrifft, so hatte sie in einer traditionsgebundenen Gesellschaft, wo die Praxis von Gabe und Gegengabe zu den üblichen Gebräuchen gehörte, wahrscheinlich nicht die Bedeutung eines Kaufs, sondern, wenn nicht einer Geste der Dankbarkeit gegenüber einem Wohltäter, so doch einer gerechten Gegenleistung. Diese Gepflogenheiten hatten eine lange Tradition. Die von der Kirche gesalbten und gekrönten karolingischen Könige und Kaiser hatten ihr gegenüber einen Auftrag des Schutzes und der Führung. Darauf zu achten, gute Bischöfe zu ernennen und sie zu Mitarbeitern des Reichs zu machen, bedeutete, sie an jenem Auftrag teilhaben zu lassen, dessen letztes Ziel die Leitung des Christenvolks auf seinem Weg zum Heil war. Die Aufgabenteilung implizierte diese enge persönliche Verbindung zwischen dem Herrscher und den Bischöfen, nicht nur, weil sie Staatsbeamte, sondern auch, weil sie die Verwalter des Heiligen waren und somit unabdingbar für die Erfüllung des königlichen oder kaiserlichen Auftrags. Dies ist wohlgemerkt die Theorie. Die Praxis erwies sich häufig als völlig anders, vor allem wegen der Aufsplitterung der königlichen Macht, die sich im 10. und 11. Jahrhundert in Europa bemerkbar machte.

Der Nikolaitismus oder die Priesterehe war eine Frage, die keine politischen Konsequenzen hatte. Anfangs ein einfacher Rat zur Askese, hatte sich die Pflicht zur priesterlichen Keuschheit allmählich durchgesetzt, war jedoch ohne Folgen geblieben. Seit den ersten Synoden unter Leo IX. (1049–1054) und Nikolaus II. (1058–1061) dann wurde der Nikolaitismus ebenso verdammt wie die Simonie. Außerdem verboten Nikolaus II. und dann Gregor VII. den Laien, die Sakramente aus den Händen verheirateter Priester zu empfangen.

Um die wahre Tragweite all dieser Maßnahmen zu erfassen, muß man die Grundlagen der Reformideologie verstehen. Humbert von Silva Candidor hatte sie in seinem 1085 beendeten Traktat gegen die Simonie ausführlich dargelegt.[81] Was sowohl die Simonie selbst wie die Investitur unannehmbar mache, sei die Heiligkeit aller Kirchengüter und aller Zeichen, die die geistliche Macht des Bischofs symbolisierten. Daraus folge, daß alles, was mittels des Stabs und des Rings verliehen werde, eine *res sacra* sei, ein heiliges Gut, untrennbar mit dem heiligen Amt selbst verbunden. Der Stab und der Ring, die selbst heilige Gegenstände seien, könnten nicht von Laien überreicht werden. Kurz, die Güter und das Amt seien untrennbar miteinander verbunden und bildeten ein vom Heiligen Geist selbst durchdrungenes und beseeltes Ganzes: »So wie die vernünftige Seele und das Fleisch ein einziger Mensch sind, so sind die geistliche Ordnung und der kirchliche Besitz eine einzige Heiligung des Herrn.«[82] Diese göttliche Heiligung oder Sakralisierung, die sowohl die geistliche Ordnung wie ihre Güter durchdrang, machte sie selbstverständlich für Laien unberührbar. Aber mit dieser Behauptung wird auch verständlich, warum Humbert und die Gregorianer dazu neigten, die funktionale Heiligkeit und die persönliche Heiligkeit des Priesters miteinander zu verschmelzen: Ein verheirateter Priester, der sich also im Stand persönlicher Unreinheit befand, war untauglich, ein heiliges Amt auszuüben. Die Sakramente, die er erteilte, konnten nicht wirksam sein.

Wenn man diesen beiden Verboten, dem des Geldes und der Sexualität, noch dasjenige hinzufügt, das schon seit langem den Geistlichen das Tragen von Waffen untersagte, begreift man, welch starke moralische und psychologische Schranke zwischen der Welt der Laien und der geistlichen Welt bestand. Außerdem neigten die Reformer dazu, diese Schranke auch als jene zu verstehen, die das Heilige vom Profanen, das Reine vom Unreinen trennte. Der alte dualistische Hintergrund zeigt sich erneut als wesentliches Element der damaligen religiösen Mentalität. Selbst als der Unterschied zwischen der Heiligkeit des Priesters und der Wirksamkeit der Sakramente wieder eingeführt wurde, sollten diese Tendenzen nicht verschwinden. Die Kirche als Institution sollte von Grund auf geistlich sein und ihre Trennung von der Laienwelt nur noch verschärfen. Hinzuzufügen ist auch, daß sich ohne die große Unterstützung des Volks die Reform nicht so leicht hätte durchsetzen, die Reinigung des Klerus nicht hätte zu Ende gebracht werden können.[83]

Die Probleme dieser Reform waren vor Mitte des 11. Jahrhunderts zutage getreten. Das Verbot, Laien zu den Abtswahlen zuzulassen, war in Cluny schon Anfang des 10. Jahrhunderts festgeschrieben worden. Nach und nach hatten die reformierten Klöster begonnen, zahlreiche Pfarreien, die sich in den Händen von Laien befanden, zurückzugewinnen. Bei dieser Gelegenheit waren auch alle Zehnten und Pfründen, die an diese Pfarreien gebunden waren, in ihre Hände übergegangen. Schließlich hatte die Rückkehr zu den Bischofswahlen ohne Einmischung der Fürsten, zusammen mit der Ablehnung der Investitur von Laien, die institutionellen Bindungen zwischen der Kirche und der politischen Macht endgültig zerschnitten. Diese wachsende Selbständigkeit der Kirche war selbstverständlich mit einer Stärkung des päpstlichen Primats einhergegangen. Von nun an war allein das Kollegium der Kardinäle befugt, den Papst zu wählen, frei von jeder kaiserlichen Mitwirkung. Gleichzeitig verneinten Humbert von Silva Candidor und Gregor VII. den sakramentalen Charakter der Königssalbung und die Trennung des geistlichen Ranges des Kaisers von dem eines einfachen Laien. Damit weigerten sie sich, die Gültigkeit der karolingischen Tradition anzuerkennen. Die Kirche, nunmehr eine vollkommen selbständige Institution, konnte nur noch vom Papst regiert werden. Könige und Kaiser, einfache Laien, waren in allen geistlichen Fragen seiner Oberhoheit unterworfen.

Dieser grundlegende Anspruch zog bekanntlich einen langen Kampf zwischen der Geistlichkeit und dem Reich nach sich, vor allem während der Herrschaft Kaiser Heinrichs IV. (1065–1106). Er hatte auch erhebliche Auswirkungen in den Königreichen Frankreich und England. Diese Zusammenstöße entsprachen faktisch der gewaltsamen Zweiteilung einer christlichen Gesellschaft, in der die Trennung zwischen den Vorrechten der Laien und denen der Geistlichen oder Mönche nicht eindeutig war. In dem Maße, wie die Bischöfe eine wichtige politische und sogar militärische Rolle spielten, war die Vormundschaft des Herrschers nicht unbedingt in allen Punkten skandalös. Daß Laien, deren Vorfahren Pfarreien gegründet hatten, ein Patronatsrecht über sie behielten, konnte akzeptiert werden, solange dies nicht zu größeren Auswüchsen führte. Sogar die Rolle eines Laienabts war denkbar, wenn etwa auf den Ländereien eines Klosters viele Königsvasallen jagten. Das karolingische System war nicht insgesamt verdammenswert und resultierte aus einer engen Zusammenarbeit zwischen der Kirche und den Königreichen, die mit der Zeit unannehmbar geworden war. Ohne Zustimmung durch die Laien hätten die Kirchenmänner die Aufgabe der Reform nicht zu Ende führen können. Die Laien mußten die innere Trennung der Christenheit akzeptieren, deren Grundlagen, wie schon gesagt, auf der alten Tendenz zum Dualismus beruhten.

Der Papst als Kaiser

Die Ausbildung der Doktrin von der Oberhoheit des Papstes, die auf der Schlüsselgewalt gründete, welche Christus dem heiligen Petrus übertragen hatte, konnte sich nur auf Kosten des Reichs durchsetzen.[84] Im Laufe des 11. Jahrhunderts sieht man nun, daß die Päpste die Insignien und die Machtfülle des Kaisers beanspruchten. Dazu stützten sie sich auf die Konstantinische Schenkung, jene gefälschte Überlieferung, der zufolge Papst Silvester von diesem die Kaiserkrone und das Phrygium erhalten haben soll. Letzteres Hoheitszeichen, der Legende nach als einziges von Silvester akzeptiert, entwickelte sich im 11. Jahrhundert zur Form einer Mitra, die unten eine Krone trägt. Zudem trug der Papst einen roten Umhang, das heißt einen Kaisermantel, den zu benutzen ihm – immer der Konstantinischen Schenkung zufolge – ebenfalls von Konstantin zugestanden worden sein soll. Das Tragen dieser Insignien wurde mit fortschreitender Reform von einer Erhöhung der päpstlichen Autorität begleitet, die »über den Königen und Königreichen« stehen sollte.

Angesichts dieses Anspruchs der Päpste auf die kaiserliche Macht bemühte sich das Reich in der ersten Zeit, die Entwicklung dadurch umzukehren, daß es die Argumente widerlegte. So erklärte schon Otto III. die Konstantinische Schenkung Ende des 10. Jahrhunderts zur Fälschung. Einer der glühendsten Anhänger Heinrichs IV., Benzo, Bischof von Alba, hielt 1086 den päpstlichen Ansprüchen die eschatologische Rolle entgegen, die dem Kaiser der Endzeit zufallen würde. Er skizzierte sodann die Züge eines kaiserlichen Programms, dessen Verwirklichung ihm Heinrich IV. zuzukommen schien: »Es bleibt ihm noch ein weiter Weg zu gehen, wie es die Weissagung der Sibylle bezeugt. Denn sobald Apulien und Kalabrien wieder in Ordnung und in ihren ursprünglichen Zustand gebracht sein werden, wird Byzanz ihn in seinem eigenen Vaterland gekrönt sehen. Dann wird er gen Jerusalem ziehen, und wenn er das Heilige Grab und alle anderen Heiligtümer des Herrn befreit haben wird, wird er zum Lobpreis und zum Ruhm Desjenigen gekrönt, der in Ewigkeit lebt. Dann wird Babylon, über die Maßen erstaunt und begierig, den Staub seiner Füße zu lecken, nach Zion kommen. Und es wird sich erfüllen, was geschrieben steht: ›Sein Wohnsitz ist prächtig‹ (Jesaja 11,10). O Kaiser, warum wundert dich das? Derjenige, der dich erschaffen hat, beschließt ohne dich, was er mit dir zu tun gedenkt. Sage dir also: ›Zahlreich sind die Wunder, die du getan hast, und deine Pläne mit uns; Herr, mein Gott, nichts kommt dir gleich (Psalm 40,6). Es lebe der Herr, und der Herr möge mich erleuchten!‹ (Psalm 27,1). So werden die Dinge sich erfüllen, wie das Lied der Sibylle es voraussagt. O ihr Priester, Ohren eures Herrn, verwechselt die Worte der Sibylle nicht mit dem Krächzen der Krähe! Denn wenn ihr hört, man solle das Meer überqueren, so muß man an die tiefen Wasser (der Weisheit) denken. Solltet ihr etwa Zweifel haben, so fragt in Abela nach, und ist der Schleier einmal zerrissen, werden die verborgenen Dinge klar werden.«[85]

Benzos Text bezieht sich unmittelbar auf die Weissagung der Tiburtinischen Sibylle.[86] Dieser Text war Ende des 4. Jahrhunderts in Syrien verfaßt und sehr bald ins Lateinische übersetzt worden. Die Version, in der er uns erhalten geblieben ist, trägt die Spuren einer Bearbeitung um die Wende des 10. und 11. Jahrhunderts sowie einer weiteren von der Mitte des 11. Jahrhunderts. Die Sibylle soll der Legende nach zur Zeit Kaiser Trajans aus dem Osten nach Rom gekommen sein, zu dem Zeitpunkt, da hundert Mitglieder des römischen Senats in derselben Nacht alle denselben Traum gehabt haben sollen. Sie haben angeblich hintereinander neun Sonnen gesehen, deren immer furchterregendere Gestalt von der Sibylle als die Präfigurationen der neun künftigen Generationen gedeutet wurden. Ursprünglich begann das Orakel mit Alexander dem Großen, den der Autor der lateinischen Adaptation durch Trajan ersetzt hat, um den Preis eines groben Anachronismus, denn die vierte Generation sollte die Generation Christi sein. Aber der Übersetzer und besonders die Urheber der beiden Bearbeitungen interessierten sich vor allem für die neunte Sonne, die ihrer eigenen Generation entsprechen sollte. Sie haben deren Dauer übermäßig in die Länge gezogen, um die Dynastien von Frankenkönigen oder als solchen geltenden einordnen zu können: So finden die Ottonen und die Salier ihren Platz darin, nach den Langobarden. Nach einer Reihe von langobardischen Königen kommen also die Salier, deren erster Karl der Große wäre, und danach die drei Ottonen. Das älteste Manuskript, 1047 geschrieben, erwähnt Kaiser Heinrich II., dann zweifellos Konrad II. (gest. 1039). Die Fortsetzung der Liste erlaubt keine historischen Deutungen mehr und dient vor allem dazu, die historische Zeit mit der mythischen Zeit des letzten Kaisers zu verbinden. Genau an dieser Stelle kann man den Text von Benzo wiederfinden, denn dieser schrieb Heinrich IV. zu, was das Orakel der Sibylle von Kaiser Constans sagte. Wenn Heinrich IV. in Byzanz gekrönt werden sollte, so deshalb, weil Constans Herrscher der Römer und der Griechen war, das heißt zwei Kaisertitel getragen hat. Die Eroberung Jerusalems und die Befreiung des Grabes Christi war also geboten, als notwendige Vorbedingung für die Ankunft des Antichrist. Constans durch Heinrich IV. zu ersetzen, lief demnach darauf hinaus, ihn zum Kaiser der Endzeit und damit zum Anführer eines Kreuzzugs nach Jerusalem zu erheben, etwa neun Jahre vor der Proklamation des ersten Kreuzzugs durch Urban II. Die Rekonstruktion des apokalyptischen Szenariums durch Benzo stützte sich vor allem auf die Weissagung der Sibylle, die um einschlägige Bibelstellen ergänzt wurde. Diese Darstellungsweise entspricht völlig den Auffassungen der Epoche, in der man die Sibyllen als vorchristliche Prophetinnen betrachtete. Schließlich läßt die Gleichsetzung Heinrichs IV. mit Constans vermuten, daß man das Ende der Zeiten nahe glaubte, ohne daß diese Meinung durch die geringste chronologische Berechnung untermauert wurde. Möglich, daß Benzo allein die Tatsache, daß Heinrich IV. die Rolle des letzten Kaisers übernahm, als Auslöser für den eschatologischen Prozeß betrachtete. Wahrscheinlich gab er, wenn er dies behauptete, lediglich eine in der Umgebung des Kaisers verbreitete Meinung wieder. In der Geisteshaltung jener Zeit war das vielleicht die angemessenste Antwort auf die Ansprüche des Papsttums. Denn wer anderes als der Kaiser konnte um 1086 behaupten, gegen die Normannen in Apulien und

Kalabrien einzugreifen? Was die Krönung in Byzanz betrifft, so ist daran zu erinnern, daß um 1081 Kaiser Alexios Komnenos einen Brief an Heinrich IV. geschickt hatte in der Absicht, ein Bündnis gegen Robert Guiscard zu schließen, der im Begriff war, das Ostreich zu überfallen. Dieser Brief gab zu bedenken, daß Alexios Komnenos keinen Sohn hatte, und regte ein Ehebündnis zwischen seinem noch jungen Neffen Isaak und einer Tochter Heinrichs IV. an. Andererseits ließ er durchblicken, daß das Ostreich verwundbar war. Nach dem Tod von Robert Guiscard (1085) schien der Weg nach Jerusalem über Konstantinopel dem Westkaiser in den Augen einiger, darunter auch Benzo, vielleicht offenzustehen.

Außerdem entstand zu jener Zeit gerade die Legende um Karl den Großen, die von einer Wallfahrt nach Jerusalem über Konstantinopel berichtet. Möglicherweise bietet eine gleich mehrfach überlieferte Version von Adsos Traktat über den Antichrist, die als Autor statt Adso den Berater Karls des Großen, Alkuin, nennt, einen Hinweis darauf.[87] Sie enthält einen vom Text der Tiburtinischen Sibylle inspirierten Zusatz, der sich auf einen letzten Kaiser bezieht, »König der Römer und des ganzen Reichs«, gekennzeichnet mit dem Anfangsbuchstaben C. statt des üblichen Namens Constans. Man kann der Ansicht sein, daß dieses einfache C auf einen auferstandenen oder reinkarnierten Karl den Großen »Carolus« hinweist, was auch die Zuweisung der Variante des Adso-Traktats an Alkuin erklären würde.

Das Motiv der Befreiung des Heiligen Grabes, möglicherweise durch Heinrich IV., war hinreichend verbreitet, so daß eine andere Weissagung, jene der »Sibylle von Cumä«, auf ähnlichen Grundlagen wie der Text von Benzo verfaßt worden ist.[88] Dieser Text greift nämlich die Angaben der Tiburtinischen Sibylle auf, wobei er den Traum der hundert Senatoren unterschlägt. Er verlängert die Liste der Herrscher, so daß sie Heinrich IV. einschließt. Doch nebenbei rückt er einen Lobgesang auf den Herzog der Toskana ein, Bonifatius von Canossa; dies – und eine Anspielung auf die Simonie – läßt vermuten, daß der Verfasser der Reformpartei angehörte. Es ist nicht verwunderlich, daß das Porträt, das er von Heinrich IV. zeichnet, dem des Antichrist ähnelt. Er schreibt ihm unter anderem eine Zerstörung Roms zu, was sich nur auf Heinrichs Raubzug von

1084 beziehen kann. Damit gelangt er zu einer Zweiteilung der Person des Antichrist, der zuvor, nach der Thronbesteigung Heinrichs II., unter dem Namen König von Babylon erwähnt worden war. Ebenso scheint sich die Person des Endkaisers verdoppelt zu haben. Er wird in Gestalt eines »vom Blut der Griechen gezeugten Königs« erwähnt, der zur Zeit der Könige von Babylon in Jerusalem herrsche; dann erscheint er erneut in Gestalt eines »Königs von Byzanz, der Römer und der Griechen«, eines Nachkommen Heinrichs IV., welcher besiegt und getötet werden wird von einer Koalition aus Persern, Makedoniern und Griechen, die kommen werden, um Rom zu rächen. Diese Inkohärenz der Angaben deutet darauf hin, daß der Text wahrscheinlich nacheinander von zwei Verfassern geschrieben wurde. Wie dem auch sei, anzumerken ist, daß der Nachfahre Heinrichs IV. – vielleicht sein Sohn Konrad, der 1093 zum König von Italien gekrönt wurde und sich gegen seinen Vater erhob – die doppelte Krone von Rom und Byzanz erhalten sollte, bevor er nach Jerusalem aufbrach. Außerdem muß dieser Text, unabhängig von der Zahl der Autoren, vor 1095 und der Ausrufung des Kreuzzugs in Clermont durch Papst Urban II. beendet worden sein. Denn auch wenn der Auftrag des Königs der Römer und Griechen darin besteht, die Christenheit vom Joch der Söhne zu befreien, wird der Kreuzzug in diesem Text nie erwähnt.

Kreuzzugsgedanke und eschatologisches Denken

In der eschatologischen Tradition wurde also bis 1095 und darüber hinaus das Reich in den Vordergrund gestellt, wie im Text von Adso. Als nun Papst Urban II. am 27. November 1095 zum Kreuzzug aufrief[89], usurpierte er ein kaiserliches Vorrecht: er nahm in dem apokalyptischen Szenarium die Stelle des Kaisers ein. Dieses Vorgehen entsprach dem Grundgedanken der Kirchenreform und sollte das Primat des Papsttums bekräftigen. Auch darin war die Reform durchaus eine Revolution; was nicht heißt, daß die Konkurrenz mit dem Reich die Hauptursache der Kreuzzüge war. Ihr Ursprung findet sich in der Bußwallfahrt nach Jerusalem sowie im Begriff des heiligen Kriegs. Aber unter den Versionen der Rede Urbans II. auf dem Konzil von Clermont führte die Version von Guibert von Nogent, zwischen 1108 und 1112 geschrieben, das heißt 13 bis 17 Jahre nach dem Ereignis, eine apokalyptische Dimension zur Rechtfertigung des Kriegszuges ein.[90] Nachdem Urban II. die Heiligkeit der Stadt Jerusalem, des Orts des Opfers Christi, betont haben soll, habe er die »Ritter Christi« angespornt, dessen Grab zu befreien, indem sie sich in Kriege stürzen sollten, »die die ruhmvolle Tollkühnheit des Martyriums in sich tragen«[91], statt sich gegenseitig zu töten und sich der Verdammnis zu verschreiben. Und er soll hinzugefügt haben, daß ihr Bemühen die Länder des Ostens zum Glauben zurückbringen werde, »mit Blick auf die nahe Zeit des Antichrist«. Denn gemäß der Prophezeiungen von Paulus (II. Thess. 2,4) und Daniel (7,24) müsse der Antichrist in Jerusalem auf Christen treffen, und die Königreiche Ägypten, Afrika und Äthiopien müßten wieder christlich sein: »Nach den Propheten ist es zuerst vonnöten, daß vor der Ankunft des Antichrist in diesen Ländern durch euch und diejenigen, die Gott ausgewählt haben wird, die Herrschaft der Christenheit wiederhergestellt ist.«[92] Erst zum Schluß soll, Guibert zufolge, der Papst darauf hingewiesen haben, daß individuelle Pilgerfahrten ins Heilige Land in der Vergangenheit nahezu unmöglich geworden waren. In den anderen Versionen der Rede Urbans II. stand dieser Aspekt im Vordergrund, während der Antichrist und das Endzeitdenken keine Rolle spielten. Es ist also gar nicht sicher, daß Urban tatsächlich vom Antichrist gesprochen hat. Jedenfalls hütete sich die von Guibert rekonstruierte Rede, der Dauer der Zeit Grenzen zu setzen. Urban II. soll lediglich die Bedeutung der Vorbedingungen betont haben: daß sich Ägypten, Afrika und Äthiopien von neuem der »Gemeinschaft Seines Glaubens« angeschlossen haben. Die Anspielung auf das nahe Ende der Zeiten wird augenblicklich durch die Versicherung korrigiert, daß zuerst der »Abfall vom Glauben« eintreten müsse. Hier verbindet Guibert zwei Zitate von Paulus (II. Thess. 2,3 und I. Tim, 4,1) und weicht damit von der alten Idee einer Teilung des Reichs ab, um die Idee eines Abfalls vom Glauben in den Vordergrund zu rücken. Damit drängt er die Rolle des Endzeitkaisers im apokalyptischen Geschehen – und mögliche

Ausdeutungen auf Heinrich IV. – zurück, während er den Augenblick, da der Antichrist erscheinen werde, hinausschiebt.

Im Mittelpunkt der Anliegen des Papsttums scheint gestanden zu haben, die Aggressivität der Ritter auf einen gerechten und obendrein heiligen Krieg zu lenken, der unter dem Banner des heiligen Petrus und hinter dem Kreuz mit dem Ziel geführt wurde, die Christenheit des Ostens erneut um die heilige Stadt Jerusalem zu versammeln. Zugleich war der Kriegszug eine Bußwallfahrt, die den Kreuzfahrern das Heil sicherte, sowohl durch das Martyrium wie durch den Ablaß an den heiligen Stätten. Der eschatologische Hintergrund wurde wahrscheinlich nicht gänzlich verdrängt, aber nicht als unmittelbare Erfüllung verstanden, er blieb eine ferne Perspektive.

Sicher ist jedoch, daß die Inangriffnahme des Kreuzzugs eine Gelegenheit war, eschatologische Themen zu beleben, die Urban II. noch im Hintergrund belassen hatte. Die Tatsache, das Kreuz zu nehmen, war bereits eine Aufforderung, den Spuren Christi zu folgen, und diese Nachahmung Christi konnte nur solchen Verhaltensmustern folgen, die bereits von den religiösen Bewegungen des 11. Jahrhunderts her vertraut waren.

Der Pilger, auch der bewaffnete, war von Familie und Heimat getrennt, bereits selbst ein Armer. Allem überflüssigen Zierat und Reichtum zu entsagen, wie es der Papst empfohlen hatte, ziemte sich für den armen Büßer. Dennoch sonderte sich ein eigener Kreuzzug der Armen, der von Petrus von Amiens und Walter ohne Habe, von Anfang an von dem der Adligen ab und reproduzierte damit den alten Unterschied zwischen Mächtigen und Armen. Nach dem Scheitern des Armenkreuzzuges schloß er sich dem Rest der Armen der Hauptarmee an. Die Rolle des Armenzuges bestand zwar darin, dem Heer das Fußvolk zu liefern, aber wenn man seinem Wortführer Raimund von Aguilers glauben darf, sicherte er erstaunlicherweise die Führung des Zuges von innen her. Es war ein Armer, der Provenzale Peter Barthelemi, der, von einer Vision geleitet, die Heilige Lanze fand. Überhaupt waren es die Armen, denen sich Gott in Visionen offenbarte, sei es um die Echtheit der Heiligen Lanze zu bestätigen oder um eine Wallfahrt, die an den Ambitionen der Mächtigen zu scheitern drohte, wieder auf den rechten Weg zu bringen. Und schließlich war es die Truppe der Armen, die zuweilen brutal die Wiederaufnahme des Zugs nach Jerusalem erwirkte. Aus ihren Reihen rekrutierten sich auch die fanatischen »Tafurs«, Spezialisten für Handstreiche, die ob ihrer Grausamkeit berüchtigt waren. Die Einnahme Jerusalems selbst wurde als Sieg der Armen und Zeichen ihrer göttlichen Auserwählung verstanden. Ihre Treue zur Idee der heiligen Stadt hing mit ihrer Treue zum Christusvorbild zusammen, dem sie nacheiferten. Und unabhängig vom Grad ihrer tatsächlichen individuellen Reinheit waren sie es, die man als Fürsprecher bei Gott sah. Diese Fürbitte galt nicht nur den Mächtigen, die ihnen Almosen gaben und sie versorgten, sie war auch die notwendige Garantie für den Erfolg des Unternehmens. Der anonyme Autor der Gesta ließ den Bischof von Le Puy, Ademar, den religiösen Anführer des Kreuzzugs, in seinen Predigten vor den Rittern sagen: »Keiner von euch kann gerettet werden, wenn er die Armen nicht ehrt und erquickt; ohne sie könnt ihr nicht gerettet werden, ohne euch können sie nicht leben. So müssen sie täglich eurer Sünden wegen zu Gott beten, den ihr so oft beleidigt.«[93] Derselbe Autor legte später dem vor Askalon besiegten ägyptischen Admiral die Worte in den Mund: »So bin ich denn geschlagen von einem Volk von Bettlern, unbewaffnet und bedürftig, das nichts besitzt außer dem Ranzen und dem Bettelsack!«[94] Das ganze Heer der Kreuzfahrer wurde mit dem Heer der Armen gleichgesetzt und paradoxerweise als das Heer der Unbewaffneten dargestellt. Dahinter verbirgt sich der Gedanke, daß sich ihr Sieg nicht den irdischen Waffen verdankte.

Diesem Heer, in dem Arme und Reiche sich mischten, kam schließlich kollektiv die Auserwählung der Armen zugute. Das war nicht nur auf ihre Fürsprache zurückzuführen, sondern auch auf den Pilgergeist, der gleichzeitig ein Geist der Buße war. Die Zeugen des Kreuzzugs erklärten die Niederlagen der Kreuzfahrer stets mit ihrer Sündenhaftigkeit. Gott strafe unverzüglich die Unreinheit des Heeres, indem er die Feinde als Rachewerkzeuge benutze, so wie am Ende der Zeiten das Heer des Antichrist den Glauben der Getreuen werde auf die Probe stellen müssen. Nicht die Zahlenstärke des Heeres oder die Kriegskunst verliehen also den Sieg, sondern die Reinheit, wie sie die regelmäßige Teilnahme am Meßopfer vermittelte. Messen, Predigten, Bußprozessionen waren die notwendigen Instrumente der Reinigung. Als die Anführer der Kreuzfahrer Papst Paschalis II. von ihrer Mission berichteten, schrieben sie den raschen Fall Jerusalems der Bußprozession zu, die, barfüßig, vor dem Sturmangriff rings um die Stadt erfolgt sei. Dieses Klima der Buße rührte von der Gewißheit her, daß die militärische Expedition auch eine Wallfahrt in ein heiliges Land war. Daher kamen diejenigen, die sie unternahmen, in den Genuß eines vollkommenen Ablasses, einer Vergebung ihrer Sünden, die ihnen vom Papst zugestanden wurde; und jene, die unterwegs starben, wurden Märtyrer. In dem Maße, wie die Kreuzfahrer sich auf das Gebot zum rechten Lebenswandel einstellten, wurden sie zu Gottes auserwähltem Volk, wie einst Israel im Gefolge von Moses und Josua. Einem Chronisten zufolge soll sich der normannische Anführer Tankred mit dem Ruf »Eia! Märtyrer Christi!« an seine Ritter gewandt haben.[95] Allein die Tatsache, auf den Spuren Christi zu leiden, erhob den Pilger zum Märtyrer, nach Art des Mönchs, der im Kloster das weiße Martyrium erleidet. Schon das Pilgersein selbst implizierte eine Form von Martyrium.

Der Zug führte nach Jerusalem ins Heilige Land, über das der Mönch Robert in einer der Versionen der Urban II. zugeschriebenen Rede folgendes sagte: »Dieses Land wurde den Söhnen Israels von Gott zu eigen gegeben, ein Land, in dem, wie die Heilige Schrift sagt, Milch und Honig fließen. Jerusalem ist der Nabel der Welt, ein überaus fruchtbares Land, gleichsam ein anderes Paradies der Seligkeit. Der Erlöser der Menschheit erleuchtete es durch seine Ankunft, machte es berühmt durch sein Leben, heiligte es durch seine Passion, erlöste es durch seinen Tod, machte es einzigartig durch sein Grab.«[96] Diese beiden Sätze fassen zusammen, was man den Jerusalem-Mythos nennen könnte. Jerusalem galt als der Mittelpunkt der Welt wie einst Delphi, wie alle großen Heiligtümer, die auf Erden eine Verbindung zwischen Himmel und Erde herstellten.[97] Jerusalem war also als neues irdisches Paradies ausersehen. Solches werde es für die Christen sein, wie einst für das von Moses und Josua geführte Israel. Eine Behauptung, der es nicht an chiliastischen Konnotationen fehlte, die sich jedoch im spirituellen Sinn deuten lassen. Die Fortsetzung des Texts nimmt im übrigen diese Richtung. Denn es war die Fleischwerdung Christi, die die Bedeutung der Stätten gesteigert haben soll. Robert läßt Urban II. diesen Punkt hervorheben, insbesondere durch zwei Behauptungen: Diese Erde sei durch die Passion geheiligt und durch das Grab ausgezeichnet worden. Die Leiden und der Tod Christi, die beiden Pole im Denken der Pilger, bestimmten Jerusalem auch als Ziel des Kreuzzugs. Damit wurde der latente Chiliasmus durch den Bedeutungswandel spiritualisiert: Das Paradies der Seligkeit war zu einem heiligen Land geworden, da es der Ort des Todes Gottes war. Das von den Heiden entweihte Jerusalem war dazu berufen, am Ende der Mittelpunkt einer erneuerten Christenheit sowie die ideelle Mitte der Spiritualität jedes einzelnen Pilgers zu sein. Doch der Text von Robert, so wie alle anderen mutmaßlichen Reden Urbans II., ist nachträglich geschrieben worden. Er informiert weit mehr über das Ergebnis der Expedition als über ihre ursprüngliche Absicht. Unter diesen Voraussetzungen kann der Richtungswechsel wenn nicht einer Enttäuschung, so zumindest einer realistischen Feststellung entsprechen: Die eschatologische Erwartung hatte sich nicht erfüllt. Übrig blieb, die Bewegung zu verinnerlichen und sie auf Buße und Erlösung des Individuums zu konzentrieren.

Daß unter den Kreuzfahrern, und nicht nur bei den Armen, eine große eschatologische Spannung herrschte, läßt sich nicht leugnen. Wenn Guibert von Nogent meinte, in die Rede, die er Urban II. unterstellte, das Thema des Antichristen und der Endzeit einflechten zu müssen, so gewiß nicht ohne Grund. Zwar hatte er, wie wir sahen, durch seine Formulierung dafür gesorgt, daß die Eroberung Jerusalems, die zu der Zeit, als er schrieb, bereits dreizehn Jahre zurücklag, nicht als unmittelbarer Beginn der Endzeit erscheinen konnte. Aber er hatte die Predigt des Kreuzzugs gehört, er wußte ziemlich genau, wer Petrus von Amiens war, er hatte dem Aufbruch des Kreuzzugs der Reichen wie der Armen beigewohnt; er wußte also, in welcher geistigen Verfassung beide Gruppen sich damals befanden. Die Berichte der Zeugen, auch wenn sie niemals unmittelbar chiliastische Anspielungen enthalten, lassen bestimmte für das chiliastische Denken charakteristische Züge erkennen. Die Zeichen vor dem Aufbruch und während der Fahrt sind zahlreich.[98] 1095 wurden herabfallende Sterne und blutige Wolken beobachtet, und die Annalisten haben dies mit kommenden »Völkerbewegungen« in Zusammenhang gebracht. Während der Belagerung von Antiochien erschien ein großes Kreuz am Himmel, und das Auffinden der Heiligen Lanze wurde als Zeichen der Auserwählung gedeutet. Alle diese Zeichen und die Visionen, die sie begleiteten, waren prophetischer Natur: Sie kündigten Ereignisse und deren heilige Bedeutung an. Petrus von Amiens und später Peter Barthelemi wurden als Propheten angesehen: Man sprach ihnen eine außergewöhnliche Mission zu – und sie selbst waren sich ihrer bewußt –, die sich nicht mit denen des Bischofs von Le Puy oder der anderen Geistlichen des Kreuzzugs vergleichen ließ. Sie waren Werkzeuge Gottes, die den richtigen Weg zeigten und die göttlichen Warnungen deuteten. Petrus von Amiens hatte – folgt man den Autoren – einen Brief von Christus erhalten, Peter Barthelemi waren Heilige erschienen, die ihm Botschaften übermittelt und ihm die Stelle der Heiligen Lanze angezeigt haben. Neben den Propheten versuchten die Kreuzfahrer auch Anführer zu erkennen, die kraft göttlicher Auserwähltheit eine ähnliche Rolle wie der Herrscher der Endzeit spielen könnten. Nacheinander sollten Raimund von Saint-Gilles und Gottfried von Bouillon diese messianische Rolle für ihre Anhänger und manchmal für alle Kreuzfahrer spielen. Alle Kreuzzüge hatten eine apokalyptische Färbung und folgten dem eschatologischen Modell. Dieser Aspekt verstärkte sich durch den ständigen Zusammenstoß mit den Heiden, die den Kräften des Bösen gleichgesetzt und als die »Feinde Gottes und der heiligen Christenheit« bezeichnet wurden. Doch niemals verglich man sie mit den Kräften des Antichrist oder eines seiner Vorläufer. Dies korrespondiert mit der Tatsache, daß wir bei den Chronisten keiner Behauptung begegnen, die die baldige Errichtung des Königreichs Christi oder Ähnliches ankündigte. Erst in der »Chanson d'Antioche«, die durch eine Bearbeitung vom Ende des 12. Jahrhunderts bekannt geworden ist, treten chiliastische Themen deutlicher zutage. Es ist nicht ausgeschlossen, daß sie schon ein Teil des ursprünglichen Epos waren, und man kann nicht einfach darüber hinwegsehen; aber sie sind nicht ganz schlüssig. Das liegt zweifellos daran, daß die Historiographie des Kreuzzugs ausschließlich aus Texten besteht, die im nachhinein geschrieben wurden und eher Bilanzen der Expedition als Bordbücher sind. Sie zeugen von einem unvollendeten Unternehmen und vielleicht auch von einer fehlgeschlagenen Hoffnung.

Doch nachdem die anfängliche Begeisterung abgeklungen war, blieb eine elementare religiöse Wirklichkeit bestehen: die Bußwallfahrt. Bevor die Kreuzfahrer nach der Eroberung Jerusalems das Heilige Land verließen, verrichteten sie die typischen Pilgerrituale: Sie badeten im Jordan, sie pflückten Palmzweige. Sie kehrten erst nach Hause zurück, nachdem sie den Kreuzfahrtablaß erhalten hatten. Auf diese Weise gerieten sie ins Blickfeld der religiösen Anführer der Expedition, sicher auch Urbans II. und seines Nachfolgers Paschalis II. Nach der eschatologischen Spannung fiel man gewissermaßen in die lange Zeit zurück. Jerusalem war wieder zum mystischen Mittelpunkt der Christenheit geworden, aber einer Christenheit, die noch von Heiden umringt war, die es auszurotten oder zu bekehren galt. Den Chronisten, die im nachhinein zu schreiben begannen, waren sicherlich noch Reste der ursprünglichen Inspiration gegenwärtig, aber sie hatten auch die Lehren aus der Realität gezogen. Guibert von Nogent, der nicht am Kreuzzug teilgenommen hatte, äußerte dennoch diese Gefühle, als er Urban II. den Satz von Lukas kommentieren ließ: »Jerusalem wird von den Heiden zertreten werden, bis die Zeiten der Völker sich erfüllen« (21.24). Nachdem er eine andere Deutung verworfen hatte, schloß er: »Zeit der Völker bedeutet die Fülle der Völker, die bekehrt werden müssen, bevor Israel gerettet ist« (vgl. Röm 11,25–26).[99] Sobald sich die Kreuzzugsbegeisterung in der langen Dauer eingerichtet hatte, ließ sie sich zur individuellen Buße hinlenken, die durch die Wallfahrt vollzogen wurde.

Insgesamt gesehen, spiegelt der Kreuzzug sehr gut die religiösen Impulse wider, die in den innerkirchlichen Reformgruppen, aber auch in den häretischen Bewegungen zutage traten. Die herausragende Rolle der zu einem religiösen Wert gesteigerten Armut, die Entstehung einer heiligen Schar von Auserwählten, die sich fortwährend reinigen, das Streben nach dem Martyrium, die Rolle der Prophetie und der Deutung der Zeichen und Visionen, die Nachahmung Christi durch sühnendes Leiden – das alles verweist sowohl auf das eschatologische Modell mit seinem dualistischen Hintergrund wie auf die religiöse Wirklichkeit des Abendlands im Mittelalter. Anhand der Quellen läßt sich eine doppelte Bewegung mit widersprüchlichen Auswirkungen erkennen. Auf der einen Seite die

Menge der Kreuzfahrer, die eine irdische und sofortige Verwirklichung ihrer religiösen Sehnsüchte suchte und deren Erfolg durch entsprechende Taten herbeiführen wollte; auf der anderen Seite das Bemühen der religiösen Anführer, Bischöfe und Priester, die Flut der kollektiven Schwärmerei umzuleiten und in Liturgie und Bußpraxis umzulenken. So wurde die Einnahme Jerusalems – ein Ereignis, das für die Gläubigen eine große eschatologische Bedeutung hatte – zur Eroberung eines Heiligen Landes, das nunmehr allen künftigen Pilgern offenstand. Es handelte sich sowohl um eine Spiritualisierung wie um eine Verinnerlichung des ursprünglichen Ziels: Statt einer Masse, die sich auf ein kollektives und unmittelbares Heil zubewegte, sollten nunmehr büßende Pilger kommen, um individuelle Vergebung für ihre Sünden zu erhalten.

Die Kirche, das Papsttum und die Reform gingen als Gewinner aus dem ersten Kreuzzug hervor. Zuerst auf negative Weise, gegen das Reich, das trotz der apokalyptischen Verheißungen von der Eroberung ferngehalten worden war. Und auch symbolisch, denn das Heer der Kreuzfahrer, indirekt vom Papst angeführt, bot das Modell einer durch die Reform gereinigten Christenheit, die ihrem Heil entgegenging. Die Entwicklung des Kreuzzugs zu einer permanenten Wallfahrt kam dem jahrhundertelangen Bemühen der Kirche entgegen, die Christenheit in der Zeit zu verankern. Die eschatologischen Fristen, auch wenn sie in apokalyptischen Termini zum Ausdruck kamen, wurden zwar nicht geleugnet, aber auf eine wenn nicht ferne, so doch nicht meßbare Zukunft verschoben. Das Bemühen der Kirchenväter, von Hippolyt bis Beda, wurde auf diese Weise mit anderen Mitteln fortgesetzt. Die einzigen Fristen, die für den Menschen taugten, waren spiritueller Art: die Vergebung der Sünden zu erlangen. Aus diesem Grunde war, vor allem seit Beda Venerabilis, die Idee des Fegefeuers oder Purgatoriums, auch wenn sie in anderen Worten zum Ausdruck kam, weiterentwickelt worden. Die Toten brauchten nicht mehr in einem undefinierbaren Zustand auf das Ende der Zeiten zu warten, um Lohn oder Strafe zu erhalten. Jetzt vollzog sich die Reinigung schon in der Zeit und erlaubte es, die auf dieser Erde unvollständig eingeleitete Reinigung fortzusetzen oder zu beginnen. Damit rückten das Heil des einzelnen Menschen wie auch sein Leben in der Zeit in den Vordergrund. Das Scheitern der eschatologischen Seite des Kreuzzugs hatte auch zur Folge, die Frömmigkeit in diese Richtung zu lenken.

Doch die folgenden Kreuzzüge bewahrten bestimmte Elemente des ursprünglichen Denkens. Die Armen waren in den Heeren Konrads II. und Ludwig VII. zwar noch präsent, aber sie behinderten den Zug nur noch und wurden schließlich unterwegs zurückgelassen. Die messianische und chiliastische Dimension des Kreuzzugs sollte sich nur im Kinderkreuzzug von 1212 und in den Kreuzzügen der Pastorellen von 1251 und 1320 wiederfinden, zu einer Zeit, da Jerusalem seit langem verlorengegangen war. In der Predigt zu den Expeditionen des 12. und 13. Jahrhunderts herrschte der Sühnegedanke vor, den man im Laufe des ersten Kreuzzugs allmählich sich entwickeln sah. Für Bernhard von Clairvaux selbst war das Heilige Land ein gemeinsames Erbe der Christenheit, dessen Verteidigung von Ritter-Mönchen, den Templern, gewährleistet werden mußte, und der Kreuzzug mußte von Rittern unternommen werden, die ihre Sünden in einem gerechten und heiligen Krieg abbüßten. Der Tod war für sie das Äquivalent des Martyriums und wird ihnen ewigen Ruhm eintragen.

Die kaiserliche Reaktion

Die Reform und der Kreuzzug waren zwei parallellaufende Unternehmungen der Kirche. Als Werke der Reinigung zielten sie darauf ab, das Christenvolk zum Heil zu führen. Sie lassen auch zwei Arten von Konfrontationen erkennen: gegen die Kirche des Teufels, die man – entgegen der Lehre von Tyconius oder Augustinus – hienieden mehr und mehr mit der Häresie gleichsetzte, was eine Umleitung des Kreuzzugs gegen die katharische Bedrohung nach sich zog; und gegen die Heiden, die ebenfalls mit einem diabolischen Heer verglichen wurden. Ein dualistisches Denken also, das sich in zwei unterschiedlichen, am Ende jedoch sich annähernden Bereichen zeigte. Das eschatologische Modell, das damals das Denken beherrschte, überzeugte die Kirchenmänner davon, daß das Heil der

Christen über dieses Modell führe. Man mußte den Antichrist, das heißt den Teufel, aufstöbern und vernichten, damit er das notwendige Werk der reinigenden Buße nicht gefährde. Der christliche Mensch wurde mehr und mehr zum büßenden Individuum. Die Einführung der persönlichen und geheimen Beichte durch das Vierte Laterankonzil (1215) war einer der Endpunkte dieser Tendenz.

Daraus folgte, daß das individuelle und kollektive Heil der Christen nur noch Sache der Kirche war; das Reich war faktisch aus dem Spiel. Aber es war sich dessen nicht sofort und nicht gänzlich bewußt. In Zusammenhang mit diesem Thema wird vermutet, daß »die aggressiven Ideen des Reichs des 12. Jahrhunderts nicht nur eine Antwort, eine Schutzmaßnahme angesichts des wachsenden Einflusses der Kirche und des Papsttums waren, sondern auch das Zeichen einer gewissen Verwirrung«.[100] Diese Aggressivität stützte sich auf eine Ideologie, die alle Merkmale einer wahren Kaisermystik trug. Otto, Bischof von Freising und Onkel Kaiser Friedrichs I. Barbarossa (1152–1190), hat in seiner Chronik, die er 1157 seinem Neffen gegeben hatte, einige ihrer Grundzüge genannt. Ihm zufolge bestand die Geschichte in der Aufeinanderfolge von vier Reichen, deren letztes, das Römische Reich, bis in seine Zeit reichte. Friedrich war also ebensosehr Nachfolger von Augustus wie von Karl dem Großen. Dieses Reich war berufen, dem himmlischen Jerusalem den Weg zu ebnen. Es war Teil des Gottesstaats, der Kirche, in der der Papst lediglich das geistige Schwert führte, mit den ihm eigenen Vorrechten, während das weltliche Schwert einzig dem Kaiser gehörte. Dieser unterstand also nicht dem Papst: Bekanntlich führte Konrad III. den Kaisertitel, ohne in Rom gekrönt worden zu sein, und auch Friedrich trug ihn schon vor seiner Salbung durch den Papst im Jahre 1155. Ab 1157 tauchte außerdem zum erstenmal die Bezeichnung »Heiliges Reich« auf, und 1165 wurde mit der Heiligsprechung Karls des Großen das ganze Erbe des Frankenreichs in aller Deutlichkeit beansprucht. Das alles erklärt den kaiserlichen Willen, die universelle Berufung des Reichs zu erfüllen, dessen letztes Ende nur eschatologischer Natur sein konnte.

Diese eschatologische Natur wird sehr gut im Ludus de Antichristo veranschaulicht, der um 1160–62 in der Abtei Tegernsee geschrieben wurde.[101] Dieses liturgische Spiel setzte den eschatologischen Mythos nach Adsos Vorgaben in Szene, wobei es diese jedoch modifizierte und aktualisierte. Die Szene spielt in Jerusalem vor dem Tempel. Sieben Throne werden aufgestellt, nach drei Himmelsrichtungen verteilt. Die Protagonisten treten nacheinander auf. Zuerst das Heidentum und der König von Babylon, die sich den Sitz im Süden teilen; dann kommt die Synagoge mit den Juden, in Gestalt eines Spielers, und geht nach Osten vor den Tempel. Danach tritt die Christenheit auf, als Frau gekleidet, jedoch mit einem Harnisch angetan; sie wird von den allegorischen Figuren Misericordia und Justitia unterstützt; es folgen der Papst und der Kaiser der Römer jeweils zu ihrer Rechten und zu ihrer Linken; alle thronen gemeinsam im Westen. Der französische König kommt nach ihnen und begibt sich auf dieselbe Seite. Der griechische König (der Kaiser von Konstantinopel) läßt sich im Süden nieder, der König von Jerusalem im Osten vor dem Tempel, wo sich bereits das Judentum befindet. Ein Thron im Westen bleibt leer. Die Hauptperson des ersten Teils des Spiels ist der römische Kaiser, der zu jedem König Gesandte schickt, um sie zur Unterwerfung aufzufordern. Der französische König lehnt ab, aber er wird geschlagen, gefangengenommen und muß dem Kaiser zu Diensten stehen. Der griechische König und der König von Jerusalem dagegen akzeptieren kampflos. Der König von Babylon, der auszieht, um Jerusalem zu belagern, wird vom Kaiser mit Hilfe eines Engels in die Flucht geschlagen. Danach betritt der Kaiser zusammen mit der Christenheit den Tempel und legt dort Krone und Zepter nieder. Nach seiner Abdankung kehrt er zu dem leeren Thron im Westen zurück, den er nunmehr als deutscher König besetzt; die Christenheit bleibt im Tempel. Der zweite Teil des Spiels stellt den Antichrist in den Vordergrund. Bevor er kommt, treten die Heuchler auf und buhlen um die Gunst der Laien und besonders des Königs von Jerusalem. Dann hält der Antichrist seinen Einzug mit den Personifikationen der Heuchelei zu seiner Rechten und der Ketzerei zur Linken. Der König von Jerusalem wird abgesetzt, der Antichrist gekrönt und sein Obergewand ausgezogen, so daß ein Brustpanzer und ein Schwert erscheinen. Der König von Jerusalem flieht zum deutschen König. Inzwischen vertreibt der Antichrist die Christenheit aus dem Tempel und läßt sich auf dem Thron nieder, während die Christenheit zum Thron des Papstes zurückweicht. Alle

Herrscher werden nun von den Gesandten des Antichrist aufgesucht. Der eingeschüchterte griechische König bietet ihm seine Krone an; der französische König tut, nachdem er Geschenke erhalten hat, das gleiche. Der deutsche König schlägt zuerst die Überbringer von Geschenken in die Flucht, dann die anderen ehemaligen Könige, die zusammen mit dem Heer des Antichrist kämpfen. Dieser jedoch heilt einen Lahmen, dann einen Aussätzigen und schickt sich schließlich an, einen Krieger aufzuerwecken, der sich tot stellt. Überzeugt unterwirft sich nun auch der deutsche König. Der König von Babylon wird im Kampf besiegt und übergibt ebenfalls seine Krone dem Antichrist. Nun erkennt das Judentum ihn als den Messias an. Aber es treten Elias und Henoch auf und bekehren die Synagoge, indem sie ihr die Binde abnehmen, die sie über dem Gesicht trug. Als dies der Antichrist erfährt, läßt er die beiden Propheten und die Juden töten. Er ruft die anderen Könige zusammen, doch alsbald läßt sich ein Donner vernehmen, der Antichrist stürzt nieder, während seine Anhänger die Flucht ergreifen. Dann kehren alle zur Christenheit zurück, um in den allgemeinen Lobpreis Gottes einzustimmen.

Das Antichristspiel von Tegernsee wurde nach dem Schema Adsos von Montier-en-Der verfaßt, jedoch mit einigen Abänderungen. Der Westkaiser spielt hier eine beherrschende Rolle, und bevor er seine Insignien niederlegt, unterwirft er die anderen Könige, einschließlich derer von Konstantinopel und Jerusalem, wobei dem französischen König, der widerspenstiger ist, eine besondere Behandlung zuteil wird. Von ihm heißt es: »Wie der Chronisten Schrift uns überall berichtet, war Rom die ganze Welt einst zu Tribut verpflichtet. Die Rührigkeit der Väter hatte das gewonnen, den Söhnen aber ist durch Trägheit es zerronnen. Bei ihnen ist die Macht des Reichs zugrundgegangen, die unsre Majestät sucht wiederzuerlangen. Was jeder König einst gekannt an Steuerpflichten, die Gelder soll er jetzt dem Römerreich entrichten. Weil die Franzosen stets im Kriegsdienst stark erschienen, drum soll ihr König jetzt dem Reich mit Waffen dienen. Daß er den Lehnsdienst und den Eid in nächsten Tagen uns leiste, dies Gebot habt ihr ihm aufzutragen.«[102] Der Kaiser der Endzeit ist also der direkte Nachfolger des römischen Kaisers, dessen universellen Auftrag er erbt.

Die Versammlung der Christenheit vor der Ankunft des Antichrist wird mit der Unterwerfung aller Könige identifiziert, einschließlich des Kaisers von Konstantinopel, der immer nur der griechische König genannt wird. Der Papst ist zwar anwesend, aber er hat eine rein statische und stumme Rolle: In keinem Augenblick verkörpert er die Christenheit, wie der deutsche König das Reich verkörpert, er ist nicht einmal ihr Wortführer, da sie für sich selbst spricht. Diese Vormachtstellung des Reichs zeigt sich auch am Widerstand gegen den Antichrist: Der Kaiser gibt erst angesichts der Wunder nach, während sich die anderen Könige einschüchtern oder korrumpieren lassen. Man kann auch auf die Abwesenheit der kleinen Zahl der Gerechten um Elias und Henoch hinweisen, die mit ihnen gemartert werden sollen. Die Rolle der beiden Propheten scheint sich auf die Bekehrung der Juden zu beschränken. Diese Abänderung des Szenariums ist mit dem Schluß des Spiels in Beziehung zu setzen. Sobald der Antichrist niedergeschlagen ist, versammeln sich alle Könige und ihr Gefolge von neuem um die Christenheit, als würde ihnen sofort Vergebung für ihre Abtrünnigkeit gewährt. Dieser besondere Ausgang scheint gewissermaßen die Abwesenheit der Auserwählten wettzumachen. Wenn das Reich nach der Abdankung seines Titelträgers nicht mehr existiert, so ist das Gegenstück dazu das Zurücktreten des Papsttums. Allein um die Christenheit scharen sich alle Getreuen. In der Erwartung des Jüngsten Gerichts ist die Funktion des einen wie des anderen Schwerts erloschen: die des zeitlichen Schwerts bei der Abdankung; die des geistigen Schwerts wahrscheinlich schon vor Beginn der Handlung, der päpstlichen Untätigkeit während des ganzen Spiels nach zu schließen. Allein das Reich hat den letzten Akt dem Antichrist gegenüber gespielt. Es hat die Christenheit mit Gewalt versammelt und damit *in extremis* die Weltherrschaft verwirklicht, worin im wesentlichen ihre Berufung besteht. Wenn die Propheten sich auf die Bekehrung der Juden beschränken, so deshalb, weil zwischen dem Papsttum und dem Reich kein Platz für eine dritte Kraft in der Christenheit ist. Der Kaiser ist der einzige Gesprächspartner, der die Christenheit dem Antichrist gegenüber repräsentiert. Unter diesen Bedingungen hat die Erprobung des Glaubens durch den Antichrist den Fall der gesamten Christenheit verursacht. Aber zum Ausgleich hat sich die gesamte Christenheit erneut versammelt, diesmal im Schoß der Weltkirche und im Glauben.

Als Friedrich Barbarossa am 27. März 1188 vor seinem Aufbruch zum Kreuzzug in Mainz den »Hof Christi« oder »Hof Gottes« versammelte, wie die Chronisten es nennen, stand ihm wahrscheinlich der Gedanke an eine besondere Auserwählung des Reichs im Hinblick auf die Endzeit vor Augen.[103] Dies war – als Reaktion auf den Fall Jerusalems – eine neuartige eschatologische Dimension des Kreuzzuggedankens. Der Kaiser wußte auch, daß Philipp August und Richard Löwenherz im Heiligen Land zu ihm stoßen sollten, wo sich bereits der König von Jerusalem, Guido von Lusignan, befand. Die Bühne des Antichristspiels war fast komplett. Dieser Kreuzzug Friedrich Barbarossas war die einzige kaiserliche Alternative zum ersten Kreuzzug, die bewußt ins Werk gesetzt wurde. Es war das einzige Mal, daß der Kaiser offen die messianische Berufung auf sich nahm, die bislang den prophetischen Anführern vorbehalten war. Er nahm denselben Weg, den früher der Legende zufolge der »heilige Karl der Große« gegangen war; er beschränkte seine Truppe auf die kriegsgewohnten Ritter; damit vereinigte er das gesamte sakrale Potential der Expedition auf seine Person. So war es unvermeidlich, daß sich, als er am 10. Juni 1190 im Saleph ertrank, sein Heer auflöste.

Aber Philipp August und Richard Löwenherz waren in Sizilien zurückgeblieben, und wenige Monate nach dem Tod Friedrich Barbarossas, etwa im Februar 1191, traf der König von England in Messina den Abt Joachim von Fiore. Dieser trug ihm zu seiner großen Überraschung eine andere Version des eschatologischen Mythos vor. Friedrichs Kreuzzug war doppelt veraltet. Das eschatologische Modell, dem er gefolgt war, verlor einen Teil seiner Substanz, und das Kräfteverhältnis gereichte den Türken in Palästina zum Vorteil. Die Folge davon war, daß sich die Tendenz zur Verinnerlichung und Spiritualisierung des Kreuzzugs immer mehr verstärkte und daß sowohl die Auserwählung der Armen wie die des Kaisers in den Bereich des Mythos rückten. Im Jahre 1188–89 verwarf Peter von Blois in seinem Traktat, der zur Wallfahrt nach Jerusalem ermutigen sollte[104], den Kreuzzug der Reichen und erwartete die Befreiung Jerusalems von einem Massenaufgebot der Armen. Fulko von Neuilly, Pfarrer einer Landgemeinde der Diozöse von Paris, wurde 1198 von Innozenz III. mit der Kreuzzugspredigt beauftragt. Auch er betonte die besondere Auserwählung der Armen für dieses Unternehmen. Die Vorbereitung zu diesem vierten Kreuzzug fand sogar erneut einen eschatologischen Hintergrund, da man nach dem Zeugnis von Rigord, dem Biographen von Philipp August, und Roger von Hoveden, einem englischen Chronisten jener Zeit, in den Jahren 1197 und 1201 glaubte, der Antichrist sei bereits geboren. Die Umleitung der Expedition nach Konstantinopel im Jahre 1203 und die Eroberung der Stadt im Jahre 1204 tat der Begeisterung keinen Abbruch. Davon zeugen die Kinderkreuzzüge von 1212, die Predigt und der Erfolg von Robert de Courson im Jahre 1213, die des Scholarchen und späteren Bischofs Olivier von Paderborn im Jahre 1214; später der Kreuzzug der Pastorellen im Jahre 1251. Das ganze 13. Jahrhundert geriet beim Aufruf zum Kreuzzug noch in Begeisterung. Doch gleichzeitig kam es zu Umlenkungen des Kreuzzugs: Nach der Einnahme von Konstantinopel erfolgte die Wendung gegen die Albigenser. Außerdem hatte sich ein besonderes Steuersystem zur Finanzierung der Kriegszüge entwickelt und rief Kritik hervor. Schließlich wurde die Legitimität des Kreuzzugs selbst allmählich in Frage gestellt. Es hatte nämlich den Anschein, als würden dessen treibende Momente, die Auserwählung der Armen und die Eschatologie, auf andere Ziele gelenkt, als hätten sie andere Ventile gefunden und als blickte man nicht mehr nach Osten, sondern zum Herzen der Christenheit selbst, nach Westen.

Die Aktualisierung des apokalyptischen Denkens

Schon die Kirchenreform und der Kreuzzug hatten eine Aktualisierung des eschatologischen Mythos zur Folge. Der Einzug in Jerusalem war das Ziel gewesen und blieb es zweifellos auch jetzt noch, denn das Ausbleiben der Endzeit konnte der unzulänglichen Reinheit des Christenvolks angelastet werden. Das Stadium der Kindheit, in dem sich das Christentum noch befand, und eine immer intensiver gelebte Armut konnten jedoch, so dachte man, der Christenheit noch immer die Mittel ihrer kollektiven Erlösung an die Hand geben. In diesem Ziel blieben also Reform und Kreuzzug miteinander verbunden. Doch die Absichten der Reform erweiterten sich fortwährend. Nicht nur die Häresie mußte bekämpft werden – womit der Kreuzzug sich nach innen wendete –, sondern auch das verborgene Übel, die Kirche des Teufels, denn sie konnte sogar das Oberhaupt der Christenheit anstecken. Seit dem Ende des 12. Jahrhunderts griffen diese neuen Auffassungen verstärkt um sich. Joachim von Fiore und Franz von Assisi veränderten jeweils auf ihre Weise die Buße. Außerdem hatten sich seit Abälard die Sühnegedanken weiterentwickelt. Adsos Schema wurde davon zwar nicht wirklich berührt, aber der Gegenwart angeglichen, wodurch es eine sehr viel größere Kraft entfaltete. Das sollte unter anderem eine gefährliche Annäherung von Reformgeist und Häresie zur Folge haben.

Der Abt Joachim

Im Winter 1190/91 begegnete Richard Löwenherz in Messina dem Abt Joachim.[105] Den Hergang dieses Treffens kennen wir aus dem 1192 geschriebenen Bericht von Roger von Hoveden, einem englischen Geistlichen, der den König von England auf dem dritten Kreuzzug begleitete.[106] Zu dieser Zeit hatte Joachim, um 1135 geboren, bereits das Kloster von Fiore gegründet, aber Roger bezeichnet ihn noch mit dem Titel Abt von Corazzo, einem Zisterzienserkloster in Kalabrien; er stellte ihn auch und vor allem als Propheten dar: »Er besaß den Geist der Prophetie und sagte dem Volk die Zukunft voraus.«[107] König Richard sei gekommen, ihn um Rat zu fragen, und habe ihm gern zugehört, als wenn er die Offenbarung des Johannes kommentierte. Roger gab Joachims Deutung der sechs ersten Verse des zwölften Kapitels der Johannesapokalypse wieder. Sein Ausgangspunkt schloß an Beda Venerabilis an. Er verglich die schwangere Frau mit der Kirche, die Sonne mit Christus, den Mond mit der Welt, die es zu zertreten gelte, und die zwölf Sterne mit den Aposteln. In Zusammenhang mit dem Kind, das die Frau zur Welt brachte (Offenb. 12, 4), sprach er nicht von Christus, den die Kirche immerfort gebiert, sondern lieber von den neuen Getreuen, die sie ständig hervorbringt. Der Drache war natürlich der Dämon. Und den sieben Köpfen des Drachens maß er eine symbolische Bedeutung bei, da die Ziffer sieben einer unendlichen Zahl entspreche. Die Köpfe von »unendlicher Zahl« stellten daher die zahllosen Verfolger der Kirche dar. Dennoch unterschied Joachim sieben Hauptverfolger: Herodes, Nero, Constantius, Mohammed, Melsemutus, Saladin und den Antichrist. Nach der Apokalypse (17, 10) seien fünf Könige »bereits gefallen, einer ist jetzt da, einer ist noch nicht gekommen«.[108] Derjenige, der »jetzt da ist«, war Saladin, der die Kirche unterdrücke und Jerusalem besetzt halte, derjenige, der »noch nicht gekommen ist«, war natürlich der Antichrist. Aber »er selbst (Saladin) wird binnen kurzem das Königreich Jerusalem verlieren und getötet werden«. Joachim erklärte dem König, daß ihm die Aufgabe zufalle, diese Prophezeiungen zu erfüllen. Doch in einem zweiten Bericht, nach dem dritten Kreuzzug verfaßt, schwächte Roger die Bedeutung der Prophezeiung ab, die augenscheinlich nicht in Erfüllung gegangen war. Was schließlich den Antichrist betrifft, so behauptete Joachim, er sei bereits geboren. Auf die Fragen des Königs fügte er sogar hinzu, er sei in Rom geboren worden und werde das apostolische Amt erhalten, das heißt die Papstwürde. Richard rief aus, er kenne seinen Namen, es handele sich um Papst Clemens, der damals herrschte (Clemens III., 1187–1191). Anschließend zeigte er jedoch Verwunderung über Joachims Deutung und hielt ihm die landläufige Meinung entgegen, die Adsos Traktat entsprach.

Dieser Einwand des Königs deckte die erste Besonderheit von Joachims Entwurf auf: die Verlegung des Lebens des Antichrist von Jerusalem nach Rom. Nicht nur wurde der Mittelpunkt des Interesses der heiligen Geschichte nach Westen verschoben, sie wurde auch aktualisiert, da der Antichrist laut Joachim bereits geboren war. König Richards Verwunderung war also gewiß nicht gespielt, denn es handelte sich um eine Umkehrung der gesamten eschatologischen Tradition. Auch die Annahme, daß der Antichrist Papst werden würde, ergab sich aus dieser Verlagerung: Statt des Tempels von Jerusalem würde Rom, der Lateran und der Vatikan, der Sitz seiner Macht sein. Damit dachte Joachim auch die Herrschaft des Teufels über die Kirche konsequent zu Ende, indem dieser den Platz des Papstes einnehmen sollte. Adsos Schema war jedoch keineswegs außer Kraft gesetzt: Während es sich ursprünglich auf eine ferne Gegend und eine unbestimmte Zeit bezog, wurde es nun, da zeitlich und räumlich nahe gerückt, auf einmal bedrohlich. Alle Bemühungen der Kirchenmänner seit Hippolyt, das Ende möglichst weit hinauszuschieben, waren damit zunichte. Zumal Joachim in seinen Werken, trotz einigen Zögerns, schließlich das Jahr 1260 als das Jahr des Endes bezeichnete, wenn nicht des Endes der Welt an sich, so zumindest einer Welt oder eines Zeitalters.

Denn die Zeit der Kirche – und dies ist der bekannteste Aspekt seines Werks – war lediglich die zweite in einer dreifachen Aufeinanderfolge. In der Geschichte des Heils unterschied Joachim drei Zeitalter, die jeweils im Zeichen einer Person der Dreifaltigkeit standen. Das Zeitalter des Vaters entsprach dem Alten Testament, das des Sohns der mit dem Neuen Testament eingeleiteten Ära. Joachim sah die Ankunft eines dritten Zeitalters unter der Ägide des Heiligen Geistes voraus, das im Jahre 1260 anbrechen sollte. Was die beiden ersten Zeitalter betrifft, so beschränkte sich Joachims Intuition nicht auf die traditionelle Auffassung von Tyconius, die das Alte Testament als Vorform des Neuen Testaments verstand. Er dehnte seinen Blick auf die Gesamtheit der Geschichte aus. Deshalb setzte er sieben Perioden des Alten Testaments mit sieben anderen Perioden in der Geschichte der Kirche in Beziehung. Auf diese Weise ging er von einer exegetischen Theorie zu einer wahren Theologie der Geschichte über. Zum Beispiel brachte er die sieben Verfolgungen, die er König Richard darlegte, mit sieben Kriegen in Übereinstimmung, die das jüdische Volk zu bestehen hatte. Diese beiden parallellaufenden Konfliktreihen markierten jedesmal das Ende einer Periode, die von einer Person oder einem historischen Ereignis eingeleitet worden war: Jakob, Josua, David, Elias, Hiskia wie die Babylonische Gefangenschaft und Maleachi entsprachen Zacharias, dem Evangelisten Johannes, Konstantin, Justinian, Karl dem Großen, der gegenwärtigen Zeit und dem Antichrist. Jede dieser Perioden entsprach auch der Öffnung eines der sieben Siegel der Apokalypse, des letzten Buchs des Kanons der Heiligen Schriften, demjenigen, das Joachim zufolge alle anderen rekapitulierte und den Schlüssel zur gesamten Heilsgeschichte enthielt. Joachims Vision war also ebensosehr historisch wie exegetisch angelegt. Darin unterschied sie sich von den früheren Versuchen, die Geschichte der Kirche zu unterteilen.[109] So hatte etwa Bernhard von Clairvaux das Thema der Verfolgungen vorgebracht und unterschied deren vier: die Verfolgung der Heiden, der Häretiker, der Heuchler und des Antichrist. Aber sein Schema berief sich kaum auf die historische Aktualität und hatte einen nahezu zeitlosen Charakter. Anselm von Havelberg († 1158) hatte Bernhards System mit der Öffnung der sieben Siegel verknüpft und unterschied sechs Perioden in der Zeit der Kirche: die der Wunder, die der Heidenverfolgungen, die der Kämpfe gegen die Häresien und der gegen die Heuchler (die der Gegenwart entsprach) sowie eine der Ankunft des Antichrist vorausgehende Periode des Wartens, welche die letzte Verfolgung vor der Ruhe auslösen werde, die dem siebten Siegel entspreche. Diese Systeme zeugen von dem Wunsch, eine historische Dimension in den Ablauf der Zeit der Kirche einzuführen, die, vor allem seit Augustinus, als das sechste und letzte Zeitalter der gesamten Heilsgeschichte vor dem Jüngsten Gericht angesehen wurde. Doch Joachim band die Kirche noch stärker in die Zeit der allgemeinen Geschichte ein, indem er das alte und das neue Volk Gottes miteinander in Verbindung brachte. Auch in der Aktualisierung ging er weiter, als er die Muslime mit Meselmutus (den Muslimen des Maghreb) und Saladin in das Schema einführte und eine relativ nahe Frist bestimmte.

Das dritte Zeitalter, das sich bereits ankündigte, sollte also im Zeichen des Heiligen Geistes stehen. Um zu begreifen, wie es sein würde, mußte man es in der Perspektive der beiden anderen sehen: »Der erste der drei Zustände [...] spielte sich zur Zeit des Gesetzes ab, als das damals noch kleine Volk des Herrn den Zwängen dieser Welt unterworfen blieb, ohne zur Freiheit des Geistes gelangen zu können, solange der nicht gekommen war, der sagt: Wenn euch der Sohn befreit, dann seid ihr wirklich frei (Joh. 8,36). Der zweite Zustand erschien unter der Ordnung der Kirche und dauert bis heute an, in der Freiheit gegenüber der Zukunft. Denn der Apostel sagt: Denn Stückwerk ist unser Erkennen, Stückwerk unser prophetisches Reden; wenn aber die Zeit der Vollendung kommt, vergeht alles Stückwerk (1. Kor. 13, 9–20). Und an anderer Stelle: Der Herr aber ist der Geist, und wo der Geist des Herrn wirkt, da ist Freiheit (2. Kor. 3,17). Der dritte Zustand wird also am Ende der Welt kommen, nicht mehr unter dem Schleier des Buchstabens verborgen, sondern in der völligen Freiheit des Geistes. Wenn das falsche Evangelium des Sohns des Verderbens und seiner Propheten beseitigt und zerstört sein wird, dann werden diejenigen, die sich zur Gerechtigkeit heranbilden, strahlen wie der Himmel und immer und ewig wie die Sterne leuchten (Daniel 12,3).«[109a] Der Übergang von einem Zustand zum andern ist also mit dem Übergang vom Gesetz zum Evangelium und von diesem zur »völligen Freiheit des Geistes« verbunden. Es handelt sich nicht nur um ein Fortschreiten vom Buchstaben (dem Gesetz) zum Geist (dem Evangelium), sondern um den Zugang zu einer höheren Form sowohl der Erkenntnis wie des Lebens. Diese letzte Etappe sollte nach der Beseitigung des »Sohns des Verderbens und seiner Propheten« erreicht sein. Für Joachim war dies der Antichrist, das heißt der Teufel. Was vor dem dritten Zustand zerstört werde, sei die Kirche des Teufels mit ihren Propheten und ihrem falschen Evangelium. Dieses dritte Zeitalter werde dann das Zeitalter einer höheren Form des Mönchtums sein, angekündigt durch einen neuen Elias, der bald kommen werde, und vorgeformt durch den heiligen Benedikt.

Denn diese drei Zeitalter wechseln einander nicht jäh ab, sie überschneiden sich. So wie der heilige Benedikt die Vorboten des dritten Zeitalters einleitet, so ist Usija das erste Zeichen für die Ankunft des zweiten gewesen. Jedem Wechsel des Zeitalters ist eine lange Periode des Werdens vorausgegangen. Joachim zählt 42 Generationen für die beiden ersten Zeitalter, nimmt jedoch jedesmal eine Dauer von 21 Generationen an, in deren Verlauf das folgende Zeitalter allmählich Gestalt annimmt. In jedem der sieben Zeitabschnitte eines jeden Zeitalters begegnet man einer ähnlichen Struktur: Immer geht einer Periode des Keimens eine Periode der Befruchtung voraus. So gelangt man zu einem Fortschreiten in Form einer Aufeinanderfolge von Ebenen, denen Anstiege vorausgehen. Doch was derart fortschreitet, ist nicht eigentlich eine Geschichte in dem Sinn, wie wir sie heute verstehen. Man sieht bei Joachim zwar eine Institution, die Kirche, auf eine andere folgen, die Synagoge; aber das Endergebnis ist eher das Fehlen einer Institution als eine vollkommenere Institution. In Wirklichkeit sah Joachim den Fortschritt einer Offenbarung und einer Erkenntnisweise, vorausgesetzt, man versteht das Wort Fortschritt nicht im heutigen Sinn. Zum Verständnis genügt es, Joachims Beschreibung der Menschheit des dritten Zeitalters zu betrachten: »Das künftige Jahrhundert, das nach der Auferstehung kommen wird, muß dem Heiligen Geist zufallen, weil dann nicht allein die Seelen, die von Natur aus die feinsten Geschöpfe sind, sondern auch unsere Leiber geistig werden und die Tempel des Geistes sind; und wenn alle Fäulnis des Fleisches aufgelöst ist, wird allein der Geist in uns herrschen.«[110] Wie ist es vorstellbar, daß Leiber geistig werden, wenn nicht durch eine Art qualitativen Sprung, den das göttliche Handeln bewirkt? Keine der Menschheit innewohnende Entwicklung also wird diese Wirkung erzielen, sondern eine äußere Ursache. Die Leiber werden geistig werden, wenn »alle Fäulnis des Fleisches aufgelöst ist«.

Äußerlich sollte dies nach einer doppelten Verfolgung geschehen, »von der die eine ganz nahe ist und die andere, wenn die Zeit gekommen ist, unverzüglich folgen wird«.[111] Joachim meinte, daß zu der Zeit, in der er lebte, die Öffnung des siebten Siegels »vor kurzem eingeleitet« worden sei, und er beschrieb deren Ablauf wie folgt: »So wie zur Zeit des sechsten Siegels das alte Babylon zerstört wurde, so wird jetzt das neue zerstört werden, und wie damals die Assyrer und die Makedonier die Juden zermalmten, so werden es jetzt die Sarazenen tun, und nach ihnen müssen die falschen Propheten kommen: sie werden viel Unheil auf der Erde anrichten, und seit dem Anfang war keine Drangsal dieser gleich.«[112] Nach dieser doppelten Drangsal werde der siebte König erscheinen, derjenige, der »noch kommen wird« (Offenb. 17,10), oder der siebte Antichrist nach Herodes, Nero, Constantius, Mohammed, Heinrich IV. (oder Meselmutus) und Saladin. Zur Beschreibung dieses Antichrist ließ sich Joachim von dem Porträt inspirieren, das Adso gezeichnet hatte. Durch ihn handele der Teufel und, wie es scheint, sogar ganz offen: »Da jedoch der Herr in der Glorie seines Vaters kommen muß und alle seine Heiligen mit ihm, wird auch der Teufel zu den Völkern kommen, die in allen vier Enden der Erde leben, und er wird plötzlich mit ihnen erscheinen, gleichsam um die Welt zu richten, damit er sich als denjenigen ausgeben kann, der kommen muß, um die Lebendigen und die Toten und das Jahrhundert durch das Feuer zu richten.«[113] Es sieht so aus, als unterscheide Joachim hier die Aktion des Antichrist von der des Teufels in Person. Aber in seiner Apokalypsenauslegung vergleicht er, anläßlich der beiden Tiere, von dem das eine aus dem Meer und das andere aus der Erde aufsteigt, ersteres mit einem allmächtigen Herrscher ähnlich Nero und das zweite mit einem universellen Pontifex, der Simon den Magier (Apg. 8,10) wieder aufleben läßt und den Titel des Antichrist übernimmt. Es ist daher wahrscheinlich, daß Joachim in der Person des letzteren unschlüssig war, sich dann aber dafür entschieden hat, wenn nicht seine Person, so doch seine Handlung in Form des Duos Nero-Simon zu verdoppeln, eines Herrschers und eines Papst-Antichrist. Doch schloß er, wie wir sahen, selbst eine Aktion Satans nicht aus. Im übrigen ist anzumerken, daß er nie von einem Endkaiser sprach und die beiden Zeugen nicht mit Elias und Henoch gleichsetzte, sondern mit den Symbolen zweier spiritueller religiöser Orden, die er für berufen hielt, gegen den Antichrist zu predigen und zu kämpfen.

Es ist schwierig, genau zu wissen, wie der Übergang vom zweiten zum dritten Zeitalter vor sich gehen sollte, aber es steht fest, daß die Zunahme der Drangsal eine Rolle im Reinigungsprozeß spielen mußte, der mit der Auflösung »aller Fäulnis des Fleisches« endete. Die Beibehaltung des Antichrist und der Platz von Elias und Henoch, der von den beiden neuen spirituellen Orden eingenommen werde, zeigen, daß Adsos Szenarium nicht grundlegend verändert worden ist. Der Prozeß der Vergeistigung der Körper und Seelen erneuerte lediglich den Mythos vom Rest der Auserwählten. Neu war die Tatsache, daß diese »Geist-Menschen« während der Dauer des dritten Zeitalters als eine Art kontemplativer Orden weiterleben sollten. Anzumerken ist auch, daß Joachim das Thema des Martyriums nicht herausstrich, wahrscheinlich weil an seine Stelle der Prozeß der Vergeistigung der Menschheit getreten war. Man hat darauf hingewiesen, daß dieses dritte Zeitalter durchaus eine Ausdehnung der vierzig oder fünfundvierzig Tage sein könnte, die etwa bei Adso den Tod des Antichrist vom Jüngsten Gericht trennten. Dies ist sehr wahrscheinlich und erlaubt zweifellos die Annahme, daß Joachim letztlich das ursprüngliche Eschatologiekonzept nicht beseitigt hat. Er hat es verändert und nach oben verschoben, indem er es lediglich zum Ende eines zweiten Zeitalters der Menschheit machte. Man kann noch hinzufügen, daß die vergeistigten Körper und Seelen, aus denen die Menschheit des dritten Zeitalters besteht, ein Zwischenstadium zwischen der derzeitigen Menschheit und den ruhmreichen Leibern nach der endgültigen Auferstehung bilden. Und man darf sich fragen, ob dies für Joachim nicht eine Umwandlung der gesamten Schöpfung voraussetzte, insofern »Geist-Menschen«, die von der »Fäulnis des Fleisches« befreit sind, nur auf einer Erde leben könnten, die wieder zu einem irdischen Paradies ähnlich dem der Schöpfungsgeschichte geworden ist. Der Mythos vom dritten Zeitalter scheint auch eine Rückkehr zu den Ursprüngen zu markieren, was erklärt, warum es an der Basis des joachimitischen Systems kein wirkliches Fortschrittsdenken gibt.

Aber die Vision einer von neuem versöhnten Welt paßte sehr gut zu den Reformbestrebungen und zum Ideal der Rückkehr zum apostolischen Leben. Das Leben Christi und der Apostel nachahmen hieß auch, innerhalb und sogar außerhalb des Klosters, in den ersten Gruppen der Waldenser oder der Humiliaten, eine ideale Gesellschaft neu zu erschaffen. Das Streben der Kirche nach innerer

Reinigung, das sich um den Kampf gegen die Laienwelt kristallisierte, entsprach auch der Suche nach einer spirituellen, vom Fleisch und von der Materie losgelösten Geist-Kirche. Die Ablehnung gerade dieser vorgeblich »fleischlichen« Kirche durch die Häretiker verlieh auch im Innern der Kirche dem Ideal einer Geist-Kirche noch mehr Gewicht. Denn wie stand es in der Geist-Kirche des dritten Zeitalters um die Sakramente, insbesondere um die Buße? Wie stand es um die Institutionen? In gewisser Weise wurde das, was die Kirche bis dahin ins Jenseits zu verlegen pflegte, von Joachim in ein intermediäres Jenseits verschoben. Was in den Klöstern und in den Gemeinschaften glaubenseifriger Laien ausprobiert wurde, wurde auf die ganze Menschheit ausgedehnt, als ein in relativ naher Zukunft erreichbares Ziel. Das alles bot auch die Möglichkeit, die Hypothek des Dualismus endgültig aufzuheben. Der Sieg über den Antichrist führte zur Beseitigung der Kirche des Teufels, zur Heilung der der Christenheit innewohnenden Krankheit. Wir wollen nicht behaupten, daß sich Joachim dieses Ergebnisses seines Systems bewußt war, aber er war ein Mann seiner Zeit und suchte einen Ausweg gemäß dem, was sein Glaube ihm vorzugeben schien. Die Weltflucht und Verachtung des Materiellen, diese Obsessionen der Menschen seiner Epoche, zwangen ihn, das Heil in einem Jenseits zu suchen. Dennoch wollte er wohl kaum die ganze Schöpfung verdammen – auch darin war er ein Mann seiner Zeit, der Renaissance des 12. Jahrhunderts – und bewunderte das Werk Gottes; wie seine Zeitgenossen hielt ihn der Schöpfungsbericht von jeder Form von Manichäismus katharischer Prägung fern. Seine Konzeption eines dritten Zeitalters erlaubte es im Grunde, die Schöpfung und gleichzeitig das Geschöpf zu retten, zum Preis einer Rückkehr zu den paradiesischen Ursprüngen.

Bleibt noch der seltsame Weg, der ihn dorthin führte, und die Geschichtsauffassung, die er impliziert. Betrachtet man die Bilder im »Liber figurarum«, die Joachim zweifellos selbst angefertigt hat oder hat anfertigen lassen[114], so fällt, neben Formen von Bäumen oder parallelen Reihen, die Bedeutung auf, die das Bild des Rades oder des Kreises hatte. Wie wir sahen, kann die christliche Geschichtsauffassung nur linear sein, da die Geschichte des Heils von der Offenbarung ausgeht, um mit der Fülle der Endzeit zu enden.

Man weiß jedoch, daß die meisten antiken Vorstellungen wie auch die der nichtwestlichen Kulturen zyklisch waren. Auf den ersten Blick implizieren Joachims Kreise nichts dergleichen. Denn die Aufeinanderfolge dreier Zeitalter in Form dreier sich überschneidender Kreise als eine aus drei Gliedern bestehende Kette darzustellen, mag mit einer evolutiven Sicht übereinstimmen. Das Ineinandergreifen der Kreise stellt die Reifungsphasen des zweiten und dritten Zeitalters dar. In jedem der sieben Siegel – gemäß der Johannes-Apokalypse – des ersten und des zweiten muß man auch Phasen der Keimung und danach Perioden der Befruchtung berücksichtigen; das gleiche läßt sich von dem zweiten und dritten Zeitalter sagen, denen jeweils 21 Generationen der Keimung vorausgehen: von Usija zu Jesus und vom heiligen Benedikt bis zur Heraufkunft der »Geist-Menschen«. Wenn wir nun untersuchen, auf welche Weise die Zeitalter für Joachim enden, treffen wir jedesmal auf den Untergang des vorhergehenden Status: Das zweite Zeitalter vernichtet den Buchstaben des Alten Testaments und das dritte den Buchstaben des Neuen. Jedesmal wird eine Vergeistigungsstufe erklommen, jedoch zum Preis der Annullierung des vorherigen Zeitalters, während die Zeit des sechsten und siebten Siegels von höchster Drangsal gekennzeichnet ist. Jedem Zeitalter entspricht also eine Phase der Reifung, der eine Befruchtung und schließlich die Beseitigung der alten Ordnung folgt. Die Synagoge wird von der Kirche beseitigt, die wiederum durch die neuen kontemplativen Orden ersetzt wird. Jedes Zeitalter bildet ein auf den Ruinen der vorherigen errichtetes Ganzes; jedes Zeitalter hat eine zyklische Struktur, einschließlich des dritten, das am Ende der Zeiten ebenfalls beseitigt werden wird. Dasselbe läßt sich im übrigen von jedem der sieben Siegel innerhalb eines jeden der drei Zeitalter sagen, die sich ebenfalls zyklisch entwickeln. Fügt man dem hinzu, daß das dritte Zeitalter stark an eine Rückkehr zu den Ursprüngen gemahnt, so steht man vor einer großen zirkulären Entwicklung. Kurz, der Fortschritt der geistigen Erkenntnis wäre eine Wiedergewinnung des verlorenen ursprünglichen Wissens, und die scheinbar lineare Entwicklung verliefe im Grunde eben doch zyklisch.

In Zusammenhang mit Joachim ist oft von einem verlagerten oder vergeistigten Chiliasmus die Rede gewesen. Diese Behauptung verweist auf die Zweideutigkeit, die der Ausdruck »Chiliasmus« birgt. Wenn man sich auf die Montanisten oder aber, im Mittelalter, auf Tanchelm oder Eudo de la Stella bezieht, hat man es mit einem Chiliasmus zu tun, dessen Verwirklichung als unmittelbar bevorstehend aufgefaßt wurde, mit dem Erscheinen des letzten Propheten verbunden war und jeder chronologischen Spekulation entbehrte. Die Schüler dieser Propheten waren davon überzeugt, daß das paradiesische Millenium alsbald beginnen werde oder bereits begonnen habe und daß sein Erscheinen mit dem Glauben an ihre Führer zusammenhänge. Nichts von alledem ist bei Joachim anzutreffen; auch wenn er gedacht haben mag, er sei ein Prophet, wußte und sagte er, daß seine Prophetie mit seiner Unterrichtung und nicht mit seiner Person zusammenhing. Nennt man dagegen denjenigen einen Chiliasten, der über die Dauer der Welt und die Fristen vor der Endzeit spekuliert, so hat man es faktisch mit einem anderen Phänomen zu tun. Diese Art zu rechnen besteht, wie wir sahen, meist darin, die Fristen hinauszuzögern. Allenfalls kann man diese Haltung als aufgeschobenen Chiliasmus bezeichnen. Dagegen konnte es zu Augenblicken der Spannung kommen, wenn einige Leute meinten, daß ein eschatologischer Endpunkt erreicht sei. Dies war um die Wende vom 3. zum 4. Jahrhundert der Fall, zweifellos auch um das Jahr 500 sowie, für die Leser von Beatus von Liébana, beim Nahen des Jahres 800. Aber dann handelte es sich um Schrecken, die durch die Furcht vor dem Ende der Welt hervorgerufen wurden, nicht um chiliastische Bewegungen im eigentlichen Sinn. Joachim jedoch hatte ein Datum festgesetzt oder nahegelegt, das Jahr 1260, auch wenn er es zögernd und vorsichtig tat. Da er seine Prognose in den letzten Jahren des 12. Jahrhunderts äußerte, befand er sich hinsichtlich der verbleibenden Zeit auf halbem Weg zwischen dem Unmittelbaren und dem Aufgeschobenen. Bei ihm gab es sehr wohl eine chronologische Berechnung. Wahrscheinlich war ihm nicht einmal an einem möglichst weiten Aufschub des Endes gelegen, aber sein Datum war nicht nahe genug, um unmittelbare Reaktionen auszulösen. Außerdem war das, was er ankündigte, strenggenommen nicht das Ende der Zeiten, sondern das Ende einer Zeit. Sein drittes Zeitalter hatte auch nicht die schillernden Farben des traditionellen Milleniums, für das gemeine Volk wirkte es eher nüchtern. Im übrigen waren die Schriften Joachims im wesentlichen für das Papsttum und für seine Mönche bestimmt. Ihn als einen Chiliasten zu bezeichnen erscheint also ungerechtfertigt und hat außerdem den Nachteil, die Aufmerksamkeit von der wahren Bedeutung seines Werks abzulenken.

Der Joachimismus

Joachims Einfluß, mehr durch die Bücher seiner Nachahmer als seine eigenen übermittelt und damit oft entstellt, nahm im übrigen zwei Richtungen, die nur einen Teil seiner Spekulationen berücksichtigten. Die Bettelorden, im wesentlichen die Franziskaner, folgten zum Teil seinem Entwurf eines kontemplativen Ordens im Geist von Elias und Henoch. Dieselben Kreise, mit einem breiteren Publikum, betrachteten ihn auch als Propheten des Antichrist, was besonders um das Jahr 1260 eine eschatologische Spannung hervorrief. In beiden Fällen wurden dem Erbe Joachims über apokryphe Werke, mittels einer umfangreichen Weissagungsliteratur und durch persönliche Spekulationen einzelner Schriftsteller zusätzliche Elemente beigefügt. Doch was die Verbreitung der Botschaft ebenfalls erheblich förderte, war die Gründung der Bettelorden und insbesondere das Wirken des Franz von Assisi selbst.

Franziskus hat die Werke des Abts Joachim sicherlich niemals kennengelernt oder auch nur zitieren hören.[115] Die Idee, daß er selbst ein neuer Elias sein könnte, war ihm zweifellos fremd. Was den Orden betrifft, den er gründete, muß man einräumen, daß er ihm zum Teil recht früh entglitt, auch wenn er ihn nie verleugnet hat. Seine Auffassung vom vollkommenen Leben scheint zwischen dem Ideal einer Bruderschaft predigender Laien und dem Eremitismus, den er am Ende seines Lebens praktizierte, geschwankt zu haben. Dagegen war das stärkste Moment seines Denkens immer die Nachahmung Christi, und zwar des armen Christus. Die Idee selbst war nicht neu, ihre Anwendung jedoch sehr wohl. Denn die Vorstellung, daß eine Bruderschaft, und mehr noch ein Orden, vom Betteln leben könnte, indem sie sich vollständig dem Wohlwollen Gottes anheimgab, zeugte von großer Kühnheit. Zweifellos hatten schon kleine Eremitengruppen so gelebt – die ersten Gefährten von Robert von Arbrissel oder die von Norbert von Xanten –, aber kein von der Kirche anerkannter Orden hatte jemals eine solche Lebensweise propagiert.

Paradoxerweise bestand die größte Schwierigkeit darin, die Armut genau zu definieren. Alle bestehenden Orden priesen die individuelle Armut des Mönchs, aber alle räumten ein, daß kein religiöses Haus Bestand haben könne, ohne Güter zu besitzen und Einkünfte zu haben. Sehr bald bildete sich daher im Franziskanerorden eine unbeugsame Gruppe, die jeden Kompromiß in dieser Hinsicht ablehnte und sich zur Verteidigung ihres Standpunkts auf das Ideal der absoluten Armut Christi und der Apostel sowie auf den Willen des heiligen Franziskus stützte, wie er ihn in seinem Testament kundgetan habe.

In einem von dieser Polemik geprägten Milieu wurden um 1245, zumindest in Pisa, in Hyères und in Neapel, Joachims Schriften gelesen.[116] Unter seine Werke hatte sich bereits ein apokrypher Text eingeschlichen: der Jeremias-Kommentar. 1247 wurde ein von joachimitischen Ideen durchdrungener Generalminister gewählt, Johannes von Parma. Für ihn wie für seinen Freund Hugo von Digne bestand kein Zweifel daran, daß der Franziskanerorden neben den Dominikanern einer der beiden spirituellen Orden sei, die Joachim vorausgesagt hatte. Unter diesen Umständen wäre Franziskus der neue Elias und sogar der Engel des sechsten Siegels gewesen. Von hier aus ließ sich ohne weiteres eine Reihe von Identifizierungen aufstellen. Die von Franziskus geforderte absolute Armut war das wesentliche Merkmal des neuen spirituellen Ordens, und sie war zugleich eine wesentliche Heilsbedingung, zumal jetzt, bei Anbruch des dritten Zeitalters.

Diese beiden von ihrer Auserwählung überzeugten Männer versuchten natürlich, die Zeichen der Zeit zu entziffern. Ihr Blick richtete sich daher vorzugsweise auf die äußerst zwiespältige Gestalt Kaiser Friedrichs II. und auf die dauernde Konfrontation mit dem Papsttum, die seine Herrschaft prägte.[117] Herr über Deutschland, Süditalien und nach 1238 über ganz Italien, übernahm er den Begriff des römischen Weltreichs. Wie Friedrich Barbarossa erhob er Anspruch auf das doppelte Erbe Karls des Großen und der römischen Kaiser des Altertums. Sich auf das römische Recht stützend, entwickelte er die Idee einer Weltmonarchie, die bis ans Ende der Zeiten währen sollte. Das Reich war – wie schon für Friedrich Barbarossa – eine Gabe Gottes, das Papsttum war ihm unterworfen, etwa so, wie die Patriarchen Konstantinopels vom Basileus abhingen. Friedrich II. erweiterte diese Idee und versicherte, den Heiligen Stuhl zu einem ursprünglichen biblischen Ideal zurückzubringen, um ihn besser vor den Verlockungen politischer Vorherrschaft zu schützen. 1245 ließ Innozenz IV. ihn vom Konzil von Lyon exkommunizieren und absetzen. Die Antwort des Kaisers auf diesen Spruch war bezeichnend. Er lehnte ihn mit folgender Begründung ab: »Hier wird der römische Kaiser, der Beherrscher des Reiches und Herr aller Majestät, wegen des Verbrechens verletzter Majestät verurteilt. In lächerlicher Weise wird jener dem Gesetz unterworfen, der als Kaiser über allen Gesetzen steht und der alle weltlichen Strafen zu verhängen hat, der selbst aber, weil er im Weltlichen keinen Höheren über sich hat, nicht von Menschen, sondern nur von Gott verurteilt werden kann.«[118] Die Zwiespältigkeit in der Auffassung Friedrichs II. lag zunächst in seinem Begriff vom Römischen Reich. Gemäß der antiken Tradition wollte er das Reich von Rom aus regieren, was das Ende der weltlichen Macht des Papsttums und seiner politischen Herrschaft über das Abendland implizierte. Damit konnte er eine nahezu messianische Rolle übernehmen. Wie der Endkaiser, dem er, wie es scheint, des öfteren gleichgesetzt zu werden wünschte, wollte er dafür sorgen, daß auf der Welt Frieden herrsche. Sein Einvernehmen mit den muslimischen Mächten läßt sich in diesem Sinn interpretieren, ebenso seine friedliche Rückeroberung des Heiligen Landes im Jahr 1229. Damit erschien er auch als ein Retter der Menschheit und konnte, über die Gestalt des letzten Kaisers hinaus, mit einer christusgleichen Gestalt identifiziert werden. Aber dieses Verhalten läßt noch eine umgekehrte Interpretation zu, die Friedrich selbst anscheinend nicht immer fremd war. Als reicher König, umringt von Astrologen und Magiern, mit den Heiden vertraut, war er nach Jerusalem gezogen und wollte in Rom thronen. Sein Ruf erstreckte sich über das ganze Universum, er wollte die Könige um sich scharen: Diese Zweideutigkeit seines Verhaltens zeigte die dem Antichrist eigentümliche Verführungskraft, so wie Adso sie beschrieben hatte.

Der fälschlich Joachim zugeschriebene Jeremias-Kommentar, den die Franziskaner begierig lasen, bezeichnete den Kaiser explizit als den Antichrist. Ihm gegenüber fühlten sich die Schüler des Franziskus, des neuen Elias, vor allem diejenigen, die sich als die Erben seines Testaments verstanden, als die von Gott auserwählten Armen, als die kleine Zahl der künftigen Märtyrer des Antichrist. Als das Jahr 1260 nahte, von dem sie noch etwa zwölf Jahre trennten, warteten sie unter der Führung von Johannes von Parma, der seinerseits von Bruder Jakob von Massa († 1289), einem erleuchteten Propheten, inspiriert war, auf den Anbruch der endzeitlichen Drangsal, die Joachim vorausgesehen hatte und die vom Erscheinen des Engels des sechsten Siegels angekündigt worden war: des heiligen Franziskus selbst. Aber sogar außerhalb des Franziskanerordens schrieb ein Dominikaner, Bruder Arnoldus, 1248–1250 einen Traktat über die Kirchenreform.[119] Er verkündete, daß die verderbte Kirche beseitigt und durch eine spirituelle Kirche ersetzt werden müsse. Christus werde bald wiederkehren, um die Kirchenoberen zu richten, dem Antichrist-Papst werde die Maske vom Gesicht gerissen, der Kirche würden ihre Reichtümer weggenommen und unter die Armen verteilt. Diese würden dann unter der Leitung von Arnoldus und mit Unterstützung Kaiser Friedrichs II. im Jahre 1260 den Führungsanspruch der nun vergeistigten Kirche erben.

Der Tod Friedrichs II. im Jahr 1250 setzte den Hoffnungen einiger, aber nicht aller ein Ende. Ein ehemaliger Gefährte des Johannes von Parma, Bruder Gerhard von Borgo San Donnino († ~ 1276), veröffentlichte gegen Ende seiner Studienzeit in Paris den »Liber introductorius in evangelium aeternum« (Einführung in das Ewige Evangelium), der 1254 in der Vorhalle von Notre-Dame verkauft wurde.[120] Darin verkündete er die Ankunft des dritten Zeitalters, in dem der dritte Teil der Heiligen Schrift, ein drittes Testament verbreitet werden würde: das ewige Evangelium oder das Evangelium des Heiligen Geistes, das in den Werken von Joachim von Fiore angelegt sei und die beiden anderen außer Kraft setzen werde. Gerhards Buch hätte nicht so starken Widerhall gefunden, wenn es nicht in Paris veröffentlicht worden wäre, denn gerade dort ertrugen die weltlichen Professoren der Universität höchst unwillig die Konkurrenz der Mendikanten innerhalb der Lehre. Wilhelm von St. Amour, einer der Pariser Professoren, und seine Kollegen brachten Listen mit Irrtümern des Buches in Umlauf; Papst Alexander IV. setzte 1255 eine Kommission ein, die Gerhards Werk prüfen und verurteilen, jedoch zugleich den Franziskanerorden von jeder Verantwortung für seine Lehre entlasten sollte. Johannes von Parma freilich mußte 1257 sein Amt niederlegen.

Ungefähr von dieser Zeit an nannte sich jene Strömung im Franziskanerorden, die sich zur strikten Armut bekannte und vielfach von den Ideen Joachims beeinflußt war, selbst »Spirituale«.[121] Joachim hatte mit einem verwandten Terminus die »beiden Typen spiritueller Männer« bezeichnet, die rein kontemplative Orden gründen und sich anschicken würden, alle Völker in den Stand eines »spirituellen Verständnisses« der Heiligen Schrift zu versetzen. Rasch begannen Franziskaner und Dominikaner sich diese Qualifikation selbst zuzuschreiben; dazu konnten sie sich im übrigen auf den Jeremias-Kommentar stützen, den jedermann Joachim zuschrieb. »Spirituale« nannten sich aber bald nur noch jene Franziskaner, die sich für die treuesten Erben des Franziskus hielten. In ihm erkannten sie nicht nur den Engel des sechsten Siegels, sondern auch einen »anderen Christus«. Daher bedeutete Nachahmung Christi für die Spiritualen Nachahmung des heiligen Franziskus unter strengster Armut. Diese Männer, so Petrus Johannis Olivi, Angelus Claremis von Cingoli oder Ubertino von Casale, kannten die Werke Joachims, die in der zweiten Hälfte des 13. Jahrhunderts große Verbreitung gefunden hatten, aber sie waren keine strengen Joachimiten. Joachims Einfluß zeigte sich vor allem in der Aktualisierung des apokalyptischen Schemas, das auf die Geschichte des Ordens und der Kirche angewandt wurde. Im Augenblick der Öffnung des sechsten Siegels sei diese in eine Ära der Unruhen eingetreten, deren erste Opfer, ja erste Märtyrer die Spiritualen seien. Diese bildeten eine prophetische Phalanx gegen den Antichrist oder die beiden Antichrist. Denn neben dem eigentlichen Antichrist erwartete Petrus Johannis Olivi die Ankunft eines weiteren, mystischen Antichrist.[122]

Dieser stünde natürlich an der Spitze der fleischlichen, das heißt in die Welt verstrickten Kirche. Diese Auffassungen wichen von Joachims Schema ab, deckten sich jedoch vollkommen mit dem weit älteren des Tyconius. Wieder einmal trat am Grund der Dinge die alte dualistische Tendenz zutage. Unter diesen Umständen bedurfte es eines Gegengewichts auf seiten der spirituellen Kirche, und hier gelangen wir zur Person des »Engelpapstes«.[123] Diese eschatologische Gestalt ging indirekt auf Joachim von Fiore zurück, der einen »Papst der Endzeit« hatte auftreten lassen, einen neuen Serubbabel, der den Tempel Gottes wiederaufbauen sollte. Roger Bacon spielte 1267 auf eine 40 Jahre zurückliegende Prophezeiung an. Sicher aber sorgte die Wahl des Eremiten Petrus del Murrone als Papst Coelestin V. im Juli 1294 sowie seine Abdankung im Dezember desselben Jahres dafür, daß dieser Mythos Wurzeln schlug.[124] Coelestin V. war ein alter und für die Leitung der Kirche sicher untauglicher Mann. Die Kardinäle hatten ihn aus schierer Verzweiflung gewählt, nachdem der apostolische Stuhl über zwei Jahre lang vakant gewesen war. Dennoch stand er im Ruf großer Heiligkeit und war den Franziskanern relativ nahe. Seine Wahl weckte große Hoffnungen in den Kreisen, die sich nach einer armen und spirituellen Kirche sehnten. Aber erst der scharfe Kontrast zwischen seiner Person und der seines Nachfolgers Bonifatius VIII. gab der Legende vom Engelpapst wohl den nötigen Auftrieb. Bonifatius nämlich war ein Feind der Spiritualen und verfolgte sie. Im übrigen verkörperte er den Typus des autoritären, von seiner Macht durchdrungenen Papstes, dessen Bild man dem des armen Eremiten entgegensetzen konnte wie den Antichrist dem Engelpapst. Zudem begann wohl kurz nach der Abdankung Coelestins V. die Cyrillische Weissagung zu zirkulieren, begleitet von einem fälschlich Joachim von Fiore zugeschriebenen Kommentar. Darin wurde der Kontrast mittels der biblischen Gestalten Roboam und Jeroboam entwickelt. Anfang des 14. Jahrhunderts sollte die Bearbeitung einer Textsammlung von Orakeln unter dem Titel Vaticinien über die päpstlichen Herrscher sowie der »Liber de Flore«, den man natürlich Joachim zuschrieb, die Idee und den Ausdruck »Engelpapst« propagieren, der zu einem Gemeinplatz der prophetischen Literatur wurde.

Die neuen Auserwählten

Der Joachimismus betraf nicht nur das intellektuelle oder geistige Leben, er gehörte überhaupt in den Bereich der Glaubensvorstellungen und der Ideologie. Adsos Schema der Eschatologie, dessen allgemeiner, formbarer Charakter dafür sorgte, daß es ohne weiteres zusätzliche Elemente aufzunehmen vermochte, gehörte ebenfalls dazu. Nach und nach entstand ein eschatologisches Szenarium, das in seinen Grundzügen mit denen Joachims und Adsos identisch, jedoch anders ausgerichtet und mit neuen Motiven angereichert war. Das zeigte sich deutlich in Italien etwa ab 1260, auch wenn wir nicht genau wissen, ob dieses »joachimitische« Datum beim Auftreten der religiösen Phänomene, die wir untersuchen werden, eine herausragende Rolle gespielt hat.

Diejenigen, die ab 1272 in Mailand der Predigt einer gewissen Guglielma lauschten, die angeblich aus Böhmen stammte oder die Tochter des Königs von Böhmen war und die wie Franz von Assisi mit den Wundmalen Christi gezeichnet gewesen sein soll, sahen in ihr eine Inkarnation des Heiligen Geistes.[125] Bei ihren Anhängern handelte es sich durchaus um gebildete Leute, um Adlige, Bürger, Mönche. Nach ihrem Tod im Jahre 1281 wurde Guglielma im Zisterzienserkloster von Chiaravalle beigesetzt. Ihre wichtigste Schülerin Mayfreda, eine Cousine von Matteo Visconti, die zur Kongregation der Humiliaten gehörte, trat ihre Nachfolge an, während um Guglielmas Grab ein Kult enstand. Man erwartete ihre Auferstehung und Himmelfahrt, und Mayfreda, ihre Stellvertreterin auf Erden, sollte Papst werden. Im Jahre 1300, zu Pfingsten, zelebrierte sie mit päpstlichem Gepränge die Messe. Jetzt trat die Inquisition auf den Plan, und Mayfreda wurde zum Scheiterhaufen verurteilt, zusammen mit Andreas Saramita, einem anderen Schüler, der damals gerade Guglielmas sogenannte Evangelien schrieb.

Schon im Jahre 1260 dagegen war Gerardo Segarelli aus Parma in Erscheinung getreten.[126] Der franziskanische Chronist Salimbene, der ihn gekannt hat, nannte ihn ungebildet, beschränkt und einfältig (illiteratus, idiota, stultus). Die Franziskaner hatten ihn abgewiesen. Als Wanderprediger hatte er dann eine Gruppe von Schülern um sich geschart, die sich »Apostoliker« nannten. Folgt man dem Inquisitor Bernhard Gui, der Hauptquelle unserer Kenntnisse, dann wollten sie »außerhalb jeder Gehorsamspflicht leben, sich nur auf Gott berufen wie die ersten Apostel gegenüber Unserm Herrn Jesus Christus«.[127] Da Gerardo somit außerhalb der Kirche stand, konnte er sie um so besser kritisieren. Trotz gewisser Sympathien im Klerus wurde die Gemeinschaft 1274 aufgelöst. Nachdem sie sich geweigert hatten, sich zu fügen, wurden die Apostoliker von der Inquisition verfolgt; Gerardo Segarelli wurde 1294 wegen Häresie verurteilt und im Jahre 1300 verbrannt.

Doch damit endete die Geschichte der »Apostoliker« keineswegs. Wie im Fall von Guglielma gewann die Bewegung erst nach dem Tod des Gründers ihre wahre Dimension. Ein gewisser Fra Dolcino, zweifellos ein Laie, jedoch vergleichsweise gebildet, stellte sich an die Spitze der Gemeinschaft. Bernhard Gui hat den Inhalt zweier Briefe zusammengefaßt, die Fra Dolcino 1300 und 1303 an seine Schüler schrieb. Es waren Texte von prophetischem Gehalt. Fra Dolcino präsentierte darin seine Kongregation als eine Gemeinschaft von Spiritualen und Apostolikern, die von der offiziellen Kirche und den Bettelorden verfolgt werde. Sie sei frei von jeglicher Gehorsamspflicht und folge ihrem eignen Weg, einzig durch ein inneres Band vereint. Es gab also keine hierarchische Organisation. Der Anspruch dieser Gemeinschaft war eschatologisch gefärbt; ihre Rolle bestand darin, während der letzten Zeit vor dem Weltende die Seelen zu retten. Dolcino selbst sei von Gott bestimmt und ausgesandt worden, den wahren Sinn der Heiligen Schriften zu offenbaren. Seine Arbeit sowie die seiner Schüler stoße auf den Widerstand des weltlichen Klerus und der Geistlichen, die Diener des Teufels seien. Bald aber würden diese Feinde vernichtet werden, alle Kirchenoberen würden ausgerottet und verbrannt, und die »Apostoliker« würden die Welt beherrschen.

Fra Dolcino wies seiner Gemeinschaft einen herausragenden Platz im Ablauf der Heilsgeschichte zu. Vier Etappen wurden unterschieden, die vier Lebenszuständen oder Modellen der Heiligkeit entsprachen. Zur Zeit des Alten Testaments sei die Ehe zwecks Vermehrung der menschlichen Gattung sinnvoll gewesen. Seit Christus und den Aposteln, die den wahren Glauben predigten, seien Jungfräulichkeit und Keuschheit vorzuziehen. Ein dritter Zustand beginne mit Konstantin und Papst Silvester. Die Kirche weiche nun vom apostolischen Leben ab, da sie Schenkungen einsammle und vor allem versuche, das Volk zu lenken. Da dieses jedoch dazu neige, seine Liebe zu Gott und zum Nächsten erkalten zu lassen, seien nacheinander Lebensformen vorgeschlagen worden, die die Wahrhaftigkeit des geistlichen Lebens wieder aufrichten sollten: die des heiligen Benedikt und der guten Geistlichen, sodann die des heiligen Franziskus und des heiligen Dominikus; da diese Versuche jedoch gescheitert seien, sei der Augenblick gekommen, die apostolische Lebensform wiedereinzusetzen. Gerardo Segarelli habe diese Lebensform eingeführt, die bis zum Ende der Welt währen solle: »Es ist der vierte und letzte Zustand, das wahre apostolische Leben. Es unterscheidet sich von der Lebensweise des heiligen Franziskus und des heiligen Dominikus, denn ihr Leben bestand darin, Häuser zu besitzen und die Almosen dort abzuliefern, wir aber, so sagt uns Fra Dolcino, haben keine Häuser und müssen keine Almosen herumtragen, darum ist unser Leben das beste und das letzte Heilmittel für alle.«[128]

Dann spricht Fra Dolcino prophetisch über die künftigen Zeiten, das heißt die drei kommenden Jahre. Alle Kirchenoberen und Geistlichen sowie Papst Bonifatius VIII. würden durch das Schwert Gottes in den Händen des wieder inthronisierten Kaisers und seiner Könige vernichtet werden. Dieser Kaiser werde Friedrich sein, der König von Sizilien, Sohn Peters von Aragón. Nach diesem Massaker komme »ein einziger heiliger Papst, durch ein Wunder von Gott geschickt und von Gott auserwählt [...] Besagter Friedrich [...], zum Kaiser gekürt, und jener heilige Papst, der auf Bonifatius folgen wird, sobald dieser vom Kaiser getötet sein wird, und auch die vom neuen Kaiser ernannten neuen Könige werden bleiben bis zum Antichrist, der in jenen Tagen erscheinen und regieren wird.«[129] In seinem zweiten Brief von 1303 war Fra Dolcino genötigt, sein Schema zu berichtigen und dessen Endpunkt hinauszuschieben, ohne seine Substanz zu verändern. 1306 schließlich wurden er und seine zahlreichen Anhänger auf einem Berg in der Nähe von Valseria von einem wahren Kreuzzug belagert. Er selbst wurde 1307 hingerichtet.

Wenn man bestreiten mag, daß die von Guglielma oder Gerardo Segarelli eingeleiteten Bewegungen tatsächlich 1260 begonnen haben, und in dieser Hinsicht eine historiographische Manipulation vermuten will, so gilt dies nicht für die Bewegung der Flagellanten.[130] Sie begann wirklich im Jahre 1260 auf Betreiben eines Bürgers aus Perugia namens Rainer Fasani. Dieser Mann, verheiratet und Familienvater, war wahrscheinlich dem Bußorden beigetreten, das heißt er gehörte einer Laienbruderschaft an, die jedoch über eine institutionelle religiöse Struktur verfügte. Im Laufe einer Bußpredigt über zwei Wochen, während derer mit Genehmigung des Gemeinderats die Arbeit in der Stadt ruhte, gelang es Rainer, seine Mitbürger davon zu überzeugen, öffentlich eine brutale Art der Buße zu praktizieren, die bislang den Mönchen vorbehalten war: die Selbstgeißelung. Die Praxis verbreitete sich sehr schnell, zuerst in Italien, dann in Deutschland. Gruppen organisierter Büßer zogen unter Leitung eines Lehrmeisters durch Städte und Dörfer, um dort ihre blutigen Riten zu vollziehen, wobei sie weinten und Gott anflehten, ihnen ihre Sünden zu vergeben. Von den in Bruderschaften organisierten Bettelmönchen begleitet, blieben die italienischen »battuti« jedoch im Rahmen der Orthodoxie und propagierten keine eigenen Lehren. Die Nachahmung des leidenden Christus reichte aus, ihre Andacht zu untermauern. Erst später, in Deutschland, nahm die Bewegung eine andere, sehr antiklerikale Wendung.

Die Flagellanten stellen in diesem Komplex den scheinbar einfachsten Fall dar. Eine mönchische Praxis, die Geißelung, die mindestens seit dem 11. Jahrhundert bezeugt ist, verbreitete sich bei den Laien. Sie förderte bei denen, die sich diesen Gruppen anschlossen, ein Schuldbewußtsein und zugleich die Suche nach einem neuen Weg, der Strafe zu entgehen. Dieser Weg war die Identifizierung mit dem leidenden Christus. Im mönchischen Rahmen hatte diese blutige Übung den Charakter einer individuellen Reinigung gehabt. Sie bewahrte ihn sicherlich auch bei den Laien, aber es scheint, als sei ein kollektives, ja soziales Element hinzugekommen. Denn die rituellen Geißelungen erfolgten in der Öffentlichkeit. Dies ist das erste neue Element. Zweifellos ging es darum, ein Beispiel zu geben und neue Anhänger zu gewinnen. Gewiß war auch Begeisterung im Spiel, und die Chronisten nennen ganze Städte, mit dem Bischof an der Spitze, die von dieser Bewegung erfaßt wurden. Es kam zu Bekehrungen, zumindest momentanen: Verbrecher, Diebe, Wucherer taten Buße. Diese kollektive Schwärmerei wurzelte in einem tiefen Pessimismus, der auf diese Weise Gelegenheit fand, sich auszudrükken. Es war zu jener Zeit ein Gemeinplatz, die Sünden der Kirche und des Christenvolks zu brandmarken, denen man traditionellerweise die Mißgeschicke der Zeit anlastete: Hungersnot im Jahre 1258, Pest im Jahre 1259, Kriege zwischen Guelfen und Ghibellinen. Das Ventil der Kreuzzüge gab es mindestens seit 1250 nicht mehr, die Bettelorden hatten bereits einen Teil ihres Ansehens verloren. Fra Dolcino war gewiß nicht der einzige, der meinte, sie hätten ausgedient. Aus der religiösen Enttäuschung erwuchs der Ruf nach einem neuen Heilsweg, die Suche nach einer Form der Erlösung. Im Rahmen dieser Bruderschaften von »battuti« kam der Wunsch auf, das eigene Heil selbst zu erwirken, ohne sich auf den offiziellen Kult oder die Fürbitte der religiösen Orden zu verlassen. In Deutschland, wo die Bewegung nicht von den Bruderschaften begleitet wurde, ging dieser Wunsch mit einer stark antiklerikalen Stimmung einher, Zeichen des Grolls gegen eine Kirche, die die Menschen schutzlos den dämonischen Kräften preisgab.

Die Männer und Frauen, die in den Tagen, da auch die Flagellantenbewegung begann, Gerardo Segarelli folgten, teilten sicherlich diese Gefühle. Daß Laien das spirituelle Streben nach einer Rückkehr zum apostolischen Leben übernahmen, zeugt von jenem Heilswunsch, der in den herkömmlichen Strukturen unbefriedigt blieb. Das Gefühl der besonderen Auserwählung der Armen, das sich schon im Kreuzzug geäußert hatte, ist eine natürliche Folge davon. Hinzu kommt, wenn man Bernhard Gui glauben darf, der Wunsch, allein von Gott abzuhängen und damit jedem hierarchischen Zwang zu entgehen. Hier wich die apostolische Bewegung vom Weg der italienischen Flagellanten ab. Aber die Forderung der Apostoliker bestand nicht nur darin, ungehindert ein Bußritual ausüben zu können. Sie verlangten religiöse Autonomie, womit sie sich faktisch außerhalb der Kirche stellten. Sie stießen also in dem Maße auf juristischen, aber auch theologischen Widerstand, da man meinte, sie behaupteten, in direktem Kontakt mit Gott zu stehen. Ohne diesen Anspruch hätte sich ihre Lebensweise vielleicht nicht sehr von der der Humiliaten unterschieden. Die Verurteilung und schließlich die Hinrichtung von Gerardo Segarelli fußten auf diesem Vorwurf; zweifellos galt er vor allem wegen dieses Punktes als Häretiker.

Die Lehre der Apostoliker zeigt sich nur in den Briefen des Fra Dolcino. Sie stützte sich auf eine Definition der Gemeinschaft, die im wesentlichen die von Gerardo aufgriff. Es gab keine hierarchische Organisation, es bestand lediglich ein inneres Band zwischen den Anhängern. Fra Dolcino sagte, seine Gemeinschaft sei »aus Spiritualen und Apostolikern« zusammengesetzt. Wenn sie nun beim Nahen der Endzeit und nach allen anderen Lebensformen in Erscheinung trete, so aufgrund ihrer Treue zu den apostolischen Ursprüngen und auch aufgrund ihrer Vollkommenheit. Diese beruhte, neben dem Fehlen einer Hierarchie, auf der Besitzlosigkeit und der absoluten Armut. In diesem Sinn verwirklichte sie das Ideal der franziskanischen Spiritualen zur Zeit Fra Dolcinos. Wie diese versammelte sie eine kleine Zahl von Auserwählten, die zu Zeugen der Endzeit berufen waren. Von diesem Punkt an bezog sich Fra Dolcinos Rede auf ein ideologisches Schema, das schon in Adsos Traktat vorhanden war.

Denn die kleine Zahl der von Gott auserwählten Armen stieß natürlich auf den Widerstand der offiziellen Kirche, die für Fra Dolcino in Wirklichkeit die vom Antichrist regierte Kirche des Teufels war, wie schon Arnoldus hervorgehoben hatte. Damit war das Schema von Tyconius auf den Kopf gestellt. Dem Antichrist-Papst mußte zwangsläufig ein spiritueller Engelpapst entgegentreten, der durchaus Fra Dolcino selbst sein konnte. Vorher werde sich der Endkaiser gezeigt haben, um den Antichrist und seine Verbündeten zu vernichten. Der Kaiser und der heilige Papst werden nun bis zur Ankunft des letzten Antichrist bleiben. Wir sehen hier das apokalyptische Schema am Werk, dessen Formbarkeit es erlaubte, es allen Situationen und allen Epochen anzupassen. Eine marginalisierte oder verfolgte religiöse Gemeinschaft konnte es ohne weiteres übernehmen, und die Beobachtung des öffentlichen Lebens ermöglichte es, den Antichrist ohne große Mühe mit dem jeweiligen Kaiser zu identifizieren. Die einzelnen Hinzufügungen zu Adsos Thema rührten von der mehr oder weniger entstellten joachimitischen Tradition her. So konnte Fra Dolcino seine Bewegung in den

Ablauf einer stereotypen heiligen Geschichte einbeziehen, die anstelle von drei jetzt vier Zustände umfaßte. Außerdem griff der Gegensatz zwischen einem spirituellen heiligen Papst und dem Kaiser, der den Auftrag hatte, die Kirche zu reinigen, die ghibellinischen Themen auf und traf sich mit dem Kirchenverständnis Friedrichs II. Der Einfluß Joachims wirkte sich hier indirekt aus. Nach ihm fiel es leicht, die Eschatologie auf die Gegenwart zu beziehen, sie zu aktualisieren. Zudem wurde das Schema im eigentlichen Sinne »revolutionär«, insofern es nicht mehr darum ging, den Lauf der Geschichte anzuhalten, sondern ihn auf völlig neue Weise fortzusetzen. Die Rückkehr zum apostolischen Leben, also zu den Ursprüngen, war insofern ein entscheidender Einschnitt, als sie – wie Fra Dolcino deutlich zeigte – nur durch die gewaltsame Zerstörung der Kirche verwirklicht werden konnte, das heißt der alten, mit der Kirche des Teufels gleichgesetzten Welt. Der auf der Tradition von Tyconius und Augustinus gründende latente Dualismus wurde damit von denen gegen die Kirche selbst gewendet, die sich von ihr lösten. Gleichzeitig war der alte Chiliasmus abgewandelt worden. Er war nicht mehr ein Einbruch des Jenseits ins Diesseits, sondern er bestand in einer eruptiven und unmittelbaren Veränderung der Welt. Bruder Arnoldus appellierte noch an Christus, damit er komme, um die Kirche zu richten; Fra Dolcino appellierte einzig an den Kaiser.

Wenn wir nun die Botschaft der Guglielmiten untersuchen, begegnen wir einem Schema, das davon weniger abweicht, als es auf den ersten Blick aussehen mag. Guglielma erschien als Inkarnation des Heiligen Geistes; nach ihrem Tod sollte sie auferstehen. Andreas Saramita schrieb neue Evangelien. Es mußte also eine neue Ära anbrechen, sicherlich die dritte, nach der mit der Fleischwerdung Christi angebrochenen. Das Schema ist hier noch joachimitischer als das von Fra Dolcino. Die Tatsache, daß der Heilige Geist sich in einer Frau inkarniert und daß der Engelpapst ebenfalls eine Frau ist, ist nicht so verwunderlich, wie es zunächst aussieht. Das 12. und 13. Jahrhundert haben das Erscheinen einer großen Zahl von Mystikerinnen erlebt, und der Marienkult hatte große Bedeutung erlangt. Die Guglielmiten mochten das Bedürfnis nach einer Art weiblichem Wechsel nach der von Christus eingeleiteten Ära verspüren. Wie dem auch sei, die Heraufkunft der Päpstin Mayfreda setzte das Verschwinden des alten Papsttums voraus. Zweifellos auf weniger gewaltsame Weise als die Apostoliker warteten die Guglielmiten auf religiösem Gebiet auf eine diesseitige Revolution.

Die Dokumente, die wir über die Apostoliker besitzen, lassen keine gesellschaftliche Zuordnung zu. Im allgemeinen vermutet man, daß sie eher aus armen Kreisen kamen, obwohl zuverlässige Aussagen nicht möglich sind. Was die weit weniger zahlreichen Guglielmiten betrifft, so rekrutierten sie sich unbestreitbar aus der oberen Klasse der Mailänder Gesellschaft. Man findet bei ihnen unter anderem Mitglieder der Familien Visconti und Garbagnate. Die Flagellanten dagegen rekrutierten sich aus allen Schichten der Gesellschaft. Der Wunsch nach einer Revolution, nach einer veränderten Lebensweise war also nicht mit einer bestimmten Gesellschaftsschicht verbunden. Die Bewegungen, die wir untersucht haben, zeichneten sich vielmehr durch die Heilssehnsucht und die Suche nach einem neuen Weg zum Heil aus.

Die Kirche des Teufels: Ketzerei und Aufruhr

Eine der langfristigen Folgen der Kirchenreform und der endgültigen Bestätigung der päpstlichen Oberhoheit war, daß sie der Kirche eine immer größere Verwaltung bescherte. Das in eine päpstliche Monarchie verwandelte Papsttum brauchte kontinuierliche Einnahmequellen und hatte ein Steuerwesen, ein Abgabesystem geschaffen, das letztlich auf den Schultern der Getreuen ruhte. Unvermeidlich ging damit ein wachsender Popularitätsverlust einher. Schon im 13. Jahrhundert spürbar, steigerte sich diese Entwicklung seit 1309 mit der Verlegung des Papsttums nach Avignon. Tatsächlich erlebte zu dieser Zeit die päpstliche Verwaltung ihren größten Aufschwung. Nun raubte aber die räumliche Entfernung von Rom dem Papst einen Teil des mit der Stadt verbundenen Ansehens und untergrub seine Legitimation, die letztlich auf dem römischen Bischofstitel fußte. Die Rückkehr in die ewige Stadt verbesserte die

Lage später nicht, da sofort das Große Schisma begann und die Christenheit 1378 und 1417 dem verblüffenden Schauspiel zweier, ja dreier konkurrierender Päpste beiwohnen konnte. Das hatte natürlich zur Folge, daß das Papsttum insgesamt in Mißkredit geriet, was sich auch auf die Institution der Kirche selbst auswirkte. War es noch möglich, diese Situation mit der Idee in Einklang zu bringen, daß die Kirche der Ort des Heils par excellence sei? Zudem hatte Bonifatius VIII. in der Bulle Unam Sanctam (1302) den Auftrag des Papstes erweitert, indem er verkündete, die Kirche habe nur ein Haupt, »nämlich Christus und Petrus«.[131] Wenn Christus und der Papst – als Nachfolger Petri – ein einziges Haupt bildeten, so folgte daraus, daß der Papst auch das Haupt des mystischen Körpers der Kirche sei, was Bonifatius VIII. hinzuzufügen erlaubte, es sei »eine Heilsnotwendigkeit, sich dem römischen Pontifex zu unterwerfen«. Damit war man auf dem Gipfel der theokratischen Theorie angelangt.

Wyclif

Zwei Gruppierungen wollten sich dieser Sicht nicht anschließen: Auf der einen Seite bemühten sich die Anhänger des französischen und des englischen Königtums sowie des Reichs, die Autonomie der weltlichen Macht gegenüber dem Papsttum zu begründen, indem sie die päpstliche Macht einzig dem spirituellen Bereich zuordneten. Auf der anderen Seite waren einige darauf bedacht, die Kirche vor den Folgen der theokratischen Abirrung des Papsttums zu bewahren. Wenn erstere Richtung mit der Herrschaft Philipps des Schönen (1285–1314) in Erscheinung trat, so kam letztere vor allem nach dem Großen Schisma (1378–1417) auf. Trotz allem blieb das Problem des Heils und der Mittel, es zu erlangen, im Mittelpunkt der Debatte. Denn in beiden Fällen ging es auch darum, die Kirche zu ihrer rein geistigen Mission, die Seelen zu retten, zurückzubringen. Die Kritik an realen oder imaginären Mißbräuchen diente beiden Richtungen, die ohnehin mitunter bei ein und demselben Denker anzutreffen waren. Die Kirche auf eine arme und spirituelle Institution beschränken zu wollen befriedigte die Wünsche der königlichen Rechtsgelehrten wie der Reformer. So begegnen wir bei dem Oxforder Theologen John Wyclif (1330–1394) dem Zusammenfluß beider Tendenzen.[132] Er war Doktor der Theologie und gleichzeitig, nach 1372, Berater des Königs von England. Seine erste Sorge war die Wiederherstellung der Autonomie der weltlichen Macht gegenüber der Kirche. Denn Wyclif erschien die Kirche in ihrer gegenwärtigen Gestalt unvollkommen und sündig, und zwar so sehr, daß sie in Wirklichkeit nicht die wahre Kirche all jener sei, die durch die Liebe Christi zum Heil bestimmt seien. Diese Gemeinschaft der Prädestinierten sollte nach Wyclif erst nach dem Ende der Welt vollständig zutage treten, und »das wahre Wesen der Kirche erscheint in seiner eschatologischen Natur«. Bis dahin würden die anderen, die Ausgestoßenen, den Ton angeben, außer wenn die weltliche Macht, wie es ihr Recht sei, der Kirche eine Reform aufzwinge. Gegenwärtig sei der Papst, sofern er nicht tugendhaft und in Armut Christus nachahme, nichts anderes als eine Inkarnation des Antichrist. Es versteht sich von selbst, daß unter diesen Umständen das Heil nicht mehr von der Anerkennung des Papstes abhängen konnte.

Wyclifs eschatologisches Schema war aus der Sicht, die uns interessiert, ein Kompromiß. Der alte Dualismus blieb bestehen: die Kirche der Ausgestoßenen ist die Kirche des Teufels, während die der Prädestinierten der kleinen Zahl der Auserwählten vorgreift. Auf diese Weise reichte die Eschatologie fortwährend in die Gegenwart hinein. Diejenigen, die zu der Überzeugung kamen, daß sie zu den Prädestinierten gehörten, wurden eben dadurch zu Auserwählten der Endzeit. Wenn es sich hierbei nur um Theologie handelte, wäre die Bedeutung dieser Lehre zweifellos gering, aber es sieht ganz so aus, als habe Wyclif in theologischen Termini eine verbreitete seelische Verfassung wiedergegeben. Ohne die Dinge auf diese Weise definieren zu können, fühlte sich praktisch schon Fra Dolcino in der Situation der Prädestinierten. Der von Joachim eingeleitete Prozeß der Aktualisierung der Eschatologie fand hier seinen Abschluß.

John Ball und die natürliche Gleichheit

Im Mai und Juni 1381 kam es in England zu einem gewaltsamen und plötzlichen Aufstand von Bauern und Handwerkern.[133] Insbesondere überfluteten am 11. und 12. Juni Einwohner der Grafschaften Kent – unter Führung von Watt Tyler – und Essex die Straßen Londons. Anderswo, in East Anglia, vor allem in den Grafschaften Cambridgeshire, Suffolk und Norfolk, kam es zu ähnlichen Unruhen. In kürzester Zeit wurden die Wirren von den Königstruppen niedergeschlagen. Über die Ursachen dieser Bewegung, die zu einer Zeit entstand, wo die Lage der Bauern in England nicht allzu schlecht war, ist viel diskutiert worden, ohne daß man zu einem überzeugenden Schluß gekommen wäre. Fest steht, daß die Erhebung der äußerst unpopulären Kopfsteuer, der Poll Tax, ab dem Frühjahr 1381 der Funke war, der das Pulverfaß zum Explodieren brachte. Die Tatsache, daß die Aufständischen die wichtigsten Urheber dieser Steuer, den Kanzler Sudbury sowie den Schatzmeister Hales, ermordeten, kann diesen Standpunkt untermauern. Auch die Brandschatzung von Herrenhäusern scheint die Reaktion auf einen Versuch der Grundbesitzer zu sein, die Landarbeiter wieder zum vollen Umfang an Arbeitsleistungen zu verpflichten, nachdem sich die Lage der Arbeiter als Folge der großen Pest von 1348 verbessert hatte, da sich mit der Verringerung der Zahl der Arbeiter auch die Konkurrenz vermindert hatte. Aber weder die Zeitgenossen noch die meisten modernen Historiker glauben, daß der Aufstand nur ökonomische und soziale Ursachen hatte. Der mythische und religiöse Aspekt spielte sicherlich eine wichtige, wenn auch schwer einzuschätzende Rolle.

Jean Froissart hat uns eine Beschreibung des Aufstands hinterlassen, in der er der Aktion eines gebannten Priesters namens John Ball einen großen Platz einräumt.[134] Dieser predigte seit langem in Kent vor den Leuten, die aus der Messe kamen, und hatte mehrmals in den Gefängnissen des Erzbischofs von Canterbury gesessen. Dort befand er sich auch, als die Revolte ausbrach, und wurde von den Rebellen aus Kent befreit. Froissart stellt ihn als einen der Anstifter der Revolte dar und hat den Text einer ihm zugeschriebenen Predigt überliefert. Sehr wahrscheinlich handelt es sich um eine Rekonstruktion in der Absicht, den wesentlichen Inhalt gewöhnlicher Predigten John Balls wiederzugeben. Bei Froissart beginnt die Predigt mit einer Zusammenfassung der Forderungen der aufständischen Bauern: Sie beklagten sich, daß sie »in zu großer Knechtschaft« gehalten werden, und fügten hinzu, »daß es am Anfang der Welt keine Leibeigenen gab und niemand einer sein konnte«.[135] Auch versicherten sie, sie seien »Menschen, die wie ihre Herren gestaltet sind, und man halte sie wie Tiere, was sie nicht länger ertragen wollten und könnten, sondern sie wollten sein wie jedermann, und wenn sie arbeiteten oder irgendeine Arbeit für die Herren verrichteten, so wollten sie ihren Lohn dafür haben«.[136] Kurz, sie verlangten, als freie Menschen angesehen zu werden, und begründeten ihre Forderung mit der ursprünglichen Gleichheit aller Menschen. Folglich wollten sie einen Lohn für die Leistungen, die sie ihren Herren bisher kostenlos erbringen mußten. Die eigentliche Predigt beginnt mit einem schroffen Satz: »Liebe Leute, die Dinge in England können nicht gut gehen, und sie werden solange nicht gut gehen, bis die Güter allen gemeinsam gehören und es weder unedle noch edle Menschen mehr gibt und wir alle eines Standes sind.«[137] Dann wird die Forderung nach Gleichheit und die Ablehnung der Leibeigenschaft näher ausgeführt und mit dem ursprünglichen Zustand der Menschheit begründet: »Weshalb sind jene, die wir Herren nennen, größere Herren als wir? Wodurch haben sie das verdient? Warum halten sie uns in Leibeigenschaft? Und wenn wir alle von einem Vater und einer Mutter abstammen, von Adam und Eva, wie können sie sagen, daß sie bessere Herren sind als wir, nur weil sie uns verdienen und erarbeiten lassen, was sie verschwenden?«[138]

Dann unterstreicht John Ball die sichtbare Gestalt der Ungleichheit: »Sie kleiden sich in Samt und Seide und verbrämen sie mit Eichhörnchenfell, während wir grobes Tuch tragen. Sie haben Weine und Gewürze und feines Brot; wir aber haben nur Roggen und verdorbenes Mehl und Stroh, und wir trinken Wasser. Sie haben Muße und schöne Häuser, und wir haben die Arbeit und die Sorgen und sind bei Regen und Wind auf den Feldern, und von uns und unserer Arbeit muß alles kommen, womit sie ihren Pomp aufrechterhalten. Wir werden zu Leibeigenen gemacht und werden geschlagen, wenn wir ihnen nicht sofort zu Diensten sind, und dennoch haben wir keine höchste Obrigkeit, bei der wir uns beschweren können oder die uns dazu anhören will und uns Recht verschafft.«[139] Der letzte Satz bringt das Bedauern über das Fehlen einer höchsten Zuflucht zum Ausdruck, und John Ball fordert seine Hörer auf, sich an den König zu wenden: »Gehen wir zum König, er ist jung, und führen wir ihm unsere Hörigkeit vor Augen und sagen wir ihm, daß wir wollen, daß es anders wird oder daß wir für Abhilfe sorgen werden. Wenn wir machtvoll und alle gemeinsam zu ihm gehen, werden allerlei Leute, die Leibeigene heißen und in Leibeigenschaft gehalten werden, uns folgen, um befreit zu werden. Und wenn der König uns sehen oder hören wird, wird er freundlich oder auf andere Weise für Abhilfe sorgen.«[140]

Das Hauptthema dieses Textes ist vor allem die ungerechte Ungleichheit, die sich sowohl durch Mangel an Freiheit, die Leibeigenschaft, als auch durch die ökonomischen Verhältnisse bemerkbar machte. Die Forderungen sind nicht logisch miteinander verbunden. Die Leibeigenen wurden aufgefordert, den König um Befreiung zu bitten. Das hätte zur Folge gehabt, daß sie nicht mehr umsonst für die Herren arbeiten müßten; aber würde es auch zu ökonomischer Gleichheit führen, oder sollte der König etwa auch eine Vergemeinschaftung der Güter erzwingen? Der Text vermischt die soziale mit der ökonomischen Forderung. Wir wissen nicht, ob John Ball oder Froissart dafür verantwortlich zu machen ist. Fest steht, daß Thomas Walsingham, Mönch von Saint Albans, wo John Ball inhaftiert war, eine andere Version gibt.[141] Er behauptete, die Rede wiederzugeben, die dieser in Blackheath gehalten haben soll, nachdem er von den Aufständischen befreit worden war. Als Einleitung soll er den berühmten Satz gerufen haben: »Als Adam grub und Eva spann, wer war denn da der Edelmann?« Thomas faßt das Folgende zusammen: »Im weiteren Verlauf der Predigt bemühte er sich, auf die Worte des Sprichworts gestützt, das er als Thema gewählt hatte, darzulegen und nachzuweisen, daß alle Menschen von Anbeginn von Natur aus gleich erschaffen worden sind, daß die Knechtschaft durch eine ungerechte Unterdrückung böser Menschen entgegen dem Willen Gottes eingeführt worden ist; daß Gott, wenn es ihm gefallen hätte, daß Leibeigene erschaffen werden, in jedem Fall am Anfang der Welt festgelegt hätte, wer Leibeigener und wer Herr sein sollte. Sie sollten bedenken, daß ihnen jetzt von Gott die Gelegenheit gegeben worden sei, wo sie sich, nachdem sie das Joch ihrer Knechtschaft abgeschüttelt hätten, der lange ersehnten Freiheit erfreuen könnten, wenn sie es wollten. Sie sollten deshalb guten Mutes sein und sich wie der gute Hausvater verhalten, der sein Feld bestellt und das Unkraut herausreißt, das die Ernten zu ersticken droht, und sich beeilen, es nun selber zu tun: indem sie zuerst die großen Feudalherren des Königreichs töten; dann die Rechtsgelehrten, die Gerichtsherren und die Schöffen des Vaterlands vernichten; schließlich alle von ihrem Boden vertreiben, die ihnen schädlich für die Gemeinschaft dünkten; und nachdem die Großen ausgemerzt seien, würden sie künftighin Frieden und Sicherheit für sich finden, wenn unter ihnen die gleiche Freiheit, der gleiche Edelsinn, die gleiche Würde und die gleiche Macht herrschten.«[142]

Der erste Punkt, der in beiden Versionen der Predigt von John Ball vorkommt, ist der Ruf nach Freiheit. Bei Froissart zeigt sie sich, in negativer Form, vor allem als Abwesenheit von Leibeigenschaft; bei Thomas wird am Ende der Rede ihre positive Seite beschrieben: Gleichheit an Freiheit, Edelsinn, Würde und Macht für jeden einzelnen. Betrachtet man eine andere beiden Fassungen gemeinsame Idee, so könnte es sich hier um eine Rückkehr zum Naturzustand handeln, zum Zustand am Anfang der Schöpfung. Mehr als die Gütergemeinschaft scheint sich als Übereinstimmung der beiden Texte die Forderung nach einer sozio-juristischen Gleichheit zu ergeben, kurz, ein Ideal kleiner Grundbesitzer, »Hausväter«, wie es in der von Thomas wiedergegebenen Rede heißt. Charakteristisch in diesem Zusammenhang ist, daß neben den Herren besonders die Gesetzeskundigen und die Richter von den Rebellen aufs Korn genommen wurden.

Ein weiterer beiden Berichten gemeinsamer Punkt ist die Erinnerung an den ursprünglichen Naturzustand, an die Zeit von Adam und Eva. John Ball griff hier ein traditionelles Thema auf. Gregor der Große, einer der meistgelesenen Autoren des Mittelalters, sagte es mehrfach in aller Deutlichkeit: »Die Natur hat alle Menschen gleich geschaffen.«[143] Freilich setzte er augenblicklich hinzu, daß »eine geheime Verteilung infolge der Ungleichheit der Verdienste die einen den anderen unterwirft«.[144] Daraus folgt, daß der Naturzustand derjenige war, der im irdischen Paradies herrschte, und daß die Ungleichheit von der Erbsünde herrührt. John Ball wandte die Frage jedoch gegen die traditionelle Argumentation. Froissart ließ ihn fragen, welche Verdienste die derzeitigen Herren denn hätten, und Thomas, warum Gott nicht von Anfang an die menschliche Hierarchie eingesetzt habe. In seinen Augen hatten böse Menschen sie eingerichtet. Kurz, aus alledem geht hervor, daß der Mythos vom Ursprung der Welt, der der Genesis, aufgegriffen wird, jedoch ohne die Konsequenzen der Sünde.

Dieser Bezug auf den Ursprungsmythos reicht jedoch nicht aus, die Bewegung, wie es öfter getan wurde, als chiliastisch zu bezeichnen. In den John Ball zugeschriebenen Äußerungen findet man nicht die geringste Spur einer Eschatologie. Es gibt darin keine Anspielung auf eine Wiederkunft Christi, weder John Ball noch Watt Tyler werden in messianischen Farben dargestellt. Der Wunsch, die Hierarchie des Königreichs zu zerstören, hat nicht unbedingt einen chiliastischen Charakter. Mehr noch: Die zukünftige egalitäre Gesellschaft, deren Umrisse sich in beiden Versionen abzeichnen, evoziert weder ein drittes Zeitalter noch ein Paradies auf Erden. Dieses wurde lediglich als Ausgangspunkt für den Nachweis der Gleichheit angeführt. Im übrigen zeigt Froissart, wenn er die Auswirkungen der Predigt von John Ball beschreibt, die sich zurückziehenden Bauern, die sagen: »Er spricht wahr.«[145] Er erwähnt keine andere Äußerung. Hätten die Rebellen John Ball für einen Propheten oder einen Messias gehalten, so wäre ihm das zur Last gelegt worden. Thomas Walsingham, der Mönch von Saint Albans, hatte die beste Gelegenheit, den Inhalt der gegen John Ball erhobenen Anklagen zu erfahren.

Anläßlich der Predigt John Balls vor dem Aufstand berichtete Thomas, daß dieser die »perversen Lehren des perfiden John Wyclif vertrat«[146], und nannte einige Themen seiner Predigten. So bestimmte John Ball, daß nur diejenigen Gemeindemitglieder, die reicher wären als ihr Pfarrer, den Zehnten zahlen müßten. Vom Zehnten befreit sein sollten überdies diejenigen, die ein gottgefälligeres Leben führten als ihr Pfarrer. Die Zahlung des Zehnten hing also vom Verdienst sowohl der Gemeindemitglieder wie des Pfarrers ab. Nur ein armer und vollkommener Pfarrer konnte hoffen, ihn vollständig zu erhalten. Wir wissen nun aber, daß John Wyclif den Besitz des »dominium« mit den Verdiensten des Inhabers verband. Wir haben auch gesehen, daß der Ursprungsmythos, aus der Sicht John Balls, die Herren aufgrund ihrer fehlenden Verdienste disqualifizierte. Es ist also nicht ausgeschlossen, daß John Ball zumindest indirekt von Wyclif beeinflußt war. Was nicht heißt, daß dieser alle Ideen John Balls teilte – und er hat sich übrigens dagegen verwahrt –, aber sie hatten einige gemeinsame Prämissen. Doch die Tatsache, daß die Eschatologie im Gedankengut der Rebellen – so wie es überliefert ist – fehlt, deutet darauf hin, daß Wyclifs zentrale Doktrin über die Kirche der Prädestinierten von John Ball nicht gelehrt wurde und nicht in die Menge eingedrungen war. Im übrigen sollten sich ihre Auswirkungen nicht in England, sondern in Böhmen bemerkbar machen.

Die Hussiten und der Chiliasmus

Die Ablehnung der Institution Kirche, wie in Wyclifs Lehre, war in ganz Europa verbreitet. In Böhmen scheint sie jedoch besondere Ausmaße angenommen zu haben.[147] Der Erzbischof von Prag, Ernst von Pardubitz, beauftragte 1360 einen regulären österreichischen Regularkanoniker, Konrad von Waldhausen († 1369), mit der Predigt zur Kirchenreform. Auf ihn folgten zwei Tschechen, Jan Milič von Kremsier (gest. 1374) und Matthias von Janov (gest. 1393), beide Domkanoniker. Ihre quasioffizielle Predigt war äußerst ungestüm, auch wenn sie im Rahmen der Orthodoxie blieb. Sie nahmen die Sitten des Klerus in reinster gregorianischer Tradition aufs Korn. Jan Milič sah in Karl IV., König von Böhmen, sogar die Inkarnation des Teufels. Und Matthias von Janov bemühte bis zur äußersten Konsequenz das alte Bild von der »Kirche des Teufels«. Das Große Schisma bewies in ihren Augen die derzeitige Macht des Antichrist, der durch alle schlechten Christen und schlechten Priester wirke. Um den Getreuen zu helfen, Glauben und Hoffnung zu bewahren, schlug er Heilmittel vor, die zwar nicht häretisch waren, aber mit der Tradition brachen. Er empfahl nämlich die Rückkehr zum Evangelium durch die Lektüre der Texte und eine häufige Kommunion. Fest steht, daß sich diese Predigt an Personen wandte, die wenigstens ein Minimum an Bildung besaßen. Wahrscheinlich hatte sie einen erheblichen Einfluß in den Universitätskreisen von Prag, insbesondere bei den Studenten. In den achtziger Jahren des Jahrhunderts begannen die Schriften von Wyclif in Prag zu zirkulieren. Sie wurden 1403 von der Universität verurteilt. Doch diese war damals von deutschen Professoren beherrscht, und die tschechischen Studenten und Lehrer ergriffen Partei für Wyclifs Ideen.

Unter ihnen befand sich Jan Hus (1369–1415).[148] Er war seit 1396 Lehrer an der Universität und ab 1402 Prediger an der Bethlehemskapelle in Prag. Nach einem Streit mit König Wenzel, der ihnen das Wahlrecht beschnitten hatte, verließen die deutschen Professoren 1409 Böhmen, und Jan Hus wurde zum Rektor der Universität ernannt. Als Prediger scheint er in der Tradition von Matthias von Janov gestanden zu haben, aber er hatte einen Teil der Ideen Wyclifs übernommen, insbesondere dessen Konzeption einer »Kirche der Prädestinierten«, der Auserwählten. Das Zusammentreffen dieses Begriffs mit der tyconischen Tradition der »Kirche des Teufels« mußte das ekklesiologische Denken in eine besondere Richtung lenken. Denn wenn die Institution der Kirche verderbt und geteilt ist, besitzen folglich einzig die Prädestinierten den Schlüssel zum Heil. Nun verhilft aber allein schon die Tatsache, die vom Antichrist bewohnte Kirche des Teufels zu bekämpfen, psychologisch zur Gewißheit, ein Prädestinierter zu sein. Hinzu kam, daß Hus in der Nachfolge von Milič oder Matthias von Janov den Wert der Armut pries und dazu aufrief, das Ideal des apostolischen Lebens zu übernehmen. Eine weitere unheilvolle Verbindung. Nicht nur wird die reiche und besitzende Kirche verdammt, die prädestinierten Armen haben auch einen Läuterungsauftrag. Jan Hus selber konnte wahrscheinlich nicht alle möglichen Konsequenzen seiner Ideen abschätzen, aber der Erzbischof von Prag war zweifellos hellsichtiger: Er ließ Wyclifs Schriften verbrennen, verbot die Predigt von Jan Hus und exkommunizierte ihn 1410. Doch als Johannes XXIII. eine Kreuzbulle gegen den König von Neapel predigen ließ, wiegelten Jan Hus und seine empörten Anhänger das Volk von Prag auf, und die päpstliche Bulle wurde öffentlich verbrannt. Nun verhängte der

Papst die Große Exkommunikation über Jan Hus, so daß er gezwungen war, Prag zu verlassen. Er lebte im Schloß eines seiner Beschützer, wo er einen Traktat über die Kirche schrieb, in dem er zum großen Teil Wyclifs Ideen aufgriff. 1414 begab er sich mit einem Geleitbrief König Sigismunds zum Konzil von Konstanz, um seine Anschauungen zu verteidigen, aber er wurde verhaftet, verurteilt und am 6. Juli 1415 verbrannt.

Dieses Ereignis war das Signal für einen Aufstand nicht nur der Anhänger von Jan Hus, sondern auch des größten Teils des Adels und des tschechischen Volkes; eine Bewegung, die gegen das Papsttum und gegen König Sigismund gerichtet war, der 1419 König von Böhmen wurde; es war auch die Gelegenheit, die Ideen von Hus, erweitert und radikalisiert, in die Praxis umzusetzen. Der Kampf gegen die Kreuzzüge, die ab 1420 vom Papsttum entfacht wurden, zwang die Hussiten, sich militärisch zu organisieren. Die Speerspitze dieses Heeres bildeten die »Taboriten« unter der Führung von Jan Žižka. Dieses Armeekorps nannte sich nach einer von Žižka auf einem Berg gegründeten neuen Stadt, die Tabor, gleich dem neutestamentlichen Berg der Verklärung, genannt wurde.

Diese Gründung hatte ihren Ursprung in einer chiliastischen Bewegung, die im Laufe des Jahres 1419 in Erscheinung getreten war.[149] Das Ende der Welt war für den Februar des Jahres 1420 angekündigt worden, und nur diejenigen würden überleben, die auf die fünf heiligen Berge Böhmens flöhen. Daher die Gründung und Besiedlung des »Tabor«. Die Menschen, die sich dort niederließen, bildeten den extremistischen religiösen Flügel des Hussitenaufstands. Doch während der Angriffe auf Böhmen taten sie sich mit den Gemäßigten, den Calixtinern, zusammen. Diese hielten sich an die vier Prager Artikel von 1420: Freiheit, überall das Wort Gottes zu predigen; häufiges Abendmahl in beiderlei Gestalt, von Brot und Wein; vorbildliche Lebensführung der Priester; und öffentliche Bestrafung der Sünden durch die Zivilgewalt. Alle vier Punkte beschrieben – in der Sprache der Zeit ausgedrückt – den Wunsch, zum ursprünglichen Leben der Apostel zurückzukehren; daher das Abendmahl in beiderlei Gestalt, da die Apostel es auf diese Weise aus der Hand Christi empfangen hatten. Die der öffentlichen Gerichtsbarkeit unterstellte Bußdisziplin war insofern verständlich, als es darum ging, eine Art Gottesstaat auf Erden zu errichten. Dieses »gemäßigte« Programm war also bereits sehr kühn. Aber die Taboriten fügten ihm eine eschatologische, im strengen Sinn chiliastische Sicht hinzu, die es vollständig veränderte.

Die eschatologische Bedrängnis rechtfertigte die Errichtung einer Art egalitärer Gesellschaft, die anfangs als vorübergehend aufgefaßt wurde. In Erwartung des Weltendes und des Anbruchs der neuen Zeit unter der Führung Christi mußte man im Zustand völliger Bereitschaft sein: Man durfte also nichts mehr besitzen, aber auch nichts mehr herstellen, da die kommende Gesellschaft die Gesellschaft des natürlichen Überflusses sein würde. Die Taboriten brauchten lange, um erneut Handwerke zum Überleben zu organisieren; bis dahin lebten sie von einem Schatz, der zuerst aus Spenden, dann aus gerecht verteilter Beute bestand. Im übrigen hatten sie jede Hierarchie abgeschafft, außer der militärischen, und es vereinte sie ein rein inneres oder spirituelles Band, nach dem Beispiel der Schüler Fra Dolcinos. Was den Kult angeht, so mußten alle Kirchen oder religiösen Gebäude beseitigt werden, und die Priester durften weder eine Entlohnung noch sonstige Wohltaten erhalten. Die eschatologische Situation rechtfertigte auch die Anwendung von Gewalt: »Diese Zeit ist nicht mehr die Zeit der Gnade und des Erbarmens noch der Barmherzigkeit gegenüber den bösen, dem göttlichen Gesetz widerstrebenden Menschen«, heißt es in einem Artikel der Regeln von Tabor.[150] Es müßten also »alle Widersacher des göttlichen Gesetzes« getötet werden. Jedenfalls würden im letzten Augenblick alle, die nicht auf die Berge geflohen sind, unter den Schlägen Gottes fallen. Bis dahin seien die Taboriten die Instrumente Gottes: »Desgleichen sind die Taboritenbrüder zu dieser Zeit der Strafe die Engel Gottes, gesandt, aus den Städten, Dörfern und den befestigten Orten die Guten auf die Berge zu führen [...]. Desgleichen sind die Taboritenbrüder die Heerscharen Gottes, gesandt, alle Ärgernisse und Übelstände aus dem Königreich Christi hinauszufegen und die Bösen aus der Umgebung der Guten und aus der heiligen Kirche. Desgleichen sollen die Taboritenbrüder die Strafe vollziehen und die Wunden schlagen mit Feuer und Schwert den Feinden Gottes und allen Städten, Dörfern und den befestigten Orten.« Denn es nahe nicht nur der Tag, sondern »jetzt schon, zu dieser Zeit des Endes des Zeitalters, die Tag der Strafe heißt, ist heimlich Christus gekommen wie ein Dieb, damit er besiege das widersetzliche Haus und ihm ein Ende mache durch den Tod der Strafe durch Feuer oder Schwert, besonders aber durch Feuer; denn wie einst erneuert worden ist die Welt durch eine Wassersüntflut, so soll auch zu dieser Zeit die ganze Welt erneuert werden durch Feuer, und darum sollen alle Städte, Dörfer und befestigte Orte verbrannt werden.«[151]

Tabor war also das Bild der Kirche der Endzeit. Dies ist der Endpunkt der zur Zeit Joachims von Fiore begonnenen Aktualisierung des eschatologischen Schemas. Der chiliastische Charakter ergibt sich offenkundig aus der bevorstehenden Ankunft des Reichs Christi: »Desgleichen wird in dieser Zeit Christus in leiblicher Gestalt kommen und alle Ärgernisse aus seinem Königreich hinwegfegen und alle, die Böses tun. [...] und auch seine Kirche wird er hier auf Erden errichten zum größten Ruhm und Preis, als es war zur Zeit der ersten heiligen Kirche.«[152] Diese Kirche sei zugleich eine in Tabor im voraus verwirklichte Gesellschaft: »Desgleichen solle kein König mehr auf Erden gewählt werden, denn Christus selbst wird schon herrschen. [...] Desgleichen wird es zu dieser Zeit auf Erden keine Regierung geben und keine Herrschaft noch Untertanenschaft, und es werden aufhören alle Steuern und die Zinsen, auch wird niemand den andern zu etwas nötigen, denn es werden sein alle gleiche Brüder und Schwestern.«[153] Dieses ständige Hin und Her zwischen Gegenwart und Zukunft zeigt deutlich, daß die Endzeit schon da sein mußte, insofern Christus bereits »wie ein Dieb« gekommen war, bevor er seinen feierlichen Einzug hielt. Aber die Beschreibung der Gesellschaft, deren Forderungen denen der englischen Bauern von 1381 glichen, war das Ergebnis eines Amalgams zwischen dem bereits angebrochenen chiliastischen Reich und dem Mythos der angeborenen ursprünglichen Gleichheit. Dieses Gemisch mag erklären, daß es bei manchen vielleicht eine »adamitische« Tendenz gegeben hat. Es ist nicht ausgeschlossen, daß die Texte eine Art Rückkehr zur ursprünglichen Unschuld proklamierten. Diese meinte nicht zwangsläufig die Ausschweifung, die ihre Feinde ihnen unter Rückgriff auf einen traditionellen antihäretischen Gemeinplatz vorwarfen, aber von der Rückkehr zum ursprünglichen Paradies bis zur totalen Freiheit war es nur ein Schritt. Sie mußten lediglich die Heraufkunft der neuen Zeit als Tilgung der Sünde und der Schuld interpretieren.

Wie dem auch sei, die Taboriten hatten Gründe genug, sich als die Kirche der Prädestinierten zu sehen, deren Verwirklichung Wyclif erst am Ende der Zeiten erwartet hatte. Allein schon das Leben auf dem heiligen Berg Tabor war der Beweis ihrer Auserwählung. Zudem war ihnen als Streiter Gottes gleich den Kreuzfahrern das Heil gewiß, wenn sie als Märtyrer starben. Einer ihrer Kriegsgesänge verkündete es: »Christus verdient, daß ihr für ihn Schaden leidet: hundertmal mehr verspricht er euch. Glücklich die Toten, die für die Wahrheit gestorben sind.«[154] Kurz, sie konnten sich mit der kleinen Zahl der Auserwählten im eschatologischen Kampf gegen den Antichrist identifizieren. Hinzu kam, daß sie, wenn sie auf Erden einen egalitären Gottesstaat, eine apostolische und arme Kirche verwirklichten, zu den Armen Christi würden, denen der Triumph und das Heil gewiß waren. Diese Armut war entweder freiwillig, indem man seine Habe der Gemeinschaft spendete, oder ursprünglich, denn den Taboriten hatten sich viele Randgruppen angeschlossen. Aber als Prädestinierte, Auserwählte und Arme hatten alle, wenn sie ihr Ideal bewahrten, die Gewißheit des Heils und der Teilhabe an dem Abendmahl, das Christus zur Einweihung seines Reiches »seiner Braut, der heiligen Kirche« bereiten würde, »als der König unter die Feiernden herniedertretend, und er wird alle, die kein Hochzeitsgewand anhaben werden, hinunterstürzen mit allen anderen Bösen, die außerhalb der Berge sein werden, in die innere Finsternis.«[155]

Diese neue Kirche, die sich bereits auf dem Weg befand, war also eine kämpfende Kirche. Sie sollte der Wiederkunft Christi Bahn brechen, indem sie sich der Kirche des Antichrist entgegenstellte. Wieder einmal war der tyconische und augustinische Dualismus am Werk. Doch entgegen dem alten Verständnis, das während der Kirchenreform des 11. Jahrhunderts noch galt, war nun die Institution Kirche vom Teufel unterwandert und diskreditiert. Gerade der Zustand dieser vom Antichrist geführten Kirche war der Beweis für das bevorstehende Ende der Zeiten. Die kriegerische Gewalt bezog also ihre Rechtfertigung nicht nur aus der Verteidigung gegen die kaiserlichen Invasionen, sondern auch aus der Notwendigkeit, zur Vernichtung des Antichrist und zur Reinigung der Welt beizutragen. Prag zum Beispiel sollte »als das große Babylon verbrannt werden und vernichtet«.[156] Aber hinter Babylon lag die ganze Welt: »Denn wie einst die Welt erneuert worden ist durch eine Wassersüntflut, so soll zu dieser Zeit die ganze Welt erneuert werden durch das Feuer.«[157] Der Gegensatz zwischen Sintflut und Feuer verweist auf eine alte Tauftradition, die schon von Origenes eingedenk der Worte des Evangeliums entwickelt worden war, wo Johannes der Täufer die Taufe, die er spendete, derjenigen des Messias entgegenstellte: »Ich taufe euch nur mit Wasser zum Zeichen der Umkehr. Der aber, der nach mir kommt, ist stärker als ich [...]. Er wird euch mit dem heiligen Geist und mit Feuer taufen« (Matth. 3,11). Der Tradition zufolge würde das Jüngste Gericht am Ende der Zeiten mit Feuer stattfinden. Seit Augustinus hatte man von einem reinigenden Feuer gesprochen, das den individuellen Seelen nach dem Tod bestimmt ist. Hier verwarfen die Taboriten dieses Purgatorium wie jedes traditionelle Bußsystem der Kirche. Das Heil erfolgte auf Erden und wurde durch Taten und durch den Glauben erlangt.

Bei der Erörterung des Problems der taboritischen Lehre ist oft von Einflüssen gesprochen worden. Man hat auf die geheimnisvolle Anwesenheit von »Pikarti« hingewiesen, die 1418 nach Prag kamen.[158] Waren es aus Nordfrankreich gekommene Pikarden, oder Begharden, da der Terminus »pikard« in der Sprache Suddeutschlands diese Bedeutung hat? Waren es Anhänger des Freien Geistes? Sollten sie die »adamitischen« Tendenzen ermutigt haben, die in Tabor vermutet worden sind? Aber man hat auch darauf hingewiesen, daß es in Böhmen viele Waldenser gab. Muß man, neben dem unbestreitbaren Vorhandensein von Büchern und Schülern Wyclifs, nicht auch den joachimitischen Unterwanderungen Rechnung tragen? Eine Metropole wie Prag, die sich seit Mitte des 14. Jahrhunderts in voller Entfaltung befand, war ein starker Anziehungspunkt für den Handel wie für das intellektuelle Leben. Die Kenntnis der Häresie, in Form von antihäretischen Katalogen oder Traktaten, gehörte zum Rüstzeug aller Universitätsprofessoren. Die scholastische Methode, die auf der »Infragestellung« des Glaubens gründete, zwang dazu, die Solidität aller Säulen des orthodoxen Gebäudes zu überprüfen. Tatsächlich lagen in Prag, wie in Paris oder in Oxford, alle Ideen und Kontroversen sozusagen in der Luft, gleich, ob die Häretiker oder Andersdenkende nun selbst präsent waren oder nicht. Das ist ein Gesetz des Universitätslebens, und Bücher zu verbrennen ändert nichts daran. Eine einzelne Häresie kann die taboritische Bewegung nicht erklären, da wir es nicht mit einer bestimmten Lehre, sondern mit einer religiösen Grundhaltung zu tun haben. Man kann sie in eine bewegte Tradition einbetten, aber nicht in eine feste intellektuelle Struktur einschließen.

Wir sprachen von einer Grundhaltung, einem Deutungssystem oder, um es mit einem modernen Wort auszudrücken, einer Ideologie. Es handelt sich also um ein bewegliches System, in dem die Ideen eng miteinander verbunden sind, sich gemäß einer eigenen Logik ineinanderfügen, so daß eines der Elemente fast automatisch alle anderen nach sich zieht oder evoziert. Das Grundmuster dieses Systems bleibt das apokalyptische Szenarium, so wie Adso es aufgestellt hatte. Im Laufe der Zeit hat es sich, wie wir sahen, verändert, angereichert und neigte unter dem Einfluß des Joachimismus mehr und mehr dazu, sich zu aktualisieren. Der Dualismus, der die beiden Kirchen, die Kirche Gottes und die des Antichrist, gegeneinanderstellte, blieb weiterhin bestehen, wurde jedoch umgekehrt. Jetzt war es die offizielle Kirche, die vom Antichrist geleitet wurde, während die wahre Kirche, die der Prädestinierten, verfolgt wurde. Die apostolische Armut, ursprünglich eine mönchische und »evangelische« Tugend, war zur Bestimmung der kleinen Zahl von Auserwählten der Endzeit geworden. Das Heil durch das Martyrium des Streiters für Christus ist später dem Opfer des Kreuzfahrers verheißen. Diese Umkehrung der traditionellen Werte vollzog sich im Rahmen einer chiliastischen Auffassung, in der die Sehnsucht nach der Endzeit mit dem Ursprungsmythos zusammenfiel. Die Überlagerung des Anfangs und des Endes der Geschichte verrät in der Tat den Willen, die Zeit der Geschichte aufzuheben, einen Willen, der von der Erlangung der Gewißheit herrührte: Die Welt ist von Grund auf schlecht, es geht nicht mehr nur darum, sie zu fliehen, sondern sie zu zerstören. Alle Elemente, auf denen diese Gewißheit beruht, sind traditionell, nur das Ergebnis ist es nicht mehr. Der Ausgangspunkt ist sicherlich die Heilssehnsucht. Man war zu der Ansicht gekommen, daß sich das Heil auf Erden nur dadurch erwerben ließ, daß man sich der mit der Welt identifizierten Institution der Kirche entgegenstellte. Die apostolische Armut, die natürliche Gleichheit, die Reinheit des Glaubens, das persönliche Verhältnis zur Heiligen Schrift schienen untrennbar miteinander verwoben, was die »Welt« und die offizielle Kirche auf den Plan rief. Wenn diese die vollkommene Lebensweise der Prädestinierten verwarfen, so war dies ein Indiz für die Verkommenheit der Kirche im Zeichen des Antichrist, ein Signal für das Nahen der Endzeit. In diesem zirkulären ideologischen System fügte sich alles zusammen.

Thomas Müntzer

Nichts legt den Schluß nahe, daß die Taboritenbewegung etwas absolut Neues war. Sie trat jedoch zu einer Zeit in Erscheinung, in der das geschriebene Wort an Bedeutung gewonnen hatte. Außerdem sind uns zahlreiche Zeugnisse erhalten geblieben, die aus der Bewegung selbst stammen. Stünden uns ähnliche Quellen in bezug auf Eudo de la Stella oder Tanchelm im 12. Jahrhundert zur Verfügung, so würden wir vielleicht schon darin die wichtigsten Elemente dieser apokalyptischen Bewegung finden. Man darf also den Einfluß des ökonomischen und sozialen Umfelds oder der politischen Umstände nicht überbewerten, der die Entstehung der taboritischen Bewegung erklären soll. Zwar hätte die Bewegung ohne den Märtyrer Hus und ohne die antihussitischen Kreuzzüge keinen so großen Umfang angenommen; umgekehrt jedoch hätten sich dieselben Ereignisse anders ausgewirkt, wenn nicht latent eine chiliastische Stimmung geherrscht hätte. Einen Beweis dafür liefert vielleicht die 1476 vom Pfeifer von Niklashausen ausgelöste Bewegung.[159] Einem ungebildeten Schäfer erschien die Jungfrau Maria und erklärte ihm, daß Gott die Welt ihrer Sünden wegen hätte bestrafen wollen, daß er jedoch dank ihrer Fürbitte das Strafgericht aufgeschoben habe. Niklashausen müsse nun zu dem Ort werden, von dem die Erlösung der Welt ausgehen wird. Dieser Schäfer, Hans Böhm, predigte also Buße und entwickelte sich nach und nach zu einem regelrechten Propheten. Man schrieb ihm sogar Wunder zu. Ein stetig wachsender

Pilgerzug machte sich nach dem Dorf in der Nähe von Würzburg auf. Ob nun unter dem Einfluß eines benachbarten Eremiten oder nicht, Hans' Predigt wurde allmählich immer radikaler und nahm eine antiklerikale Wendung: Die Priester seien habgierig und wollüstig; die Zeit sei nahe, wo es verdienstvoll sein werde, sie totzuschlagen. Gleichzeitig forderte er seine Hörer auf, die Zahlung des Zehnten und der Grundzinsen zu verweigern, und verlangte mit der Zeit immer deutlicher die Rückkehr zu einer natürlichen Gleichheit. Von hier bis zu der Konsequenz, Papst und Kaiser als Inkarnationen des Antichrist zu sehen, war es nur ein Schritt. Die Figuren des apokalyptischen Szenariums standen bereit, sie mußten nur aufgerufen werden. Die Menschenmengen, die sich in Niklashausen versammelten, warteten mit Hans auf die bevorstehende Wiederkunft Christi und den Beginn des tausendjährigen Reichs. Der Bericht dieses Abenteuers zeigt, daß das Denken in Endzeitkategorien unterschwellig weit verbreitet war. Die Wallfahrer von Niklashausen begrüßten einander als Brüder und Schwestern, und als der Bischof von Würzburg Hans festnehmen ließ, stürmten sie mit Kerzen und Fackeln unter Führung eines Sehers in die Stadt, getragen von der Gewißheit, die Jungfrau Maria und die Dreifaltigkeit würden ihnen zum Sieg verhelfen.

Es scheint, als sei ein ähnliches Phänomen im Fall von Thomas Müntzer und dem »Bauernkrieg« am Werk gewesen.[160] Gewiß ist der »Theologe der Revolution«, wie Ernst Bloch ihn mißbräuchlich genannt hat[161], von anderer Statur als der Pfeifer von Niklashausen, aber in seinen Schriften finden sich viele wichtige Elemente apokalyptischen Denkens wieder. Er war fünf bis sechs Jahre jünger als Luther – 1488 oder 1489 geboren – und stammte aus einem wohlhabenden Milieu; er hatte studiert und war Priester geworden, bevor er sich der lutherischen Reformation zuwandte. Einige seiner Schriften und Briefe sind erhalten geblieben, aus denen sich jedoch nur schwer eine kohärente Lehre herausfiltern läßt, da es sich um Manifeste, Predigten oder Briefe handelt, die mehr durch Polemik und Sprachgewalt als durch Argumente überzeugen sollen.

Sicher ist, daß Thomas Müntzers erster Impuls, wie bei vielen Menschen seiner Zeit, von seiner Heilssehnsucht herrührte. Seine grundlegende Intuition war, daß der Weg des »rechten Glaubens«

schwierig sei, sogar für die, die von Gott »auserwählt« seien: »Nachdem Gott alle seine Auserwählten aufs höchste vom Anbeginn versucht hat und sogar seines einzigen Sohnes nicht geschont hat, auf daß er das rechte Ziel der Seligkeit sein sollte und den einzigen engen Weg weisen, den die wollüstigen Schriftgelehrten ewiglich nicht finden können, kann ein auserwählter Freund Gottes deshalb nicht so leicht zum Glauben kommen.«[162] Hier finden wir das Motiv der Prädestination der Auserwählten wieder, dem wir seit Wyclif auf der Spur sind, vermischt mit einer nicht nur deutschen, wie oft behauptet wurde, sondern abendländischen mystischen Tradition, insofern er an das Motiv der Nachahmung des leidenden Christus anknüpfte. Aber Müntzer entfernte sich zugleich von der Tradition, wenn er den Weg erklärte, der zum Glauben führe. Das innerlich oder äußerlich akzeptierte Leiden, der Weg des Kreuzes, habe nämlich das Ziel, sich »leer zu machen«, um dem Geist Platz zu schaffen. Dieser aber zeige sich nicht auf Anhieb und nicht endgültig. Er werde zuerst als Geist der Furcht empfunden, bevor er den Menschen allmählich zum wahren Glauben lenke. Dies gehe nur langsam vonstatten, der Christus, der durch seinen Geist in den Menschen eindringe, sei ein »bitterer« Christus: »Denn ebenso wenig wie der Acker ohne die Pflugschar mannigfaltigen Weizen zu tragen vermag, ebenso wenig mag einer sagen, daß er ein Christ sei, wenn er durch sein Kreuz nicht vorher empfänglich wird, Gottes Werk und Wort zu erwarten. In solcher Erharrung erleidet der auserwählte Freund Gottes das Wort [...]. Was ein Mensch hört oder sieht, was zu Christo weiset, nimmt er zum wunderbaren Zeugnis an, seinen Unglauben dadurch zu verjagen, zu töten und zu zermalmen. In dem Maße sieht er die ganze Heilige Schrift wie ein zweischneidiges Schwert an, denn alles, was darinnen ist, ist dazu da, daß es uns allezeit eher würgen denn lebendig machen soll. Ein unversuchter Mensch, der mit Gottes Willen viel pochen will, wird nichts ausrichten außer Windfangen.«[163] Der Mensch, der somit zum Behältnis des Geistes geworden sei, mache nun die Erfahrung des »Ganzen oder des ungeteilt Vollkommenen, das ein gleichteilendes Maß ist, alle Teile zu überlegen«.[164] Jener Weg des »rechten Glaubens« hat bei Müntzer einen ausgeprägt mystischen Charakter. Er endet in einer Offenbarung des »Ganzen« – hier vereint Müntzer neuplatonische und mystische Vorstellungen – als letztem Ziel des Glaubens. Eben diese Offenbarung macht den Menschen zu einem Auserwählten.

Aber der Auserwählte, der dies vollbringe, stoße auf den Widerstand der etablierten Kirche, ihrer Priester und ihrer Mönche, gegen die Thomas Müntzer heftig zu Felde zog. Denn letztere bildeten einen Schirm zwischen dem gewöhnlichen Menschen und dem Glauben. Sie hinderten den Christen am unmittelbaren und vollständigen Zugang zum Wort Gottes, zur Heiligen Schrift, indem sie ihm eine zerstückelte und von ihnen überarbeitete Botschaft aufzwängen. Diese Kritik galt im übrigen auch den Schülern Luthers. Die Auserwählten müßten also das arme Volk, das nach dem »rechten Glauben« dürste, führen und ihm den Weg weisen. Die Eingebung werde ihnen durch Visionen oder Träume zuteil, die Gott in ihre Seele gesenkt habe. Der Auserwählte ist für Müntzer also auch ein Prophet. Fest steht, daß diesen Reformator die Gewißheit leitete, zumindest in seiner Zeit als erster diesen initiatorischen Weg gegangen zu sein. In seiner Fürstenpredigt identifizierte er sich mit Daniel, der beauftragt sei, die Offenbarungen auszulegen, zumal was die Fürsten betreffe. Auf sein Wort hin sollten sie den neuen Götzendienst zerstören: »Also sollen sie zunächst den Feinden den Frieden anbieten. Wenn sie aber geistlich sein und die Kunst Gottes nicht berechnen wollen, soll man sie wegtun. Aber mit dem frommen Daniel bitte ich für sie, wenn sie nicht Gottes Offenbarung entgegen sind. Wenn sie aber das Widerspiel treiben, soll man sie ohne alle Gnade erwürgen.«[165]

Die Fürsten würden somit zu den Werkzeugen der von Gott gewollten Veränderung der Welt: »Er will sie [die Veränderung] in den letzten Tagen durchführen, daß sein Name recht gepriesen werden soll. Er will sie ihrer Schande entledigen und seinen Geist über alles Fleisch ausgießen, und unsere Söhne und Töchter sollen weissagen und Träume und Gesichte haben etc. Denn wenn die Christenheit nicht wie die Apostel werden sollte, warum sollte man dann predigen? Wozu dient dann die Bibel, die von Gesichten spricht? Es ist wahr, und ich weiß es fürwahr, daß der Geist Gottes jetzt vielen auserwählten frommen Menschen offenbart, daß eine treffliche, unüberwindliche zukünftige Reformation dringend vonnöten ist, und sie muß vollführt werden.«[166] Das Ende dieser Reformation scheint für Thomas mit der Zerstörung des Heiligen Römischen Reiches zusammenzufallen, die er in der Vision Nebukadnezars prophezeit sah, wo es in Form der Füße der Statue erscheine: »Es ist dieser Daniel-Text so klar wie die helle Sonne, und das Werk geht jetzt recht im Schwange vom Ende des fünften Reichs der Welt. [...] Aber das fünfte ist das, was wir vor Augen haben.«[167] Im übrigen führt Thomas bei dieser Ankündigung der Zerstörung das Volk der Armen ein. »Denn der Stein, ohne Hände vom Berge gerissen, ist groß geworden. Die armen Laien und Bauern sehen ihn viel schärfer an als ihr.« Unter diesen Umständen wird die von den Fürsten geübte und von den auserwählten Propheten empfohlene Gewalt genau die Gewalt Gottes am Ende der Zeiten sein. Sie werden, so kann man Müntzer verstehen, den Platz des Endzeit-Kaisers einnehmen: »Anders kann die christliche Kirche nicht wieder zu ihrem Ursprung kommen. Man muß das Unkraut ausraufen aus dem Weingarten Gottes in der Zeit der Ernte, dann wird der schöne rote Weizen beständige Wurzeln bekommen und recht aufgehen.«[168]

Die Fürstenpredigt, die 1524, vor dem Bauernkrieg, in Alstet gehalten worden ist, erlaubt es, Müntzers apokalyptisches Denken zu verstehen. Im Hintergrund finden wir die Bestandteile des traditionellen Schemas wieder. Die Welt ist in zwei Lager geteilt: Die römische Kirche wird mit der »Kirche des Teufels« gleichgesetzt, und die Anhänger Luthers haben sich ihr angeschlossen. Die wahre Kirche besteht aus der kleinen Zahl der Auserwählten, die, gleich den Propheten Elias und Henoch, das Volk der Armen zum Heil führen. Dieser Weg des Heils ist der Weg der Nachahmung Christi, den die Anhänger des Antichrist oder des Teufels vor den Augen der verwirrten Christen verbergen. Es obliegt also den vom Propheten Thomas Müntzer beratenen deutschen Fürsten, die Aufgabe zu erfüllen, die früher dem Endkaiser zufiel. Nur ein Mythos, der jüngste, hat nicht überlebt: der Engelpapst-Mythos. Freilich hat er im Rahmen einer gewaltsamen Reformation auch keinen rechten Platz mehr. Das Ergebnis dieses Kampfes ist die Rückkehr der Kirche zu ihrer apostolischen Form. In Thomas' Schema ist nie von einer Rückkehr zum ursprünglichen Paradies und zum Zustand der natürlichen Gleichheit die Rede. Dies macht es schwieriger, sein Verhalten in Mühlhausen zu verstehen, als er an der Spitze der aufständischen Bauern stand. Diese – die übrigens nicht alle Bauern waren – erhoben Forderungen, die denen der englischen Bauern von 1381 recht nahe kamen. Aber Thomas Müntzer hatte stets seine Zuneigung zum Volk, zum armen Volk bekundet, das er für ein Opfer der Priester und schlechten Schriftgelehrten hielt, die ihnen den Weg zum Heil verbargen: »Aber am gemeinen Volk zweifle ich nicht. Ach, du rechtes, armes, erbärmliches Häuflein, wie durstig bist du nach dem Wort Gottes!«[169] Das schrieb er 1521 in seinem Prager Manifest. Wir sahen auch, daß er in seiner Fürstenpredigt den »armen Laien und Bauern« mehr eschatologischen Scharfblick zuerkannte als den Fürsten oder Gelehrten. 1524 betont er in seiner »Ausgedrückten Entblößung des falschen Glaubens« den Gegensatz zwischen den armen Leuten und den Schriftgelehrten: »Da werden dann die armen bedürftigen Leute so hoch betrogen, daß es keine Zunge hinreichend erzählen kann. Mit allen Worten und Werken machen sie [die Schriftgelehrten] es ja so, daß der arme Mann aus Sorge um die Nahrung nicht lesen lerne, und sie predigen unverschämt, daß der arme Mann sich von den Tyrannen schinden und schaben lassen soll.«[170]

Auch hier ist die Hauptsorge das Heil, aber die materielle Armut wird als zusätzliches Hindernis eingeführt. Und Thomas nennt zwei Arten von Schuldigen: unmittelbar die »Schriftgelehrten« und hinter ihnen die »Tyrannen«. Weiter unten setzt er seine Argumentation fort: »Ja, das [an die Nächstenliebe glauben] dünkt unzähligen Leuten eine mächtig große Schwärmerei zu sein. Sie können nicht anders urteilen, als daß es unmöglich sei, daß ein solches Spiel angerichtet und vollführt werden könnte, die Gottlosen vom Stuhl der Urteile zu stoßen und die Niedrigen, Groben zu erheben. [...] Es dünkt der Welt und den unversuchten Schriftgelehrten als deren oberem Abschaum als das allerunmöglichste Ding, daß die Niedrigen erhoben und von den Bösen abgesondert werden sollen. Ja, das ist der rechte, schwere, ganze Reif. Sie wollen dem Text des 13. Kapitel des Matthäus-Evangeliums keine Statt geben von der Absonderung der Gottlosen von den Auserwählten.«[171] Es scheint, als seien in diesen letzten Zeilen die Gottlosen die »Tyrannen« und »Schriftgelehrten« und als seien die »Niedrigen« und »Groben« die mit den

»Auserwählten« des Evangeliums gleichgesetzten Armen selbst. Es könnte also sein, daß Thomas Müntzer, der jede Hoffnung auf die Fürsten verloren hatte, sein eschatologisches Schema schließlich einzig auf die Auserwählung der Armen gründete. Diese hatten nun einen eschatologischen Rang erworben: Sie waren nicht nur scharfsichtiger als die anderen, sondern sie hatten auch die besondere Berufung, die »Niedrigen, Groben« darzustellen, die am Ende der Zeiten von den Gottlosen abgesondert werden. Faktisch wäre Thomas Müntzer zum alten Thema der eschatologischen Auserwählung der Armen zurückgekehrt. So wäre es auch kein Widerspruch, daß er sich an die Spitze der aufständischen Bauern stellte.

Das Bußwesen und die Heilszeit

Während der Zeit, in der sich die apokalyptische Bewegung entwickelte, hatte die Kirche nicht nur mit Unterdrückung reagiert. Sich auf die alte Bußtradition stützend, suchte sie ihrer Aufgabe dadurch gerecht zu werden, daß sie den Getreuen immer mehr Heilsmittel anbot. Die neue Bußdisziplin, die Ablässe, die Feier von Jubeljahren sollten die Gedanken auf die persönliche Schuld lenken und der Kirche gleichzeitig wieder die Mittel zur Deutung und Bewältigung der von den Chiliasten negierten langen Zeit an die Hand geben.

Das Heil und die Kirche

Die beständige Aktualisierung des apokalyptischen Schemas hatte seine Verfechter über die Jahrhunderte immer weiter von der Kirche entfernt. Diese Entwicklung war unvermeidlich. Besonders aufschlußreich ist, sie bei Menschen zu betrachten, die anfangs weder Häretiker noch Schismatiker sein wollten: die Spiritualen und die Fraticellen.[172] Einige der ersten Schüler Franz von Assisis, die sich seinem Testament und seiner Regel verpflichtet fühlten, insbesondere hinsichtlich der Armut, sahen sich selbst nicht auf dem Weg der Häresie. Wie die meisten ihrer Gefährten dachten sie, daß ihr Gründer mit dem Engel des siebten Siegels und sogar mit einem »alter Christus« identifiziert werden könnte. Das stärkte ihren Eifer für die Armut, ein eschatologisches und apostolisches Ideal. Daß einige von ihnen vom Joachimismus beeinflußt waren, wissen wir bereits. Diejenigen Brüder der Gemeinde, von denen sie sich absetzten, waren dagegen vor allem darauf bedacht, das Überleben des Franziskanerordens zu gewährleisten. Sie mußten daher Abstriche vom

Ideal machen und eine bestimmte Form von kollektivem Güterbesitz zulassen, ob nun direkt oder durch Vermittlung des Papsttums. Für sie war die Armut mehr von individuell-asketischem Wert denn von eschatologischer Bedeutung. Die Spiritualen hielten ihnen die Auffassung entgegen, daß Christus und seine Apostel in absoluter Armut gelebt hätten, ohne jeden individuellen oder kollektiven Besitz. Die Nachahmung Christi und des »alter Christus« bei Franziskus meinte in ihrem Verständnis ein wahrhaft apostolisches Leben, gleichbedeutend mit totaler Armut. Wenn Franz von Assisi, ihr Vorläufer, der Engel des sechsten Siegels war, so konnten sie selbst nur die Vorläufer des von Joachim angekündigten dritten Zeitalters sein. Jedenfalls glaubten sie, die kleine Zahl von Kennern der Wahrheit zu sein, angesichts einer verständnislosen Gemeinschaft und bald auch, zur Zeit von Bonifatius VIII. und später Johannes XXII., einer repressiven offiziellen Kirche. Der Prozeß der Identifizierung mit den Auserwählten der Endzeit hatte eingesetzt, und die Gewißheit, die von Antichrist-Päpsten regierte »Kirche des Teufels« zu bekämpfen, mußte sich den Spiritualen oder Fraticellen, wie man sie Anfang des 14. Jahrhunderts nannte, aufdrängen. Nach deren Verdammung durch Johannes XXII. im Jahr 1317 trat die Inquisition auf den Plan, und 1318 hatten die Fraticellen ihre ersten Märtyrer in Marseille, wo vier Minoritenbrüder verbrannt wurden. Endgültig verschwand die Sekte erst Mitte des 15. Jahrhunderts.

Die Spiritualen bildeten nie eine Massenbewegung, und sie unterschieden sich grundlegend von den Hussiten und den Schülern Thomas Müntzers. Um so frappierender ist es, daß die Forschung, ausgehend von sehr unterschiedlichen Standpunkten, zur Annahme eines in seinen großen Zügen identischen Endzeitdenkens gelangte. Das liegt daran, daß das Endzeitdenken in wesentlichen Punkten nach einem einheitlichen und gewissermaßen neutralen Denkrahmen verläuft. Das Denkschema ließ sich bis zu einem bestimmten Punkt unterschiedslos sowohl von der offiziellen Kirche wie von ihren Gegnern, vom Inquisitor wie von den Verhörten anwenden. Die Differenzierung zeigt sich erst in dem Augenblick, in dem sich das Schema zu einem Szenarium verdichtet, wo aus Rollen Personen werden. Außerdem ging es beiden Seiten jeweils um etwas anderes. Die Abweichler geben dem Schema nämlich stets ein Ende chiliastischen Typs, während die Kirche sich vor allem in der Zeit zu verewigen trachtete. Die Theologie als solche war dabei eher nebensächlich. Sie lieferte mehr den Vorwand als den Inhalt des Dramas. Sobald das Schema aktualisiert wurde, fand sich die Kirche in einer von außen, aber auch von innen belagerten Festung wieder, wie es der Fall der Spiritualen in seinen ersten Anfängen zeigt. Die Belagerer erwarteten den eschatologischen Zusammenbruch der Institution, während die Belagerten in der Kirche an ihrem Triumph in der Zeit und über die Zeit hinaus arbeiteten. Der Weg, der zu diesem Sieg führte, war nicht eine allmähliche Vervollkommnung der Kirche und der Welt, wie Joachim es wollte, sondern die unaufhaltsame und stetige Expansion einer konstanten und unwandelbaren Wahrheit im Sinne eines Thomas von Aquin. Es ging also nicht nur um die Erhaltung der institutionellen Macht, sondern um das Heil der Menschheit in der Zeit. Dante hat diese Auffassung später auf vortreffliche Weise in Szene gesetzt. Indem er die Hölle, das Fegefeuer, das Paradies und die himmlische Welt gleichzeitig zeigte, hat er das anti-joachimitischste und am wenigsten apokalyptische Schema geschaffen. Die Wahrheit und ihr Gegenstück, der Irrtum, bestehen bei Dante nebeneinander, so wie das Böse (die Hölle) neben dem Guten (der himmlischen Welt) existiert. Alles ist, konstant und unwandelbar, von Anfang an ein für allemal gegeben. Den einzigen Fortschritt erzielen die Guten, die es nicht verstanden haben, auf Erden die Heiligkeit zu erringen: Sie erklimmen die Abhänge des Purgatoriums.

Der chiliastischen Dynamik des apokalyptischen Denkens stellte die Kirche die Bußpraxis entgegen. Diese fußte auf der Idee des Fortbestehens der Zeit und der Kirche, die durch Vermittlung der Nachfolger Petri die Schlüssel des Heils für jeden einzelnen Christen wie auch das gesamte Christenvolk innehatte. Stabilität bedeutete dabei nicht Immobilismus. Die Kirche suchte und ersann Formeln, die allen Menschen den Zugang zum Heil erleichtern sollten. Wenige Bereiche haben sich seit den Ursprüngen so stark entwickelt wie das Bußwesen. Seine Praxis hat allmählich so etwas wie eine Ideologie hervorgebracht, ein Vorstellungssystem, das es ermöglichte, sie der größtmöglichen Zahl zugänglich zu machen. Die Idee des Purgatoriums im Diesseits oder der Ablässe im Jenseits hat nämlich ebenso viele oder ebenso wenige biblische Grundlagen wie das apokalyptische Denksystem. Aber beide haben dieselbe Funktion: den Gläubigen einen schematischen Diskurs zu bieten, der die Bedingungen für die Erlangung des Heils beschreibt. Um ihn zu verstehen, müssen wir noch einmal auf die Geschichte des Purgatoriums zurückkommen.

Das Purgatorium

Wie wir sahen, entstand der Begriff Purgatorium zwischen Augustinus (354–430) und Beda Venerabilis (672/3–735).[173] Ersterer fragte nach dem Leben der Seelen im Jenseits und schloß auf ein reinigendes Feuer zur Läuterung der Unvollkommenen. Über die praktischen Modalitäten schwieg er sich aus, und er lehnte es ab, zwischen dem Jenseits und dem Diesseits eine Verbindung einzuräumen, die es erlauben würde, etwas über das reale Los der Seelen der Verstorbenen zu erfahren. Dagegen scheint er die Idee einer gewissen Zeitlichkeit nach dem Tod, in Erwartung des Weltgerichts, akzeptiert zu haben. Liest man jedoch das Werk Gregors des Großen (540–604), so bemerkt man, daß zwischenzeitlich viele gedankliche Skrupel verflogen waren. Die Toten erschienen den Lebenden, Dahingeschiedene kehrten ins Leben zurück, um zu bezeugen, was sie gesehen hatten, und Sterbende sahen voraus, was sie erwartete. Das Purgatorium war noch nicht vollständig konstituiert, denn wenn Prüfungen zu bestehen waren, wußte man noch nicht, für wie lange und welche Sünden unter welchen Bedingungen geläutert werden konnten. Die Lösung wurde von Beda in einer seiner Homelien ausgearbeitet, in der er das Los derer beschrieb, die weder auserwählt noch ausgestoßen sind: »Mehrere jedoch sind ihrer guten Werke wegen im voraus dazu berufen, das Los der Auserwählten zu teilen, aber bestimmter böser Taten halber, derentwegen sie ihren Leib im Zustand der Unreinheit verlassen haben, werden sie nach ihrem Tod in den Flammen des Reinigungsfeuers aufgenommen und dort streng bestraft, und sie werden dort entweder von dem Schandmal ihrer Laster durch eine lange Prüfung geläutert bis zum Tag des Gerichts oder vorher von ihren Qualen befreit durch Gebete, Almosen, Fasten, inständige Bitten und eucharistische Gaben ihrer treuen Freunde und gelangen selbst zur Ruhe der Glückseligen.«[174]

Dieser Text legte den Rahmen fest, in dem sich von nun an die Beziehungen zwischen den Lebenden und den Toten bewegen sollten. Denn zum erstenmal wurde die Rolle, die erstere im Heil der Dahingeschiedenen spielen, deutlich erklärt. Die Erlösung des sich im Jenseits befindenden Toten von seinen Verfehlungen bewirkten die Gebete und Werke seiner auf der Erde verbliebenen Verwandten und Freunde. Die Erklärung dieses ständigen Bandes erschloß gleichzeitig die Existenz eines anderen, keinesfalls nur symbolischen Ortes, an dem sich die Toten aufhalten. Diese führten zudem eine Art reales Leben, da sie imstande waren zu leiden. Die Sünden, die sie verbüßten, waren nicht nur leichte Vergehen, sondern Laster, schwere Verfehlungen. Offenkundig versuchte Beda, ein altes Problem zu lösen: das Problem der Sterbenden, denen keine Zeit mehr zur vollständigen Buße ihrer Sünden blieb. Das Purgatorium gab dem Dahingeschiedenen die Möglichkeit, mit Hilfe der Lebenden die Prüfungen der Erlösung zu überstehen. Es überließ ihm deren passiven Teil, das Leiden, und seinen Freunden und Verwandten den aktiven Teil, die Werke und Gebete. Auch wenn der Terminus Purgatorium erst im 12. Jahrhundert in einem vorscholastischen Kontext auftauchte, als man begann, alle Glaubensdinge methodisch zu klassifizieren, war seine gedankliche Fassung bereits vorhanden. Sie war vor allem für die Laien bestimmt, wie es die Vision von Drythelm beweist, jenes Bauern, von dem Beda in seiner Kirchengeschichte erzählt, er habe das Jenseits besucht, wo er gesehen haben will, wie Seelen zur Strafe gemartert wurden, weil sie ihre Verbrechen erst auf dem Totenbett gebeichtet hatten.[175] Sie waren also zur Befreiung am Tag des Jüngsten Gerichts berufen, falls sie nicht durch die Gebete der Lebenden, durch Almosen, Fasten und Lesen von Messen schon früher an einen paradiesischen Ort gelangten. Sobald das System aufgestellt war, traten mehrere Visionäre die Reise ins Jenseits an, um dort Kaisern, Königen, Laien, aber auch Geistlichen und Mönchen zu begegnen, die ihre Sünden abbüßten.

Im übrigen ging man mehr und mehr dazu über, präzise Fälle zu nennen, die stark individualisierten Sünden und Personen entsprachen. So gelangte man allmählich dazu, den Begriff der persönlichen Schuld, der Verantwortung sowohl gegenüber der Gesellschaft wie gegenüber Gott stärker herauszustreichen. Später ließen die großen und berühmtesten Visionen – die von Tnugdal, dem Ritter Owen im Purgatorium von Saint-Patrick, von Gottschalk, Edmund von Eynsham oder Thurkill, alle etwa zwischen 1148 bis 1206 abgefaßt – Männer und Frauen aus allen Gesellschaftsschichten auftreten, die immer häufiger ihre eigene Geschichte in Form eines erbaulichen *exemplum* erzählen. In diesen Texten entsteht die Gestalt des schuldigen Menschen, der sich seines Vergehens und damit der Einmaligkeit seiner Person bewußt ist.

Die Beichte und das Gewissen

Um an diesen Punkt zu gelangen, mußte sich die Vorstellung von Sünde und Buße seit der Karolingerzeit weiterentwickelt haben. Im Laufe des 7. Jahrhunderts war die feierliche, ein einziges Mal erneuerbare Buße, deren Vollzug man im allgemeinen bis zum Totenbett hinauszögerte, fast außer Gebrauch gekommen. Sie zwang nämlich denjenigen, der eine schwere öffentliche Sünde begangen hatte, in die Reihe der Büßenden einzutreten, wo er häufig für lange Zeit ein nahezu mönchisches Leben führen mußte. Sie wurde daher allmählich vom System der sogenannten Tarifbuße abgelöst, einer Bußpraxis, die von irischen Mönchen eingeführt wurde, welche sich nach dem Beispiel von Columbanus auf dem Kontinent niedergelassen hatten.[176] Jedem Vergehen entsprach eine angemessene Buße in Form von Fasten, Abstinenz, verschiedenen Kasteiungen oder Wallfahrten, die je nach der Schwere der Sünde für eine bestimmte Zeit auferlegt wurden. Diese Bußbücher mit genauen Angaben über einzelne Bußleistungen zirkulierten im lateinischen Westen noch bis ins 12. Jahrhundert in großer Zahl. Daß Inhalte und Absolutionsweise sich immer wieder leicht anpassen ließen, war von Vorteil.

Außerdem gewöhnten sie die Menschen daran, die verschiedenen Sünden klarer zu individualisieren. Der Nachteil war ein ausufernder Formalismus. Vor allem fehlte dem Sünder wahrscheinlich oft ein reales Schuldbewußtsein. Jedenfalls regte das System, das auf einer äußerlichen Auffassung der Unreinheit beruhte, nicht zur Verinnerlichung der Schuld an. Die Periode seiner größten Entfaltung, vom 7. bis zum 9. Jahrhundert, war zugleich die Zeit der gedanklichen Entfaltung und Popularisierung der Idee des Purgatoriums. Beide Phänomene hängen miteinander zusammen. Man findet hier anfangs dieselbe äußerliche Definition von Sünde, korrespondierend mit einer ebenfalls äußerlichen, nämlich körperlichen Züchtigung. Infolgedessen wurden auch den Seelen im Jenseits leidensfähige Körper zugesprochen. Entsprechend dem Bußsystem der eigenen Zeit glaubte man, daß auch im Jenseits Länge und Grad der Strafe von der Schwere des Vergehens abhingen, während die Fürbitte von lebenden Angehörigen und Freunden sie verkürzen konnte. Auch unter den Lebenden war ein »Tausch« der Bußleistung denkbar. Zum Beispiel konnte jemand anstelle eines Sünders fasten. Aus alledem erwuchs Solidarität in der Sünde, aber auch im Guten. Die Werke nützen den anderen in dem Maße, wie die Vergehen eines jeden auf die Gemeinschaft der Christen zurückfallen. Es ist dies eine alte, sogar biblische Idee: Gott straft die Menschen, wenn die Zahl der Sünden überhandnimmt. Die mittelalterlichen Chronisten griffen das Thema wieder auf, und es blieb noch lange aktuell. Doch die Fürbitte der Gerechten, der lebenden oder toten Heiligen hielt, wie einst Abraham, den Arm Gottes zurück und heilte Körper und Seelen. Allein das Bewußtsein dieser irdischen, aber auch kosmischen Solidarität erlaubte es, die späteren Entwicklungen des Bußsystems zu verstehen.

Allerdings ging man allmählich dazu über, die Sündenvergebung mit der Beichte zu verbinden, indem man ihr die ganze oder einen Teil der konkreten Buße folgen ließ.[177] Die Absolution der Sünde wurde damit immer mehr von ihrem Bekenntnis abhängig gemacht. Kurz, eine Praxis, die seit langem bei den Sterbenden erlaubt war, stand nun auch den Lebenden offen. Man sieht deutlich die Verbindung mit dem Konzept des Purgatoriums: Alle nicht abgeleisteten Bußen wurden dorthin verwiesen. Die endgültige Verdammnis galt nur dem, was auf Erden nicht bekannt worden war. Jedenfalls war die Absolution lange Zeit nichts anderes als eine vom Priester gesprochene Fürbitte: Gott war es, der vergab. Ursprünglich begleitete die Fürbitte die Wiedereingliederung des Büßers in die Gemeinde. Als sie sich von diesem liturgischen Akt löste, konnte sie insofern einen aufschiebenden Charakter bewahren, als allein Gott als letzter Richter gesehen wurde. Doch nun setzte eine doppelte Bewegung ein. Einerseits meinte man mehr und mehr, daß die mit dem Eingeständnis verbundene Scham an sich schon eine Buße sei. Andererseits setzte dies voraus, daß die Sünde stärker verinnerlicht wurde, da die Schwierigkeit des Bekenntnisses einen geheimen Charakter der Handlung verlangte. Nun konnte es sich aber in solchen Fällen nicht immer nur um Vergehen handeln, von denen die anderen nichts wußten; es betraf auch die schon von Christus verurteilten Wünsche oder inneren Antriebe: »Wer eine Frau auch nur lüstern ansieht, hat in seinem Herzen schon Ehebruch mit ihr begangen« (Matth. 5,28). Abälards Definition der Bußfertigkeit, die Bedeutung, die er der Absicht und der Reue beimaß, die Definition von Sünde als innere Tat, die von der Zustimmung zum Bösen abhängt – das alles rückte immer mehr das Bekenntnis in den Vordergrund des Bußwesens. Wenn Petrus Cantor († 1197) sagte, daß »die mündliche Beichte den wesentlichen Teil der Buße bildet«, setzte seine Behauptung eine erhebliche Entwicklung des Sündenbegriffs und der Bußlehre voraus. Etwa zur selben Zeit war die Absolutionsformel nicht mehr eine Bitte um Fürsprache, sondern eine Beteuerung des Priesters, die dem Beichtenden anzeigte, daß Gott ihm seine Sünden vergebe. Die Formel in der ersten Person Indikativ, »Ego te absolvo«, tauchte erst im 14. Jahrhundert auf. Der Kanon 21 des Vierten Laterankonzils, der alle Gläubigen verpflichtete, mindestens einmal im Jahr, an Pfingsten, zu beichten und zu kommunizieren, bestätigte diese Entwicklung, ließ jedoch die Modalitäten einer konkreten Anwendung offen.

In der Tat dürften zu diesem Zeitpunkt nur wenige Gläubige und Priester begriffen haben, was ihnen abverlangt wurde. Zwar war die Verwendung des Bußbuchs schon seit langem gebräuchlich, aber das Sündenbekenntnis mit eigenen Worten zu formulieren, ja sich die Absicht hinter der Handlung bewußt zu machen und sich wegen etwas anzuklagen, was keinerlei Folgen hatte, setzte einen vollständigen Wandel der geistigen Gewohnheiten voraus. Was die Priester angeht, so oblag es ihnen von nun an, die richtigen Fragen zu stellen, den Gläubigen zu helfen, ihre seelischen Zustände auszudrücken, wozu sie allerdings selbst erst einmal in der Lage sein mußten. In Wirklichkeit lag das, was die Mönche bereits praktizierten, die Introspektion, wohl außerhalb der Möglichkeiten oder sogar außerhalb des Interesses der meisten Gläubigen. Dennoch war diese Maßnahme unausweichlich und entsprach einer Erwartung, auch wenn sie zu ihr in keinem Verhältnis stand. Denn man konnte unmöglich zulassen, daß die Bußdisziplin zu einer reinen Formsache wurde. Gerade um diese Zeit entstand die Deutung der Eucharistie als Transsubstantiation, eine ungeheure und furchterregende Realität: der wahre Leib Christi! Eine vollständige und reale Reinigung war notwendig, bevor man sich ihm näherte, und sei es nur einmal im Jahr. Nun war aber, wenn wir die noch zu schulmäßige Doktrin Abälards beiseite lassen, das einzige Vorbild einer wirklichen Reinigung des Gewissens die Praxis der Introspektion bei den Mönchen und Kanonikern. Sie auf die Allgemeinheit zu übertragen, war äußerst schwierig. Nach und nach wurden die Bettelorden damit betraut. Die Beichthandbücher, die Gewissenszustände und Sündenarten definierten und mit Beispielen veranschaulichten, ersetzten bald die alten Bußbücher. Die Predigt galt mehr und mehr den Lebensweisen und Gewissenszuständen. Damit stellte sich die Heilsfrage nun in neuen Termini dar oder ruhte zumindest auf neuen Grundlagen.

In der Tat wurde der schuldige Mensch, den die Visionäre des Purgatoriums auftreten ließen, auf dem Wege der Selbsterforschung und über die Suche nach den Wurzeln der Sünde zu einem Individuum, einer Person.[178] Was in den Kreisen von Mönchen und Kanonikern schon seit langem erreicht war, drang gleichsam mit Gewalt in andere Gesellschaftsgruppen ein. Wie hoch der Rezeptionsgrad auch sein mochte, das Bemühen um Durchdringung allein konnte lediglich Spuren hinterlassen: zunächst die Idee, daß das Heil eine persönliche Angelegenheit sei. Rettung versprach nicht mehr nur die Einhaltung der Riten. Die karolingische liturgische Ordnung, die wie die Tarifbuße lange Bestand hatte, erwies sich als unzulänglich. In den Städten und Dörfern, durch die ab dem 13. Jahrhundert die Franziskaner und Dominikaner zogen, verbreitete sich die Praxis der Beichte. Die mit Begeisterung aufgenommenen Predigten der Bettelmönche haben ihr offenkundig zum Durchbruch verholfen. Mußte man jedoch, um gerettet zu werden, diesen Zustand tiefer Inbrunst ständig aufrechterhalten? Konnte man gerettet werden, wenn man seine Lebensweise beibehielt? Die Flagellantenbewegung, der wir bereits begegnet sind, war eine schroffe, vielleicht absurde Art und Weise, diese zweifache Frage zu lösen. Laien, die das Leiden Christi nachahmten, ihre Familie und ihren Beruf aufgaben, erhielten sich durch die Geißelung in einem Zustand der Schwärmerei und intensiven Reinigung. Sie praktizierten eine Art permanentes Martyrium, das ihnen das Heil sicherte. Ihr Verhalten erklärt sich nicht nur durch eine Form von Mimikry, sondern auch durch die ständige Reue eines schuldigen Gewissens, was jedoch nicht die Grundfrage beantwortet: Kann man sein Heil zu Hause erlangen, indem man seine eigene Lebensweise beibehält? Der Wunsch und das Bedürfnis nach einem äußeren oder außerordentlichen Weg zum Heil waren jedenfalls unterschwellig immer vorhanden. Das liegt zum Teil daran, daß die Heilssehnsucht auch aus der Furcht vor den Strafen des Purgatoriums resultierte. Diese Strafen folgten, wie wir sahen, etwa auf eine unvollständige Buße nach der Beichte, wozu auch die unangemessene Buße einer vom Beichtvater falsch bewerteten Sünde gezählt wurde. Außerdem gab es die Vergehen, die man vergessen oder zu bekennen versäumt hatte. Die Strafen, die sich die Flagellanten zufügten, hatten in gewisser Weise keinen anderen Zweck als den, die Zeit des Purgatoriums zu tilgen, indem die Buße auf Erden vervollständigt wurde.

Die chiliastische Tendenz entsprach auf anderem Weg einer ähnlichen Erwartung. Die Gerechten der Endzeit, die den richtigen Weg gewählt hatten, oder die »Geist-Menschen« der Joachimiten waren sich des Heils gewiß, sobald sie siegreich die letzten Prüfungen vor dem Ende der Welt oder vor der Heraufkunft des dritten Zeitalters durchliefen. Schon als Urban II. im Jahr 1095 allen Kreuzfahrern einen Nachlaß ihrer Sünden zugestand, hatte er dieser Art Erwartung entsprochen.[179] Der Nachlaß verdeutlichte, daß der Kreuzzug als Wallfahrt eine Prüfung war, die eine Buße der gestandenen und vergebenen Sünden bedeutete. Der Kreuzzug war also eine für den Loskauf »günstige Zeit«, ähnlich dem Jubeljahr im Judentum. Diesen Vergleich zog Bernhard von Clairvaux während der Predigt des zweiten Kreuzzugs: »Jahr des Nachlasses, Jubeljahr.«[180] Das Papsttum, das die Kontrolle über die Proklamierung des Kreuzzugs behielt, verfügte damit über die Möglichkeit, die »günstige Zeit« zu bestimmen, um »Schleusen der Gnade« zu öffnen. Doch blieb der Loskauf mit der vom Kreuzfahrer persönlich durchlittenen Prüfung verbunden. Es bestand also Übereinstimmung zwischen individuellem Ziel und kollektivem Heil.

Die Ablässe

Bekanntlich war es seit langem auch möglich, Nachlässe oder Umwandlungen von Strafen zu erwirken. Diese wurden lediglich zeitlich begrenzt und durch ein Äquivalent ersetzt, was eine raschere Wiedereingliederung des Büßers in die Gemeinschaft erlaubte. Ab dem 11. Jahrhundert setzte sich eine neue Praxis durch: der Almosenablaß.[181] Er wurde nun von Bischöfen oder vom Papst anläßlich von Reliquienübertragungen, Kircheneinweihungen, Abteigründungen oder Feiern zum Gedenken religiöser Ereignisse bewilligt. Durch das bei dieser Gelegenheit gewährte Almosen wurden den Gläubigen ihre Bußschulden erlassen, für Sünden, die sie bereuten und die sie gebeichtet hatten. Damit ging man von einem Loskauf zu einem unentgeltlichen Nachlaß über. Der Kreuzzug war noch unter Innozenz III. Gegenstand eines Loskaufs und nicht eines unentgeltlichen Nachlasses gewesen, insofern er eine Prüfung war, die die Buße ersetzte. Wenn dagegen das Almosen eine Art Loskauf war, so war es doch keine Prüfung. Von dem Tag an, wo der bloße andächtige Besuch eines Heiligtums, sogar ohne Almosen, ausreichte, existierte der Ablaß voll und ganz. In diesem Augenblick, etwa Ende des 12. Jahrhunderts, wenn »die mündliche Beichte der wesentliche Teil der Buße ist«, wie damals Petrus Cantor sagte, fügte der Ablaß das hinzu, was im Grunde fehlte: den Straferlaß. Er wurde nicht aufgrund persönlicher Verdienste bewilligt, sondern nach dem Rang des zu ehrenden Heiligen, des zu fördernden Unternehmens und auch der Autorität desjenigen, der ihn gewährte. So sprachen die Päpste Heiligtümern, die sie aufgesucht hatten, oder auch Unternehmungen, die sie befürworteten, die Macht zu, Sünden zu tilgen, so etwa den Kreuzzügen, sogar den innereuropäischen. Die Strafminderung oder -tilgung wirkte sich auf das Jenseits aus, und die Zeit des Purgatoriums, auch wenn sie der obersten Bewertung Gottes unterworfen blieb, wurde dadurch zumindest verkürzt. Die theoretische Grundlage der Ablaßpraxis hat um 1263 der Dominikanerkardinal Hugo von St. Cher beleuchtet. Ihm zufolge sind alle Sünden durch die Passion Christi und die Leiden der Märtyrer gesühnt und damit vergeben: »Dies vergossene Blut ist ein im Schrein der Kirche niedergelegter Schatz, dessen Schlüssel die Kirche hat, so daß sie nach Belieben den Schrein öffnen und durch die Gewährung von Ablässen von diesem Schatz mitteilen kann, wem sie will. Und auf diese Weise bleibt die Sünde nicht ungestraft, weil sie in Christus und seinen Märtyrern bestraft ist.«[182] Die Lehre vom »Kirchenschatz« stützte sich auf die Idee einer die Jahrhunderte überspannenden Solidarität der Auserwählten mit den einfachen Gläubigen. Daraus folgte – abgesehen von der Tatsache, daß das Heil eine persönliche, mit der Reue und dem Bekenntnis der Sünden verbundene Angelegenheit war –, daß die universelle Solidarität der Mitglieder der Kirche, seien sie tot oder lebendig, die eschatologische Zeit gleichsam aufhob. Die Erwartung eines erneuernden Ereignisses, die Suche nach einem heilsamen Bruch waren unnötig. Alle Instrumente des Heils waren in jedem Augenblick auf Erden zugänglich, und allein die Kirche besaß die Schlüssel dazu. Die apokalyptische Prophetie hatte keinen Gegenstand mehr, und das apokalyptische Schema hätte außer Gebrauch kommen müssen.

Bekanntlich war dem aber nicht so. Zunächst aus einem bereits genannten Grund: Die Kirchenmänner selbst teilten seine Grundideen. Der alte Dualismus, die Idee einer »Kirche des Teufels«, reichte aus, um den Mythos am Leben zu erhalten. Nicht alle erwarteten den Antichrist auf dieselbe Weise, man konnte seine Ankunft soweit hinausschieben, wie man wollte, aber niemand hatte zur damaligen Zeit die Möglichkeit, seine künftige Existenz zu widerlegen und das apokalyptische Denken völlig zu diskreditieren. Daraus resultierte ein zutiefst zweideutiges Verhalten.

Die Jubeljahre

Neben der Tendenz zur Individualisierung des apokalyptischen Schemas trat mit dem 14. Jahrhundert erneut eine kollektive Dimension in Erscheinung: Das Unhistorische wurde durch die Einführung einer neuen zeitlichen Norm aufgewogen. Paradoxerweise lieferte das Ablaßwesen die Mittel dazu, indem es dem Papsttum erlaubte, neue »günstige Zeiten« festzulegen: die »Nachlaßjahre, Jubeljahre«, die Bernhard von Clairvaux für die Kreuzzüge ausgelobt hatte und die nun auf Rom orientiert wurden. Sie erlaubten es, die alten apokalyptischen Bestrebungen zu kanalisieren und den Blick auf die »Schlüsselgewalt« zu lenken, die bei den Nachfolgern Petri lag.

Bonifatius VIII. führte das erste Jubeljahr ein, auch wenn er in der Bulle »Antiquorum habet fida relatio« vom 22. Februar 1300 dieses Wort nicht aussprach, einer Bulle, in der er das Jubeljahr rückwirkend für die Zeit von Weihnachten 1299 bis Weihnachten 1300 verkündete.[183] Zur Begründung seiner Maßnahme erinnerte er zunächst daran, daß den Besuchern der Basiliken der Apostel in Rom – San Paulo fuori le Mura und San Pietro in Vaticano – »nach der Überlieferung der Alten« schon immer große Nachlässe und Ablässe gewährt wurden. Er für seinen Teil bestätige sie, erneuere sie und dehne sie aus. Nachdem er sich mit seinen Brüdern, den Kardinälen, beraten habe, gewähre er kraft der »Fülle der apostolischen Macht« allen, die als Römer diese Basiliken wenigstens an dreißig, als Nichtrömer an fünfzehn aufeinanderfolgenden Tagen mit Inbrunst besuchten, nicht nur »volle und reichliche«, sondern sogar »völlige Vergebung all ihrer Sünden«, die sie natürlich gebeichtet und bereut haben müßten. Die Anspielung auf eine »völlige« Vergebung deutete darauf hin, daß der Papst die Schlüsselgewalt, »die Fülle der apostolischen Macht«, im allerweitesten Sinn verstand. In dieser Hinsicht bildete der vollkommene Ablaß, der in Rom für die Dauer eines Jahres gewährt wurde, eine Demonstration der geistigen Macht des Papsttums. Sicherlich muß man sie mit der Veröffentlichung der Bulle »Unam Sanctam« zwei Jahre später in Verbindung setzen, in der derselbe Papst versicherte, daß »für jeden Menschen die Unterwerfung unter den römischen Pontifex eine Heilsnotwendigkeit« sei.[184] Der Ablaß von 1300 bereitete diesen Anspruch vor, insofern Rom und sein Pontifex als außergewöhnliche und einzige Heilsquelle erschienen.

Daß allerdings der Papst von Anfang an an ein Jubeljahr dachte, ist nicht sicher. Denn in der Eröffnungsbulle sprach er dieses Wort nicht aus und legte außerdem die Periodizität des Ablaßjahres ab 1300 für alle hundert Jahre fest. Nun wußte aber ein jeder, daß das jüdische Jubeljahr mit dem fünfzigsten Jahr zusammenhing – da es nach sieben mal sieben Jahren wiederkehrte, einer Sabbatzahl, die auf die Ruhe Gottes nach der Erschaffung der Welt anspielte. Bis ins 13. Jahrhundert sahen alle Bibelkommentatoren darin ein Jahr des Nachlasses und der Freude, aufgrund der Ähnlichkeit der Wörter *jubilus* (Jubel) und *jubilaeus* (Jubeljahr). Stephan Langton hatte am fünfzigsten Jahrestag des Märtyrertods von Thomas Becket ein Jubeljahr gefeiert. Hätte Bonifatius VIII. die Praxis des Jubeljahrs einführen wollen, dann hätte er dessen Periodizität auf fünfzig Jahre festgelegt. Es sieht so aus, als habe er in erster Linie, gleichsam zum Trotz, das Jahr 1300 auszeichnen wollen. Petrus Johannis Olivi, der gerade verstorbene Meisterdenker der Spiritualen, hatte die Vollendung der 1260 Jahre der Apokalypse auf das Jahr 1300 festgelegt, was die Heraufkunft des von Joachim von Fiore vorausgesehenen dritten Zeitalters bedeutete. Dem Papst blieb sicherlich nicht verborgen, daß ein Teil der Christenheit ihn als einen Antichrist betrachtete, der den »Engelpapst« Cölestin V. vertrieben und alle seine Handlungen für nichtig erklärt hatte, einschließlich der vollkommenen Ablässe, die dieser den Besuchern des Klosters von Aquila gewährt hatte. Außerdem befand sich damals die Bewegung der Apostoliker in voller Entfaltung, und man erinnerte sich an die Briefe von Fra Dolcino, die just im Jahre 1300 abgeschickt worden waren. Nichts war besser geeignet, erneut die grundlegende Rolle der Kirche und des Papstes bei der Erlangung des individuellen und kollektiven Heils zu bekräftigen, als die Verkündung des Jubeljahrs für das Jahr 1300. Die Menschenmengen, die herbeiströmten, gaben dem Papst unverkennbar recht. Was die hundertjährige Wiederkehr betrifft, so ist es sehr unwahrscheinlich, daß sie von der Erinnerung an die alten Jubeljahre des antiken Rom herrühren konnte. In erster Linie ging es natürlich darum, des Tages der Geburt Christi zu gedenken, was erklärt, daß das Jubeljahr stets mit Weihnachten beginnt. Eine wie immer geartete Periodizität festzulegen, war auch ein Weg, die Zeit der Kirche wie die der päpstlichen Macht in die Dauer einzuschreiben; vielleicht auch, an das alte Thema der Ewigkeit Roms anzuknüpfen. Die nächste Feier hundert Jahre später anzusetzen, lief jedenfalls darauf hinaus, das Weltende mindestens ebensolange hinauszuschieben. Indes wurde die Bulle erst am 22. Februar 1300 verkündet. Das Zusammentreffen mit dem Cathedra Petri-Fest war gewiß nicht zufällig, da es darum ging, den »Stuhl Petri«, seine Unvergänglichkeit und seine Autorität zu verherrlichen. Aber der zeitgenössische Bericht des Kardinals Stefaneschi zeigt auch, daß die Initiative von der Bevölkerung ausging, indem man die Petersbasilika aufsuchte, was nicht am 25. Dezember 1299, sondern am Abend des 1. Januar 1300 geschah.[185] Es liegt auf der Hand, daß die Jahrhundertwende und nicht der Jahrestag der Inkarnation die Menge veranlaßte, sich um den Ablaß zu bemühen. Außerdem fügt der Kardinal hinzu, daß die Leute sich drängten, »als hätten sie vermutet, daß am Ende des kurzen Tages die Gnade oder ihr größter Teil verschwinden müßte«. Die erste Eingebung hing also mit dem ersten Tag des neuen Jahrhunderts zusammen, und den begehrten »Nachlaß« oder die »Gnade« versprach eher das Petrusgrab als der Gedanke an die Ewigkeit Roms. Bonifatius VIII. scheint demnach einen spontanen Impuls, von dem Stefaneschi ohne Beweise vermutet, er sei von einer an jenem Tag gehaltenen Predigt ausgelöst worden, in eine universelle Bewegung zur Erneuerung der Buße im päpstlichen Rom verwandelt zu haben. Die Idee, das Jahr als Jubeljahr zu deklarieren, kam sicher erst im nachhinein, da der Begriff erst im Text der Bulle, die das heilige Jahr beschloß, erschien. Aber die hundertjährige Periodizität war bereits festgelegt und entsprach der Erwartung des Volkes, auf die die Bulle dann lediglich erweiternd und lenkend reagierte.

Als das römische Volk 1342 an Clemens VI., der in Avignon residierte, eine Botschaft mit der Bitte um Einführung eines Jubeljahrs zum Jahre 1350 sandte, zögerte dieser nicht, in der Bulle »Unigenitus Dei filius« die ganze Symbolik des Jubeljahrs und der Zahl fünfzig zu entfalten.[186] Er griff alle von den Exegeten und Theologen des 12. und 13. Jahrhunderts entwickelten Themen auf: das jüdische Jubeljahr, die Gabe des Gesetzes an Moses, das Pfingstfest. Es ging nun nicht mehr darum, zu improvisieren, indem man sich einen Impuls des Volkes zunutze machte, sondern darum, eine dauerhafte Tradition zu begründen. Die Periodizität wurde aus sozusagen »heilsökonomischen« Gründen auf fünfzig Jahre festgesetzt: »[...] im Wunsch, daß die größtmögliche Zahl an diesem Ablaß teilhaben kann, da in Anbetracht der Kürze des menschlichen Lebens nur wenige Leute das hundertste Jahr erreichen«.[187] Wir erkennen hier einen Richtungswechsel, der sicherlich mit der Gleichstellung des Ablaßjahres mit dem jüdischen Jubeljahr zu tun hat, vor allem aber mit dem Wunsch, der größtmöglichen Zahl von Menschen die Teilnahme daran zu gestatten. Die Periodizität war nicht mehr an die hundertjährige Wiederkehr der Jahrtausendwende gebunden, sondern an einen menschlich annehmbareren Zeitpunkt. Dafür spricht auch die weitere Entwicklung. 1389 versuchte Urban VI. eine Frequenz einzuführen, die auf der Zahl 33 beruhte, das traditionell für Christi Tod angenommene Alter.[188] Es handelte sich dabei um ein Jubeljahr der Passion, das 1390 begangen wurde, was jedoch kein Hinderungsgrund dafür war, das Jubeljahr auch 1400 zu begehen. Aber das von Martin V. 1423 gefeierte zweite Jubeljahr der Passion hatte wenig Erfolg. Man kehrte 1450 daher zum fünzigjährigen Zyklus zurück, bis dann Sixtus IV. im Jahre 1375 den Abstand auf fünfundzwanzig Jahre festlegte, der bis auf unsere Tage beibehalten wurde.

An diesen tastenden Versuchen zeigt sich die Entwicklung der Jubeljahridee. Am Anfang standen sicherlich ganz bestimmte Denkformen und Vorstellungswelten. Wir hatten es nebenbei schon bemerkt, als wir an die Jahre 1000 und 1033 erinnerten. Die Übereinstimmung zwischen dem Kalenderrhythmus und dem Erdenleben

Christi lieferte gewiß Rechtfertigungen für diese Suche nach »günstigen Zeiten« mit ihren außergewöhnlichen Heilsbedingungen. Dasselbe Phänomen zeigte sich 1233, als in Italien ein »Jahr des Halleluja« anbrach. Es war, wie der Chronist Salimbene sagt, der es miterlebte, »eine Zeit der Ruhe und des Friedens – solange die Waffen ruhten –, eine Zeit des Frohlockens und der Freude, des Glücks und des Jauchzens, des Lobs und des Jubels.«[189] Und er beschreibt die vielen Bekundungen friedlicher Heiterkeit, die von den Bettelpredigern vorbereitet wurden. Im übrigen weiß man, daß unter deren Einfluß Friedensvereinbarungen zwischen einigen lombardischen Städten getroffen wurden. Dieser Bewegung war keine Zukunft beschieden, aber sie zeugt von der verbreiteten Suche nach diesen »günstigen Zeiten«, diesen Jubelmomenten, die der Ausdruck »Jahr des Halleluja« sehr gut veranschaulicht. Es handelte sich hier auch um eine Art Kampf gegen die lineare Zeit der Kirche, um die Suche nach Brüchen und Veränderungen in ihrem Verlauf. Das tägliche und individuelle, von der Kirche geförderte Ringen um das Heil konkurrierte nicht nur mehr und mehr mit chiliastischen Denkweisen, sondern entsprang auch zunehmend einer anderen Wahrnehmung der Zeit, die den jahreszeitlichen Rhythmen folgte, das heißt dem Wechsel zwischen winterlicher Unfruchtbarkeit und Erneuerung, den der liturgische Jahreszyklus mit der Aufeinanderfolge von Fastenzeit und Osterzeit übernommen hatte. Es fehlten aber über den Jahreszyklus hinaus in der langen Zeit der Kirche noch solche periodischen Phasen der Erneuerung: tausend- oder hundertjährige Rhythmen, die Gelegenheit boten, die menschlichen Kräfte nach dem Vorbild des Jahreswechsels zu erneuern. Die Jubeljahre entsprachen genau dieser Erwartung. Sie operierten mit dem Ablaßwesen, das es nun erlaubte, das Gewissen zu erleichtern und die Zukunft jenseits des Grabes optimistischer zu sehen. Das grundlegende Heilsbedürfnis ging mit einer diffusen, mehr oder weniger ständigen Angst einher, die es durch den Ritus zu beschwichtigen galt. Wenn einerseits die Entwicklung des individuellen Gewissens in dem von der Kirche eingesetzten Bußrahmen Europa den Weg zu einer humanistischen Weltsicht bahnte, so schuf sie andererseits neue rituelle Bedürfnisse, um die traditionelle Verbindung zu den kosmischen Rhythmen zu bewahren.

Gleichzeitig rückte diese Entwicklung erneut eine alte Konzeption in den Vordergrund, die schon im antiken Römischen Reich bestanden hatte. Die säkularen Jahrhundertspiele und Jubeljahre Roms, die durch die Bekehrung des Reichs abgeschafft worden waren, gewannen in anderer Form erneut an Aktualität. Aber die Rollen waren gewissermaßen vertauscht. Nun war die Kirche in der Position des Kaisers. Wir sahen es bereits zur Zeit der Kreuzzüge, und es ist nicht gleichgültig, daß die Begriffe des Nachlasses und dann des Ablasses zuerst in diesem Kontext entstanden. Der Wunsch nach Heil, Regeneration und Reinigung der Gläubigen hatte sich zunächst auf Jerusalem gerichtet. Ende des 13. Jahrhunderts war diese Quelle versiegt, und das Jahr 1300 hatte ein anderes Ventil für die Bedürfnisse der Massen geliefert. Was übrigens nichts mit dem apokalyptischen Denken zu tun hat. Im Gegenteil, die neue Orientierung schrieb sich in die lange Zeit und in eine irdische Zeit ein. Der »Gnadenschatz« der Kirche, aus dem man die Ablässe schöpfte, nährte sich von der Solidarität zwischen dem Diesseits und dem Jenseits, aber seine Regulierung lag in den Händen des Papstes, des Nachfolgers der Kaiser und Oberhaupts des Christenvolks. Kein Königtum oder irdisches Reich konnte auf dieser Ebene mit ihm kämpfen. Die chiliastischen Bewegungen, im Rahmen der alten apokalyptischen Ideologie gefangen, stießen hier gegen eine starke Schranke, die die Reformation zwar teilweise einreißen, aber nicht gänzlich überwinden sollte.

Schluß

Schon sehr früh hat es in der Kirche zwei eschatologische Tendenzen gegeben. Viele, die auf die Wiederkunft Christi hofften, lebten in der kurzen Dauer, in kleine Gemeinschaften von Auserwählten zurückgezogen, jeder Institution überaus feindlich gesinnt. Sie warteten auf ein goldenes Zeitalter auf Erden vor der Zerstörung der Welt. Andere dagegen rückten die Universalität der christlichen Botschaft in den Vordergrund und setzten auf die lange Dauer, um deren Sieg zu sichern. Sie bildeten wahrscheinlich die wenn nicht schweigende, so doch diskretere Mehrheit. Sie waren es, die das Reich bekehrten und umwandelten. Letzteres verlor dabei sein Monopol, die Zeit zu beherrschen, ein Monopol, das lange nicht ersetzt wurde. Denn die auf der Opposition gegenüber der chiliastischen Tendenz beruhenden chronologischen Spekulationen endeten damit, das Datum des Endes der Zeiten so weit wie möglich hinauszuschieben. Das erste zeitliche Maß, das sich zur Überwindung des Problems eignete, war das liturgische Jahr, das den Zyklus des Lebens Christi wiederholte, das einzige Modell, dem es ständig zu folgen galt. Der andere, ungewissere, zeitliche Rahmen, das Leben des Menschen, stand mehr und mehr im Zeichen der Buße, da es vor allem auf die notwendige Reinigung vor dem Tod verwendet werden mußte. Die Gründung Roms diente nicht mehr dazu, die Jahre zu datieren, sie wurde logischerweise von der Geburt Christi abgelöst.

Aber die chiliastische Tendenz, die nie wirklich verschwunden war, hatte der Kirche den Mythos von der Erfüllung der Zeiten als Erbe hinterlassen. Auch nachdem er aus seinem ursprünglichen Rahmen herausgelöst und entschärft war, bewahrte dieser Mythos eine sehr starke Evokationskraft, da er tief im christlichen Denken wurzelte. Gegründet auf einen vom antiken Denken ererbten Dualismus, schilderte er einen Endkampf zwischen der vom Antichrist angeführten Kirche des Teufels und der kleinen Zahl der von den

Propheten Elias und Henoch geleiteten Auserwählten. In eine sehr ferne Zukunft projiziert, verlor er zwar viel von seinem furchterregenden Aspekt; aber auch dann, als er zu einem einfachen, fast zeitlosen Szenarium geworden war wie bei Adso von Montier-en-Der, bot er ein unterschwellig wirkendes Verhaltensmodell, gewissermaßen eine Ideologie. Außerdem hatte sich ihm ein Thema aus dem Osten als obligatorisches Vorspiel hinzugesellt: vor der Ankunft des Antichrist und dem Beginn des endzeitlichen Geschehens würde ein letzter Kaiser kommen und die ganze Welt unter seinem Zepter vereinen, bevor er sein Amt in Jerusalem niederlege. Er werde ein Franke sein, sagt Adso Mitte des 10. Jahrhunderts; aber warum nicht ein Ottone, ein Salier, ein Staufer, ein Habsburger? Warum nicht Otto III., Heinrich IV., Friedrich II. oder später Karl V.?

Schon kurz nachdem der Mythos Gestalt angenommen hatte, begann er – samt dem Denkgebäude, das er begründete – sich stets von neuem zu aktualisieren. Erstens war der Chiliasmus nicht tot, und er entsprach nur allzusehr einer tiefen Tendenz des menschlichen Geistes, die nicht allein im Christentum anzutreffen ist. Zweitens beruhte der Kampf des Papsttums im 11. Jahrhundert um die Kirchenreform und die Ausschaltung des Imperiums auf einem tiefen Streben nach der Rückkehr zu den Ursprüngen der Christenheit. Die Sehnsucht nach dem apostolischen Leben, das Ideal der Nachahmung Christi, standen am Ursprung einer Veränderung der religiösen Geisteshaltung. Die Armut wurde zu einem religiösen Wert, und die »Armen Christi« identifizierten sich mit den von den Propheten Elias und Henoch angeführten Auserwählten der Endzeit. Der Aufruf zum ersten Kreuzzug durch Urban II., ein kaiserliches Vorrecht, trug sicherlich dazu bei, der apokalyptischen Bewegung Gestalt zu geben. Die Spekulationen Joachims von Fiore, insbesondere die der »Joachimiten«, aktualisierten Adsos Schema endgültig, indem sie es anreicherten und den alten Chiliasmus in indirekter Form wiederbelebten. Von da an veränderte der Kampf seine Richtung. Das Papsttum, das die Bewegung faktisch in Gang gesetzt hatte, ohne ihre Folgen zu sehen, fand sich, zusammen mit der Institution der Kirche, auf die Seite der »Kirche des Teufels« und des Antichrist verwiesen. Von diesem Augenblick an wurden umgekehrt die apokalyptischen Bewegungen der Häresie bezichtigt.

Dennoch nahm die Kirche dabei nicht wirklich Schaden. Schon seit langem hatte sie, ohne besondere Intention, ein wirkungsvolles Gegenfeuer entwickelt. Das gesamte Bußsystem – das Purgatorium, die Beichte, die Ablässe – trug dazu bei, das religiöse Denken tief zu prägen. Es entsprach dem Heilsbedürfnis ebenso wie dem Streben nach apostolischer Armut, hatte jedoch noch viele weitere Folgen. Aus ihm formte sich das Individuum, die ihr Gewissen erforschende menschliche Person. Die Beichte schuf letzten Endes das Schuldbewußtsein, insofern sie den Menschen zwang, den Blick nach innen zu wenden. Das Heil wurde mehr und mehr zu einer individuellen Angelegenheit. Die Ausrufung des Jubeljahres entsprach gleichzeitig dem Bedürfnis nach kollektiver Versöhnung und heilsamer Hoffnung, das zweifellos der menschlichen Natur innewohnt.

Als Luther die Ablässe bekämpfte, und damit das gesamte Bußsystem der Kirche, traf er einen sehr empfindlichen Punkt. Er stellte nicht nur ein Mittel, das Gewissen zu leiten, in Frage, sondern auch bestimmte Grundzüge des kirchlichen Menschenbildes. Tatsächlich hatten sich der gesamte institutionelle Apparat der Kirche und das Bußsystem umstrukturiert. Priester und Mönche waren Beichtväter und Gewissenserforscher geworden. Die Predigt galt mehr und mehr den Lebensweisen und Gewissenszuständen. Sogar die Inquisition rechtfertigte sich mit der Notwendigkeit der Buße. Das Heil konnte also individuell durch Vermittlung der Kirche erlangt werden, der einzigen Quelle der Gnade. Damit war die apokalyptische Dimension endgültig von der Heilserwartung getrennt. Die Eschatologie sah sich erneut in eine sehr ferne Zukunft verwiesen und wurde fast metaphorisch. Im übrigen räumte auch die lutherische Reformation der apokalyptischen Dimension keinen Platz mehr ein, trotz des Vokabulars, das sie benutzte, um das Papsttum und die römische Kirche als vom Teufel gegründete und vom Antichrist geleitete Kirche anzuprangern. Denn ebensosehr wie die katholische Bußlehre verwies die lutherische Lehre der Rechtfertigung durch den Glauben den Menschen auf sich selbst.

Auf lange Sicht waren die apokalyptischen Bewegungen dazu berufen, die etablierten Kirchen zu verlassen, Sekten zu bilden oder sich in anarchischen Bewegungen zu formieren. Dennoch ist nicht auszuschließen, daß die atheistischen revolutionären Bewegungen des 20. Jahrhunderts, der Kommunismus oder der Nationalsozialismus, das apokalyptische Erbe zum Teil wiederbelebt haben. Die manichäische Weltanschauung, die Suche nach einer endzeitlichen Konfrontation, der Kult des von der Vorsehung gesandten Mannes – war dies alles nicht in der einen oder anderen Form bereits im apokalyptischen Denken angelegt?

Anhang

Anmerkungen

1 Adso Dervensis, De ortu et tempore Antichristi necnon et tractatus qui ab eo dependunt, hg. v. D. Verhelst. Corpus christianorum. Continuatio Medievalis XLV. Turnholti 1976; R. Konrad, De ortu et tempore Antichristi. Antichristvorstellungen und Geschichtsbild des Abtes Adso von Montier-en-Der, München 1964; E. Sackur, Sibyllinische Texte und Forschungen. Pseudomethodius, Adso und die Tiburtinische Sibylle, Halle a. S. 1898. Siehe auch: M. Rangheri, La Epistola ad Gerbergam reginam de ortu et tempore Antichrist di Adsone di Montier-en-Der e le sue fonti, in: SM 14 (1973), S. 677 ff.; D. Verhelst, La préhistoire des conceptions d'Adson concernant l'Antichrist, in: RTAM 40 (1973), S. 52 ff.

2 Adso, De ortu et tempore Antichristi [wie Anm. 1], S. 23/17–19.

3 Ebd., S. 26/112–117.

4 Ebd., S. 23/31–38.

5 Ebd., S. 26/125–131.

6 Ebd., S. 24/48–55.

7 Ebd., S. 22/4–5.

8 Ebd., S. 29/188–191. Auf Daniel wird in Wirklichkeit mittels des Kommentars zur Apokalypse von Haimo von Auxerre Bezug genommen: siehe die Anmerkung von Verhelst, La préhistoire [wie Anm. 1], S. 29: 186–190.

9 Ebd., S. 29/193.

10 Ebd., S. 22/13–16.

11 Ebd., S. 26/120–123.

12 Siehe Sackur, Sibyllinische Texte [wie Anm. 1]; O. Prinz, Bemerkungen zum Wortschatz der lateinischen Übersetzung des Pseudo-Methodios, in: A. Reinle (Hg.), Variorum munera florum. Sigmaringen 1985, S. 17 ff.

13 Siehe Sackur, Sibyllinische Texte [wie Anm. 1]; P. J. Alexander, The Oracle of Baalbeck: The Tiburtine Sibyl in Greek Dress, Washington, 1967.

14 Ebd., S. 26/117–120. Adso, De ortu et tempore Antichristi [wie Anm. 1].

15 Ebd., S. 26/113–114.

16 Ebd., S. 26/122–123.

17 Reginonis chronica, ad 888, in: R. Rau (Hg.), Quellen zur Karolingischen Reichsgeschichte III, Darmstadt 1969, S. 278.

18 C. Vogel/R. Elze, Le pontifical romano-germanique du dixième siècle I, le texte, Città del Vaticano 1963, S. 265–267; R. Elze (Hg.), Die Ordines für die Weihe und Krönung des Kaisers und der Kaiserin, Hannover 1960.

19 Siehe A. Luneau, L'histoire du salut chez les Pères de l'Église. La doctrine des âges du monde, Paris 1964.

20 Siehe R. K. Emmerson, Antichrist in the Middle Ages. A Study of Medieval Apocalypticism, Art, and Literature, University of Washington Press 1981, S. 96–99.

21 Siehe A. Dupont-Sommer/M. Philonenko (Hg.), La Bible. Écrits intertestamentaires, Paris 1987, S. 463–625.

22 Siehe ebd., S. 1799–1826.

23 Siehe J. Dupont, Les trois apocalypses synoptiques. Marc 13; Matthieu 24–25; Luc 21, Paris 1985.

24 Siehe E. von Dobschütz, in: A. W. Meyer (Hg.), Kritisch-exegetischer Kommentar über das Neue Testament, Göttingen 1909, S. 291–295; R. Rigaux, L'Antéchrist et l'opposition au royaume dans l'Ancien et le Nouveau Testament, Gembloux/Paris 1932, S. 250–317.

25 Siehe J. Lambrecht (Hg.), L'Apocalypse johannique et l'Apocalyptique dans le Nouveau Testament, Leuven 1980; P. Prigent, L'apocalypse de saint Jean, Genf[2]1988.

26 Über den antiken Millenarismus siehe: L. Gry, Le millénarisme dans ses origines et son développement, Paris 1904; O. Cullman, Christus und die Zeit. Die urchristliche Zeit- und Geschichtsauffassung, Zürich 1946; J. Daniélou, La typologie millénariste de la semaine dans le christianisme primitif, in: VC 2 (1948), S. 1–16; M. O'Rourke-Boyle, Iraeneus Millenial Hope: A Polemical Weapon, in: RTAM 36 (1965), S. 5–16; Luneau, L'histoire du salut [wie Anm. 19]; B. E. Daley, The Hope of the Early Church, A Handbook of Patristic Eschatology, Cambridge University Press 1991.

27 Irenäus, Adversus Haereses, V, 33, 3. (Dt. Übersetzung: E. Klebba, Des Heiligen Irenäus fünf Bücher gegen die Häresien, Kempten 1912.)

28 Ebd.

29 Ebd., V, 6, 1. Über den Montanismus siehe: K. Aland, Bemerkungen zum Montanismus und zur frühchristlichen Eschatologie, in: Kirchengeschichtliche Entwürfe, Gütersloh 1960, S. 105–148.

30 Über die Haltung der Apologeten siehe Ch. Munier, L'Église dans l'Empire romain: Église et cité, in: Histoire du Droit et des Institutions de l'Église en Occident, Bd. 2, Paris 1979, S. 175–183; 206–209; 213–215.

31 Tertullian, Ad Scapulam, 2, 6; CSEL 76, S. 10. (Dt. Übersetzung: H. Kellner, Ausgewählte Schriften des Septimius Tertullianus, 2 Bde., Kempten 1871–72.)

32 Tertullian, De resurrectione, 24, 18.

33 Zitat von Eusebius, Kirchengeschichte, 4, 26, 7–8.

34 Origenes, Contra Celsum, 8, 73–75. (Dt. Übersetzung: P. Koetschan, Des Origines acht Bücher gegen Celsus, München 1926.)

35 Irenäus, Adversus Haereses, V, 28, 2–3 [wie Anm. 27).

36 Ebd., II, 28, 6.

37 Hippolyt, In Danielem, IV, XXXIII. Über die Probleme der eschatologischen Chronologie siehe R. Landes, Lest the Millenium be fulfilled: Apocalyptic Expectations and the Pattern of Western Chronography 100–800 CE, in: W. Verbeke (Hg.), The Use and Abuse of Eschatology in the Middle Ages, Leuven University Press 1988, S. 137–211.

38 Hippolyt, In Danielem, IV, XXIV.

39 Siehe A. Monaci, Apocalisse ed escatologia nell'opera di Origene, in: Augustinianum 18 (1978), S. 139–151; H. Crouzel, La »première« et la »seconde« Résurrection des hommes d'apres Origène, in: Didaskalia 3 (1973), S. 3–20.

40 Über die chronologischen Mythen der Römer siehe J. Hubaux, Les grands mythes de Rome, Paris 1945; ders., Rome et Véies. Recherches sur la chronologie légendaire du moyen âge romain, Paris 1958; A. Momigliano, Problèmes d'historiographie ancienne et moderne, Kap. 7: L'historiographie païenne et chrétienne au IVe siècle après J.-C., Paris 1983, S. 145–168; A. D. von den Brincken, Studien zur lateinischen Weltchronistik bis in das Zeitalter Ottos von Freising, Düsseldorf 1957.

41 Siehe K. Gross, Die Unterpfänder der römischen Herrschaft, Berlin 1935; C. Koch, »Roma aeterna«, in: Gymnasium 59 (1952), S. 196–209; F. Paschoud, »Roma aeterna«. Étude sur le patriotisme romain dans l'Occident latin à l'époque des grandes invasions, Rom 1967.

42 Siehe J. Gagé, Recherches sur les Jeux séculaires, Paris 1934; Nilsson, Saeculares ludi, in: Pauly-Wissowa, R. 1696 ff.

43 Siehe J. Hubaux, La crise de la trois cent soixante cinquième année, in: L'Antiquité classique 17 (1948), S. 343–354; ders., Saint Augustin et la crise cyclique, in: Augustinus Magister. Congrès International Augustinien. Paris 1954, II, S. 943–950; ders., Saint Augustin et la crise eschatologique de la fin du IVe siècle, in: Académie royale de Belgique. Bulletin de la classe des Lettres et des Sciences morales et politiques, 5. Série, Bd. 40 (1954), S. 658–673; ders., Rome et Véies [wie Anm. 40], S. 36–88; Y. M. Duval, Les douze siècles de Rome et la date de la fin de l'Empire romain. Histoire et arithmologie, in: Colloque Histoire et Historiographie (Caesarodunum 15 bis), Paris 1980, S. 239–254; J. Doignon, Oracles, prophéties, »on-dit« sur la chute de Rome (395–410); Les réactions de Jérôme et d'Augustin, in: RÉAug. 36 (1990), S. 120–146.

44 Augustinus, De civitate Dei, XX, VII, 2.

45 Ebd., XX, XIII.

46 Briefe 197–199; CSEL 57, S. 231 ff.

47 Ch. Piétri, Roma Christiana. Recherches sur l'Église de Rome, son organisation, sa politique, son idéologie, de Miltiade à Sixte III (311–440), Rom 1976.

48 Prudentius, Contra Symmachum, I, 541–543.

49 Siehe B. Altaner, Patrologie. Leben, Schriften und Lehre der Kirchenväter, Freiburg 1950, S. 431.

50 A. Thiel, Epistolae Romanorum Pontificum, Braunsberg 1868, S. 349–354; H. Rahner, Kirche und Staat im frühen Christentum, München 1961, S. 203 ff.

51 Siehe H. Focillon, L'An mil, Paris 1952.

52 Siehe A. G. Martimort, L'Église en prière. Introduction à la liturgie, 4 Bde., Paris 1984; K. Müller/W. Blankenburg, Liturgia. Handbuch des evangelischen Gottesdienstes, 5 Bde., Kassel 1952–1970.

53 Siehe B. Poschmann, Buße und letzte Ölung, Freiburg 1951; C. Vogel, Le pécheur et la pénitence dans l'Église ancienne, Paris 1966; ders., Le pécheur et la pénitence au Moyen Age, Paris 1969.

54 Siehe C. Carozzi, Le voyage de l'âme dans l'Au-delà d'après la littérature latine (Ve-XIIIe siècle), Rom, Paris 1994.

55 Siehe A. Angenendt, Theologie und Liturgie der mittelalterlichen Toten-Memoria, in: K. Schmidt/J. Wollasch (Hg.), Memoria. Der geschichtliche Zeugniswert des liturgischen Gedenkens im Mittelalter, München 1984, S. 79–199; J. Le Goff, Die Geburt des Fegefeuers, übers. v. Ariane Forkel, Stuttgart 1984.

56 Siehe H. D. Rauh, Das Bild des Antichrist im Mittelalter. Von Tyconius zum deutschen Symbolismus, Münster 1973; R. K. Emmerson, Antichrist in the Middle Ages [wie Anm. 20].

57 Hippolyt, In Danielem, IV, II.

58 De Antichristo, VI.

59 Divinae Institutiones, VII, 19, 6.

60 Siehe M. Dulaey, Tyconius, in: DS (1991), c. 1349–1356; P. F. Landes, Tyconius and the End of the World, in: RÉAug. 28, 1–2 (1982), S. 59–75.

61 Sulpicius Severus, Dialogus II, 14; D. Verhelst, La préhistoire des conceptions d'Adson conernant l'Antichrist, in: RTAM 40 (1973), S. 67 (Sulpicus Severus), 90–91 (Hymnus).

62 Hiernonymus, Epistola CXXI, ad Algasiam, XI.

63 Pascal, Pensées, Nr. 421, hg. v. Louis Lafuma, Paris 1973.

64 Libri Historiarum, X, 25, hg. v. B. Krusch/W. Levison (MGH SRM), Hannover 1951, S. 517–519.

65 Adso, De ortu et tempore Antichristi [wie Anm. 1], S. 27–28/151–157.

66 Siehe P. E. Schramm, Kaiser, Rom und Renovatio, 2 Bde., Berlin 1929; R. Folz, L'idée d'empire en Occident du Ve au XIVe siècle, Paris 1953; ders., Le couronnement impérial de Charlemagne, Paris 1964.

67 Raoul Glaber, Les cinq livres de ses histoires (900–1044), hg. v. M. Prou, Paris 1886.

68 Ebd., III, IV, 13, S. 62.

69 P. E. Schramm, Kaiser, Rom und Renovatio [wie Anm. 66], Bd. I, S. 87–187.

70 Testament von Wilhelm, Herzog von Aquitanien: »il ne me semble pas possible d'agir plus pertinemment sinon qu'en me faisant, suivant le précepte du Christ, des amis de ses pauvres et [...] de soutenir de mes propres fonds ceux

qui sont rassemblés sous la profession monastique«, hg. v. J. de Valois, Sur quelques points d'histoire relatifs à la fondation de Cluny, in: Annales de l'Académie de Mâcon, 3. Serie, XV (1910), S. 211.

71 Siehe C. Carozzi, La vie du roi Robert par Helgaud de Fleury: historiographie et hagiographie, in: L'historiographie en Occident du Ve au XVe siècle. Annales de Bretagne 87, 2 (1980), S. 228–230.

72 Siehe M. H. Vicaire, L'imitation des apôtres. Moines, chanoines et mendiants IVe-XIIIe siècles, Paris 1962; Povertà e richezza nella spiritualità dei secoli XI e XII, Atti del VII Convegno storico internazionale dell'Accademia Tudertina 1967, Todi 1969; K. Bosl, Armut Christi. Ideal der Mönche und Ketzer. Ideologie der aufsteigenden Gesellschaftsschichten vom 11. bis zum 13. Jahrhundert, München 1981.

73 Siehe J. Leclercq/F. Vanderbroucke/L. Bouyer, La spiritualité du Moyen Age, Paris 1961.

74 Sancti Bernardi Epistola LVI, Opera Omnia, hg. v. J. Leclercq, S. 148.

75 Siehe K. V. Selge, Die ersten Waldenser, 2 Bde., Berlin 1967.

76 Siehe Huguette Taviani, Naissance d'une hérésie en Italie du Nord au XIe siècle, in: Annales (1974), S. 1224–1252; ders., Du refus au défi: essai sur la psychologie hérétique au début du XIe siècle en Occident, in: Actes du 102e Congrès National des Sociétés Savantes. Limoges 1977, Paris 1979, S. 175–186; ders., Le mariage dans l'hérésie de l'An mil, in: Annales (1977), S. 1074–1089.

77 Siehe R. Manselli, Il monaco Enrico e la sua eresia, in: BISIME 65 (1953), S. 1–63.

78 Siehe N. Cohn, Das Ringen um das tausendjährige Reich, übers. v. Eduard Thorsch, Bern 1961, S. 38–43; J. B. Russell, Dissent and Reform in the Early Middle Ages, Berkeley/Los Angeles 1965.

79 Siehe A. Borst, Die Katharer, Stuttgart 1953.

80 Siehe G. Tellenbach, Libertas, Kirche und Weltordnung im Zeitalter des Investiturstreites, Stuttgart 1936.

81 Siehe C. Carozzi, Église et royauté: d'Adalbéron de Laon à Humbert de Moyenmoutier, in: VIII^a^ Settimana internazionale di Studi medievali. La Mendola 1980, Mailand 1983, S. 67–84.

82 Adversus Simoniacos, III, XXVI, 26–27, in: MGH libelli de lite I, S. 231.

83 Siehe C. Violante, La Pataria milanese e la riforma ecclesiastica, I: Le premesse, Rom 1955; G. Miccoli, Per la storia della Pataria milanese, in: BISIME 70 (1958), S. 43–123.

84 Siehe R. Folz, L'idée d'empire en Occident, a. a. O., S. 87–101.

85 Benzonis episcopi Albensis ad Heinricum IV imperatorem Libri VII, hg. v. K. Pertz (MGH SS XI), S. 605.

86 Siehe oben, Anm. 13.

87 Siehe Adso, De ortu et tempore Antichristi [wie Anm. 1], S. 125 und S. 107–110.

88 Siehe C. Erdmann, Endkaiserglaube und Kreuzzugsgedanke im 11. Jahrhundert, in: ZKG, 51 (1932), 384–414.

89 Siehe C. Erdmann, Die Entstehung des Kreuzzugsgedanken, Stuttgart 1935; P. Alphandéry / A. Dupront, La chrétienté et l'idée de croisade, Bd. 1: Les premières croisades, Paris 1954.

90 Siehe P. Rousset, Les origines et le caractère de la première croisade, Neuchâtel 1945; Rede in Gesta Dei per Francos, in: Recueil des Historiens des Croisades, Historiens occidentaux, Bd. IV, Paris 1879, S. 137–138.

91 Gesta Dei per Francos, S. 138.

92 Ebd.

93 L. Bréhier (Hg.), Histoire anonyme de la première croisade, 30, Paris 1924, S. 166–167.

94 Ebd., 39, S. 216–217.

95 Siehe Alphandéry / Dupront, La chrétienté et l'idée de croisade [wie Anm. 89], S. 247.

96 Recueil des Historiens des Croisades, Historiens occidentaux, Bd. III, Paris 1866, S. 728–29.

97 Über dieses Thema des Mittelpunkts der Welt siehe M. Eliade, Kosmos und Geschichte. Der Mythos der ewigen Wiederkehr, übers. v. G. Spaltmann, Frankfurt a. M. 1984, S. 25–29.

98 Aufgezählt in Alphandéry / Dupront, La chrétienté et l'idée de croisade [wie Anm. 89], S. 44–50.

99 Recueil des Historiens des Croisades, Historiens occidentaux, Bd. IV, S. 139.

100 K. F. Werner, L'Empire carolingien et le Saint Empire, in: M. Duverger (Hg.), Le concept d'Empire, Paris 1980, S. 184.

101 Siehe K. Langosch, Geistliche Spiele, Basel–Stuttgart 1957, S. 239 und 267–284 (Kommentar); W. Kamlah, Der Ludus de Antichristo, in: Historische Vierteljahresschrift 28 (1934), S. 53–87.

102 Langosch, Geistliche Spiele [wie Anm. 101], S. 196.

103 Siehe P. Alphandéry / A. Dupront, La chrétienté et l'idée de Croisade, Bd. II: Recommencements nécessaires, Paris 1959, S. 8–15.

104 Peter von Blois, De Hierosolymitana peregrinatione acceleranda, PL 207, col. 1057–1070.

105 Siehe M. Reeves, Joachim of Fiore and the Prophetic Future, London 1976; H. Mottu, La manifestation de l'Esprit selon Joachim de Fiore, Paris 1977; D. C. West / S. Zimdars-Swartz, Joachim of Fiore. A Study in Spiritual Perception and History, Bloomington 1983.

106 Gesta regis Ricardi, hg. v. W. Stubbs, Rolls Series 49, 2, S. 151–155 (fälschlich Benoît de Peterborough zugeschrieben, ist in Wirklichkeit der erste Entwurf der Chronik von Roger von Hoveden).

107 Ebd., S. 151.

108 Ebd., S. 152.

109 Siehe H. de Lubac, La postérité spirituelle de Joachim de Fíore. I: De Joachim à Schelling, Paris 1979, S. 19–42.

109 a Expositio in Apocalipsim. Liber introductorius, V, Venedig 1527, f° 5.

110 Ebd., f° 6.

111 Ebd., f° 9.

112 Ebd., f° 9.

113 Ebd., f° 10.

114 Liber figurarum, hg. v. L. Tondelli, M. Reeves, B. Hirsch-Reich, Il Libro delle Figure dell'Abate Gioacchino da Fiore, Bd. II, Turin 1954.

115 Siehe R. Manselli, Franziskus: der solidarische Bruder, Freiburg 1989.

116 Siehe E. R. Daniel, A Re-examination of the Origins of Franciscan Joachitism, in: Speculum 43 (1968), S. 671–676.

117 Siehe E. Kantorowicz, Kaiser Friedrich I., Stuttgart [6]1980.

118 H. Wolter/H. Holstein, Lyon I et Lyon II (Geschichte der ökumenischen Konzilien, 7), Mainz 1972, S. 289; Constitutiones et acta publica imperatorum, II, MGH Leges, sectio IV, S. 362–366.

119 Arnoldus, De correctione Ecclesiae Epistola, hg. v. Winkelmayer, Berlin 1865; N. Cohn, Das Ringen um das tausendjährige Reich [wie Anm. 78], S. 98 f.; M. Reeves, The Influence of Prophecy in the Later Middle-Ages. A Study in Joachimism, Oxford 1969, S. 310–311.

120 Siehe Reeves, The Influence of Prophecy [wie Anm. 119], S. 59–61.

121 Siehe F. Ehrle, Die Spiritualen, ihr Verhältnis zum Franciskanerorden und zu den Fraticellen, in: Archiv für Literatur- und Kirchengeschichte des Mittelalters, hg. v. H. Denifle und F. Ehrle, I, Berlin 1885, S. 509–569; R. Manselli, Spirituali e Beghini in Provenza, Rom 1959; Franciscains d'Oc. Les Spirituels ca. 1280–1324 (Cahiers de Fanjeaux, 10), Toulouse 1975; Chi erano gli Spirituali. Atti de 3 Convengo internazionale, Assisi 1976.

122 Siehe R. E. Lerner, Antichrists and Antichrist in Joachim of Fíore, in: Speculum 60 (1985), S. 553–570; R. Manselli, La »Lectura super Apocalypsim« di Pietro di Giovanni Olivi. Ricerche sull'escatologismo medioevale, Rom 1955; D. Burr, Olivi, Apocalyptic Expectations, and Visionary Experiences, in: Traditio 41 (1985), S. 273–288.

123 Siehe B. McGinn, »Pastor angelicus«: Apocalyptic Myth and Political Hope in the Fourteenth Century, in: Santi e Santità nel secolo XIV. Atti del XV Convegno internazionale. Assisi 1987, Assisi 1989, S. 219–251; F. Baethgen, Der Engelpapst (Schriften der Königsberger Gelehrten Gesellschaft. Geisteswissenschaftliche Klasse, 10.2), Halle 1933.

124 Siehe Celestino V, papa angelico. Atti dell 2 Congresso. L'Aquilà 1987. L'Aquilà 1988.

125 Siehe A. Ogniben, I Guglielmiti del secolo XIII, Perugia 1867; F. Tocco, Il processo dei Guglielmiti. Rendiconti della reale Accademia dei Lincei, Ser. V, Bd. 8, Rom 1899, S. 309 ff.; ders., Guglielma Boema e i Guglielmiti,

ebenda, Rom 1903, S. 3 ff.; M. Reeves, The Influence of Prophecy, a. a. O., S. 248–250.

126 Cronica fratris Salimbene de Adam, hg. v. O. Holder-Egger (MGH SS XX-XII), Hannover 1963; J. Paul/M. D'Alatri, Salimbene da Parma, Rom 1992; R. Orioli, »Venit perfidus heresiarcha«. Il movimento apostolico-dolciniano dal 1260 al 1307, Rom 1988.

127 Bernard Gui, De secta illorum qui se dicunt de Ordine Apostolorum, in: Rerum Italicarum IX, V, Città di Castello 1907, S. 17.

128 Ebd.

129 Ebd.

130 Siehe R. Manselli, Il 1260, anno gioachimita?, in: Il movimento dei disciplinati nel settimo centenario del suo inizio, Perugia 1962, S. 99–108. Siehe auch in derselben Sammlung den Aufsatz von R. Morghen, S. 29–42.

131 Siehe H. Hemmer, Boniface VIII, in: DTC 2 (1910), col. 999–1000; Y. Congar, Die Lehre von der Kirche. Von Augustinus bis zum Abendländischen Schisma (Handbuch der Dogmengeschichte Bd. III, Fasz. 3 c), Freiburg 1971, S. 179, u. ders., Die Lehre von der Kirche. Vom Abendländischen Schisma bis zur Gegenwart (Handbuch der Dogmengeschichte Bd. III, Fasz. 3 d), Freiburg 1971, S. 7.

132 Siehe M. Schmidt, John Wyclifs Kirchenbegriff, in: Gedenkschrift für D. Werner Elert, Berlin 1955, S. 72–108; L. J. Daly, The Political Theory of J. Wyclif, Chicago 1962; Congar, Die Lehre von der Kirche (Handbuch der Dogmengeschichte Bd. III, Fasz. 3 d) [wie Anm. 131], S. 3–6.

133 Siehe A. Réville, Les soulèvement des travailleurs d'Angleterre en 1381 (Société de l'École des Chartes. Mémoires et documents, II), Paris 1898; C. Oman, The Great Revolt of 1381, Oxford 1906.

134 Jean Froissart, Chroniques, hg. v. S. Luce/G. Raynaud/L. und A. Mirot, Paris 1869–1975, II, 212, S. 94 ff.

135 Ebd., S. 95.

136 Ebd.

137 Ebd., S. 96.

138 Ebd.

139 Ebd.

140 Ebd.

141 Thomas Walsingham, Historia Anglicana, hg. v. H. T. Riley (Rolls Series 28), Bd. II, London 1864, S. 32 ff.

142 Ebd., S. 32–33.

143 Siehe Gregor der Große, Moralia XXI, XV, 22–23, CCL, CXLIIIA, S. 1082; Regula pastoralis, II, VI, PL 77, col. 34. Siehe auch H. X. Arquillière, L'Augustinisme politique, Paris 1934, S. 74, Anm. 2 und 3.

144 Moralia, XXI, XV, 33, S. 1082.

145 Chronik II, 212, S. 97.

146 Historia Anglicana, II, S. 32.

147 Siehe H. Kaminsky, A History of the Hussite Revolution, Berkeley 1967; R. Kalivoda / A. Kolesnyk (Hg.), Das Hussitische Denken im Lichte seiner Quellen, Berlin 1969; R. Kalivoda, Revolution und Ideologie. Der Hussitismus, Köln 1976.

148 Siehe P. de Vooght, L'hérésie de Jean Huss, Löwen 1960; ders., Hussiana, Löwen 1960; ders., Jacobellus de Stríbro († 1429), premier théologien du hussime, Löwen 1972.

149 Über Tabor siehe Anm. 147 und F. G. Heymann, John Zizka and the Hussite Revolution, Princeton 1955.

150 Kalivoda / Kolesnyk, Das Hussitische Denken [wie Anm. 147], S. 296.

151 Ebd., S. 297 und 298.

152 Ebd., S. 298.

153 Ebd., S. 298 und 299.

154 Zitiert von J. Macek, Le mouvement hussite en Bohême, Prag 1965, S. 128.

155 Kalivoda / Kolesnyk, Das hussitische Denken [wie Anm. 147], S. 298.

156 Ebd., S. 296.

157 Ebd., S. 298.

158 Siehe die Kritik von R. E. Lerner, The Heresy of the Free Spirit in the Later Middle Ages, University of California Press 1972, S. 121–123.

159 Siehe N. Cohn, Das Ringen um das tausendjährige Reich, a. a. O., S. 210–222.

160 Siehe Thomas Müntzer, Schriften und Briefe, hg. v. G. Franz, Gütersloh 1968; Thomas Müntzer (1490–1525), Écrits théologiques et politiques, lettres choisies, übers. v. J. Lefebvre, Presses Universitaires de Lyon 1982 (mit einer bedeutenden Einführung); W. Elliger, Thomas Müntzer. Leben und Werk, Göttingen 1975; ders., Außenseiter der Reformation: Thomas Müntzer. Ein Knecht Gottes, Göttingen [2]1975; S. Bräuer / H. Junghaus (Hg.), Der Theologe Thomas Müntzer. Untersuchungen zu einer Entwicklung und Lehre, Berlin 1989.

161 E. Bloch, Thomas Münzer als Theologe der Revolution, München 1921.

162 Von dem gedichteten Glauben, in: Schriften, Liturgische Texte, Briefe, hg. v. R. Bentzinger / S. Hoyer, Berlin 1990, S. 28.

163 Ebd., S. 27 f.

164 Das Prager Manifest, in: Schriften [wie Anm. 162], S. 14.

165 Auslegung des andern Unterschieds Danielis, in: Schriften [wie Anm. 162], S. 85.

166 Ebd., S. 78.

167 Ebd., S. 78 f.

168 Ebd., S. 85.

169 Das Prager Manifest, in: Schriften [wie Anm. 162], S. 17.

170 Ausgedrückte Entblößung des falschen Glaubens, in: Schriften [wie Anm. 162], S. 92.

171 Ebd., S. 100 f.

172 Siehe Bibliographie Anm. 121. Außerdem C. Schmitt, Fraticelles, in: DS 5 (1964), col 1167–1188; L'Età dello Spirito e la fine dei Tempi in Gioacchino da Fiore e nel Gioachimismo medievale. Atti del Congresso internazionale di Studi Gioachimita, 1984, San Giovanni in Fiore 1986.

173 Siehe Bibliographie Anm. 54 und 55.

174 Beda, Homelie I, 2 in Adventu, CCL 122, S. 12–13.

175 Historia Ecclesiastica gentis Anglorum, V, 12, hg. v. B. Colgrave und R. A. B. Mynors, Oxford 1969, S. 494–495. Siehe Carozzi, Le voyage de l'âme dans l'Au-delà [wie Anm. 54].

176 Siehe Vogel, Le pécheur et la pénitence au Moyen Age [wie Anm. 53], S. 17–23.

177 Ebd., S. 27–32, und B. Poschmann, Buße und letzte Ölung [wie Anm. 53], S. 83–89.

178 Siehe Carozzi, Le voyage de l'âme dans l'Au-delà [wie Anm. 54], Allgemeine Schlußfolgerung.

179 Siehe Robert Somerville, The Council of Clermont and the First Crusade, in: Papacy, Councils and Canon Law in the 11th–12th Centuries, Variorum, Aldershot 1990, VIII.

180 Briefe 363 et 458.

181 Siehe L. Hödl, Ablaß, LM I (1980), col. 43–46.

182 Poschmann, Buße und letzte Ölung [wie Anm. 53], S. 119.

183 Siehe A. Meinhold/H. Smolinsky, Jubeljahr, TRE 17 (1988), S. 280–285; A. Frugoni, Il Giubileo di Bonifacio VIII, in: Incontri nel Medio Evo, Bologna 1979, S. 73–177.

184 Siehe oben Anm. 131.

185 Frugoni, Il Giubileo di Bonifacio VIII [wie Anm. 183], S. 87 und S. 152, Anm. 53.

186 Ebd., S. 150, Anm. 30.

187 Ebd.

188 Siehe Meinhold/Smolinsky, Jubeljahr [wie Anm. 183], S. 283.

189 Cronica fratris Salimbene de Adam, hg. v. O. Holder-Egger (MGH SS XXXII), S. 70 ff.; A. Vauchez, Une campagne de pacification en Lombardie autour de 1233, in: Mélanges d'Archéologie et d'Histoire publiés par l'École Française de Rome, 78 (1966, S. 503–549).

Literatur

Eschatologie und Chiliasmus

P. Alphandéry / A. Dupront, La Chrétienté et l'idée de croisade, 2 Bde., Paris 1954–59.

L'Apocalypse de Jean. Traditions exégétiques et iconographiques (IIe–XIIIe siècle), (Colloques Fondation Hardt, 1976), Genf 1979.

Apocalypticism in the Mediterranean World and the Near East, Tübingen 1983.

Apokalyptik, hg. v. K. Koch / J. M. Schmidt, Darmstadt 1982.

H. Bietenhard, Das tausendjährige Reich, Zürich 1955.

A. Borst, Die Katharer, Stuttgart 1953.

C. Carozzi / H. Taviani-Carozzi, La fin des temps. Terreurs et prophéties au Moyen Age, Paris 1982.

P. Classen, Eschatologische Ideen und Armutsbewegungen im 11. und 12. Jahrhundert, in: Povertà e Richezza nella Spiritualità dei secoli XI e XII, Todi 1969, S. 128–162.

N. Cohn, Das Ringen um das tausendjährige Reich, übers. von Eduard Thorsch, Bern 1961.

B. E. Daley, The Hope of the Early Church. A Handbook of Patristic Eschatology, Cambridge 1991.

Eschatologie et Cosmologie (Annales du Centre d'Étude des Religions, 3), Brüssel 1969.

H. Grundmann, Religiöse Bewegungen im Mittelalter. Untersuchungen über die gesellschaftlichen Zusammenhänge zwischen der Ketzerei, den Bettelorden und der religiösen Frauenbewegung im 12. und 13. Jahrhundert und über die geschichtlichen Grundlagen der Deutschen Mystik, Darmstadt [2]1970.

L. Gry, Le Millénarisme dans ses origines et son développement, Paris 1914.

F. Guntermann, Die Eschatologie des hl. Paulus, Münster 1932.

T. Hahn, Tychonius-Studien, Leipzig 1900.

H. Kaminsky, Chiliasm and the Hussite Revolution, in: Church History 26 (1957), S. 43–71.

H. Kaminsky, A History of the Hussite Revolution, Berkeley 1967.

W. Kamlah, Apokalypse und Geschichtstheologie. Die mittelalterliche Auslegung der Apokalypse vor Joachim von Fiore, Berlin 1935.

R. E. Lerner, Medieval Prophecy and Religious Dissent, in: Past and Present 72 (1976), S. 3–24.

R. E. Lerner, Poverty, Preaching and Eschatology in the Revelation Commentaries of Hugh of Saint-Cher, in: The Bible in the Medieval World: Essays in Memory of Beryl Smalley, Oxford 1985.

R. Manselli, La religion populaire au Moyen Age. Problèmes de méthode et d'histoire, Paris 1975.

B. McGinn, Apocalyptic Spirituality, New York 1979.

Ders., Visions of the End. Apocalyptic Traditions in the Middle Ages, New York 1979.

Prophecy and Millenarianism. Studies to M. Reeves, London 1980.

R. Rusconi, L'attesa della fine. Crisi della società, profezia ed Apocalisse in Italia al tempo del grande scisma d'Occidente (1378–1417), Rom 1979.

Studi sull'escatologia (VI Incontro di studiosi dell'Antichità cristiana. Rom 1977) in: Augustinianum 18, 1 (1978).

B. Töpfer, Das kommende Reich des Friedens. Zur Entwicklung chiliastischer Zukunftshoffnungen im Hochmittelalter, Berlin 1964.

The Use and Abuse of Eschatology in the Middle Ages, hg. v. W. Verbeke/ D. Verhelst/A. Welkenhuysen, Leuven 1988.

Die apokalyptische Denkweise

Adso Dervensis, De Ortu et Tempore Antichristi, hg. v. D. Verhelst, in: CC CM 45, Turnhout 1976.

P. J. Alexander, Byzantium and the Migration of Literary Works and Motifs: The Legend of the Last Roman Emperor, in: Mediaevalia et Humanistica, 2 (1973), S. 47–82.

P. J. Alexander, Medieval Apocalypses as Historical Sources, in: AHR 73 (1968), S. 1997–2018.

P. J. Alexander, The Oracle of Baalbeck: The Tiburtine Sibyl in Greek Dress, Washington 1967

W. Bousset, Der Antichrist in der Überlieferung des Judentums, des Neuen Testaments und der alten Kirche, Göttingen 1895.

A. Dempf, Sacrum Imperium. Geschichts- und Staatsphilosophie des Mittelalters und der politischen Renaissance, München/Berlin 1929.

R. K. Emmerson, Antichrist in the Middle Ages. A Study of Medieval Apocalypticism, Art and Literature, University of Washington Press 1981.

C. Erdmann, Endkaiserglaube und Kreuzzugsgedanke im 11. Jahrhundert, in: ZKG 51 (1932), S. 384–414.

Fin du monde et signes des temps. Visionnaires et prophètes en France méridionale (fin XIIIe–debut XVe siècles) (Cahiers de Fanjeaux, 27), Toulouse 1992.

F. Kampers, Kaiserprophetien und Kaisersagen im Mittelalter, München 1895.

E. Kantorowicz, Kaiser Friedrich der Zweite, Stuttgart 1980.

R. Konrad, De ortu et tempore Antichristi. Antichristvorstellungen und Geschichtsbild des Abtes von Montier-en-Der, München 1964.

M. Rangheri, La Epistola ad Gerbergam reginam de ortu et tempore Antichristi di Adsone di Montier-en-Der e le sue fonti, in: Studi Medievali 14 (1973), S. 677–732.
H. D. Rauh, Das Bild des Antichrist im Mittelalter. Von Tyconius zum deutschen Symbolismus, Münster 1973.
B. Rigaux, L'Antéchrist et l'opposition au royaume messianique dans l'Ancien et le Nouveau Testament, Gembloux/Paris 1932.
E. Sackur, Sibyllinische Texte und Forschungen, Halle 1898.
Les textes prophétiques et la prophétie en Occident. XIIe–XVIe siècle (Table ronde CNRS. Chantilly 1988), Rom 1990.
D. Verhelst, La préhistoire des conceptions d'Adson concernant l'Antichrist, in: RTAM 40 (1973), S. 52–103.

Joachim von Fiore und der Joachimismus

L'Attesa dell'Età Nuova nella Spiritualità della Fine del Medioevo (Convegni del Centro di Studi sulla Spiritualità Medievale, 3), Todi 1962.
F. Baethgen, Der Engelpapst: Idee und Erscheinung, Leipzig 1943.
E. Benz, Ecclesia Spiritualis, Stuttgart 1934.
M. W. Bloomfield/M. Reeves, The Penetration of Joachism into Northern Europe, in: Speculum 29 (1954), S. 772–793.
F. Ehrle, Die Spiritualen, ihr Verhältnis zum Franciskanerorden und zu den Fraticellen, in: Archiv für Literatur- und Kirchengeschichte des Mittelalters 1 (1885), S. 509–569.
A. Frugoni, Celestiniana, Rom 1953.
R. E. Lerner, Refreshment of the Saints. The Time after Antichrist as a Station for Earthly Progress in Medieval Thought, in: Traditio 32 (1976), S. 97–144.
H. de Lubac, La postérité spirituelle de Joachim de Flore, I: De Joachim à Schelling, Paris 1978.
R. Manselli, La »Lectura super Apocalipsim« di Pietro di Giovanni Olivi. Ricerche sull'escatologismo medievale, Rom 1955.
Ders., Spirituali e Beguini in Provenza, Rom 1959.
Ders., La terza Età, Babylon e l'Anticristo Mistico, in: BISIME 82 (1970), S. 47–79.
B. McGinn, Angel Pope and Papal Antichrist, in: Church History 47 (1978), S. 155–173.
H. Mottu, La manifestation de l'Esprit selon Joachim de Fiore, Neuchâtel 1977.
Il prophetismo gioachimita tra Quattrocento e Cinquecento, a cura di G. L. Potestà (Atti dell III Congresso ... S. Giovanni in Fiore 1989), Genua 1991.
M. Reeves, The Influence of Prophecy in Medieval Thought, in: Mediaevalia et Humanistica 5 (1974), S. 51–75.
Ders., The Influence of Prophecy in Later Middle Ages: A Study in Joachimism, Oxford 1969.

Ders., Joachim of Fiore and the Prophetic Future. London 1976.
Ders., Some Popular Prophecies from the Fourteenth to the Seventeenth Centuries, in: Popular Belief and Practice (Studies in Church History, 8), Cambridge 1972, S. 107–134.
Ders./B. Hirsch-Reich, The Figurae of Joachim of Fiore, Oxford 1972.
F. Simoni, Il »Super Hieremiam« e il Gioachimismo Francescano, in: BISIME 82 (1970), S. 13–46.
D. C. West/S. Zimdars-Swartz, Joachim of Fiore. A Study in Spiritual Perception and History, Indiana University Press 1983.

Zeit der Geschichte und Zeit des Heils

Aiôn. Le temps chez les Romains (Caesarodunum, 10 bis), Paris 1976.
P. Anciaux, La théologie du sacrement de pénitence au XIIe siècle, Löwen 1949.
R. Foreville, Le jubilé de saint Thomas Becket du XIIIe au XVe siècle (1220–1470). Étude et documents, Paris 1958.
B. Guenée, Histoire et culture historique dans l'Occident médiéval, Paris 1980.
J. Hubaux, Les grands mythes de Rome, Paris 1945.
J. A. Jungmann, Die lateinischen Bußriten in ihrer gesellschaftlichen Entwicklung, Innsbruck 1932.
K. H. Krüger, Die Universalchroniken (Typologie der Quellen des westlichen Mittelalters, 16), Turnhout 1976 u. 1985 (aktualisiert).
H. C. Lea, A History of Auricular Confession and Indulgences, London 1896.
R. E. Lerner, The Powers of Prophecy. The Cedar of Lebanon Vision from the Mongol Onslaught to the Dawn of the Enlightment, Berkeley 1983.
A. Luneau, L'histoire du salut chez les Pères de l'Ѐglise. La doctrine des âges du monde, Paris 1964.
Il movimento dei disciplinati nel settimo centenario dal suo inizio (Congresso Perugia 1960), Perugia 1962.
N. Paulus, Geschichte des Ablasses am Ausgang des Mittelalters, 3 Bde., Paderborn 1922–1923.
B. Poschmann, Buße und letzte Ölung, Freiburg 1951.
Temporalità ed Escatologia, a cura di G. Ferretti (Atti del primo colloquio su Filosofia e Religione. Macerata 1984), Turin 1986.
Le temps chrétien de la fin de l'Antiquité au Moyen Age (IIIe–XIIIe siècles) (Colloque CNRS, Paris 1981), Paris 1984.
A. D. van den Brincken, Studien zur lateinischen Weltchronistik bis in das Zeitalter Ottos von Freising, Düsseldorf 1957.
C. Vogel, Le pécheur et la pénitence dans l'Église ancienne. Paris 1966.
Ders., Le pécheur et la pénitence au Moyen Age, Paris 1969.

Abkürzungsverzeichnis

Lexika und Enzyklopädien

Cath = Catholicisme. Hier, aujourd'hui, demain, hg. G. Jacquemet, Paris 1948 ff.

DACL = Dictionnaire d'archéologie chrétienne et de liturgie, hg. E. Cabrol/ H. Leclercq, Paris 1907–1953.

DHGE = Dictionnaire d'histoire et de géographie ecclésiatiques, hg. A. Baudrillart, Paris 1912 ff.

DS = Dictionnaire de la Spiritualité, hg. M. Viller, Paris 1932 ff.

DTC = Dictionnaire de théologie catholique, hg. A. Vacant/E. Mangenot/E. Amann, Paris 1930 ff.

LM = Lexikon des Mittelalters, München–Zürich 1980 ff.

LThK = Lexikon für Theologie und Kirche, hg. M. Buchberger, Freiburg 1930–38, [2]1957–65.

Pauly-Wissowa = Realenkyclopädie der classischen Altertumwissenschaft, hg. Pauly und G. Wissowa, Stuttgart 1893 ff.

RAC = Reallexikon für Antike und Christentum, hg. F. J. Dölger und Th. Klauser, Stuttgart 1950 ff.

TRE = Theologische Realenzyklopädie, hg. G. Krause/G. Muller, Berlin 1974 ff.

Sammlungen

CC CM = Corpus Christianorum. Continuatio Medievalis, Turnhout–Paris.

CC L = Corpus Christianorum. Series Latina, Turnhout–Paris.

MGH SRM = Monumenta Germaniae Historica. Scriptores rerum Merovingicarum, Hannover.

MGH SS = Monumenta Germaniae Historica. Scriptores, Hannover.

PL = Patrologia, series latina, hg. P. Migne.

SC = Sources chrétiennes, hg. H. de Lubac und J. Daniélou, Paris.

CSEL = Corpus Scriptorum Ecclesiasticorum Latinorum, Wien.

Zeitschriften

AHR = American Historical Review.
BISIME = Bollettino dell'Istituto storico italiano per il medio evo e Archivio Muratoriano, Rom 1886 ff.
RÉAug = Revue des Études Augustiniennes, Paris 1955 ff.
RTAM = Recherches de théologie ancienne et médiévale, Löwen 1929 ff.
SM = Studi Medievali, Turin 1904 ff.
VC = Vigiliae Christianae, Amsterdam 1947 ff.
ZKG = Zeitschrift für Kirchengeschichte, Gotha / Stuttgart 1876 ff.

Zeittafel

um -1250	Auszug der Hebräer unter Moses aus Ägypten, Gesetzgebung im Sinai
um -1010/-970	König David, Einnahme Jerusalems
um -970/-931	König Salomo
um -931	Spaltung in die Königreiche Israel und Juda
-598/-538	Exil der Israeliten in Babylonien
-520/-515	Bau des 2. Tempels
-336/-323	Alexander der Große
-319/-287	Streit der »Diadochen« (Militärs) um die Herrschaftsanteile an Alexanders Großreich
um -275	Entstehung der Septuaginta (griech. Bibelübersetzung)
-200/-142	Judäa unter der Oberhoheit der Seleukiden
-169	Plünderung des Tempels durch Antiochus IV. Epiphanes
vor -166	Aufstand des Priesters Mattatias
-166	Sein Sohn Judas Makkabäus wird sein Nachfolger; Bündnis mit den Römern
um -164	Entstehung des Buches Daniel, apokr. Henochbuch 83-90
-64	Syrien mit Palästina römische Provinz
-63	Pompeius erobert Jerusalem
-37/-14	Herodes regierender König in Jerusalem
30	Hinrichtung des Jesus von Nazareth (8. April 30 = 14. Nissan)
33/34	Jüdische Unruhen unter dem römischen Prokuratoren Pilatus
54/68	Nero, römischer Kaiser
69/70	Belagerung Jerusalems, Eroberung durch Titus
um 70	Evangelium nach Markus
73	Eroberung der letzten jüdischen Feste Massada
	Anfänge rabbinischen Studiums (Akademie) in Javne, später Tiberias; Anfänge der Mishna
78	Josephus Flavius verfaßt den »Jüdischen Krieg«
um 80	Evangelien nach Matthäus und Lukas
um 85	Evangelium nach Johannes
um 95	Abfassung der »Offenbarung des Johannes«
132-135	Zweiter jüdischer Aufstand unter Bar Kochbar (»Sternensohn«) gegen Hadrian
um 235	Hippolyt
313	Toleranzedikt von Mailand: Zulassung des christlichen Kults

324-337	Konstantin Alleinherrscher über das ost- und weströmische Reich
337	Taufe und Tod Konstantins
vor 400	Tyconius
340/397	Ambrosius, Bischof von Mailand, Kirchenvater
345-420	Hieronymus, Kirchenvater
354-430	Augustinus, Bischof von Hippo (395), Kirchenvater
318-381	Arianischer Streit (nach Bischof Arius war Christus geschaffen, daher nicht ewig und nicht wesensgleich mit dem Vater)
um 375	Zerstörung des Ostgotenreiches in Südrußland durch die Hunnen; Völkerwanderung
um 375	Damasus I. formuliert den römischen Anspruch auf Vorrang in Lehrfragen vor den anderen Patriarchaten
376	Versuch der Ansiedlung der Westgoten innerhalb des römischen Reichs
380	Verbot des Arianismus im oströmischen Reich; der Athanasianismus (Dreifaltigkeitslehre des Katholizismus) wird verbindlich
391	Verbot aller heidnischen Kulte im Gesamtreich
394-395	Theodosius Alleinherrscher über das Gesamtreich
410	Plünderung Roms durch die Westgoten
451	Schlacht auf den Katalaunischen Feldern gegen die Hunnen unter Attila (gest. 453)
455	Plünderung Roms durch die Wandalen
440/461	Leo I. gilt als der eigentliche Begründer des römischen Primats
476	mit der Absetzung des Romulus Augustulus durch Odoaker erlischt das Westreich
492/96	Papst Gelasius I.: Formulierung der Lehre von den zwei Schwertern (Konkurrierende oder Kooperierende Gewalten: Papst und Kaiser)
493	Der Ostgote Theoderich begründet als römischer Magister militum und Patricius das ostgotische Reich mit Sitz in Ravenna
527/565	Justinian I. Kaiser, Einigung des Reiches
553	Ende des Ostgotenreichs in Italien nach dem Sieg der Oströmer unter Belisar
seit 486	Expansion des Frankenreiches (Merowinger) vom Stammland in Nordbrabant südlich bis zum Mittelmeer und östlich über den Rhein hinaus gegen Reste römischer Herrschaft, Westgoten, Burgunder, Alemannen und Thüringer
480/543	Benedikt von Nursia; Bindung der mönchischen Bewegungen im Westen unter einheitlicher Ordensregel
482/511	Chlodwig, Blüte des Merowingerreiches
590/604	Gregor I. Papst, der erste Mönchspapst (Servus servorum dei)
nach 660	Entstehung der apokryphen Apokalypse des sog. Ps.-Methodius
672/735	Beda Venerabilis
714-741	Karl Martell, Hausmeier, besiegt

732	die Araber bei Tours und Poitiers
751-768	Pippin II. als erster fränkischer König durch den Päpstlichen Gesandten Bonifatius gesalbt
um 730/804	Alkuin von York, Abt von Sankt Martin in Tours
768/814	Karl der Große König, seit 771 Alleinregent, seit 800 Kaiser
786	Abschluß (3. Redaktion) des Apokalypsenkommentars des Beatus von Liébana
800	Kaiserkrönung Karls in Rom durch Leo III.
814/840	Ludwig der Fromme Kaiser
um 780/856	Hrabanus Maurus, Abt von Fulda, Mainzer Erzbischof
um 800/865	Haimo von Auxerre
816/17	Klosterreform unter Benedikt von Aniane
910	Gründung von Cluny in Burgund; Ausgangspunkt der cluniazensischen Reform
911	Ende der Karolingerdynastie im ostfränkischen Reich; Ungarneinfälle
953/954	Adso von Montier-en-Der verfaßt seinen Antichrist-Traktat
955	Niederlage der Ungarn auf dem Lechfeld gegen König Otto I.
962	Kaiserkrönung Ottos I. in Rom
987	Ende der Karolingerdynastie im Westfrankenreich zugunsten der Robertiner (Kapetinger)
1012	Reform durch Romuald von Ravenna (Camaldulenser)
1020/1030	Ausbildung asketisch-chiliastischer religiöser Bewegungen an unterschiedlichen Orten
1049/54	Papst Leo IX. leitet die Kirchenreform ein.
1059	Papstwahlordnung Nikolaus II.: Ausschaltung des Einflusses des römischen Adels und des Kaisers
1065/1106	Heinrich IV. König
1069	Reform des Klosters Hirsau
1073/85	Höhepunkt der Kirchenreform unter Gregor VII.: Unumschränkter Primat und Entgeistlichung des Königsamtes
1084	Kaiserkrönung Heinrichs IV. durch den Gegenpapst Clemens III.
1084	Reformgründung durch Bruno von Köln (Karthäuser)
1085	Humbert von Silva Candida (Moyenmoutier) beendet seinen Traktat gegen die Simonie
1096/99	1. Kreuzzug; Eroberung Jerusalems und Begründung des Königreiches von J.
1098	Reformgründung durch Robert von Molesme (Zisterzienser)
1112	Bernhard tritt in das Zisterzienserkloster Cîteaux ein, 1115 Abt von Clairvaux
1120	Reformgründung durch Norbert von Xanten (Prämonstratenser)

1122	Wormser Konkordat zwischen Heinrich V. und Calixt II.: Neubestimmung der Einflußsphären von Königtum und Papsttum; Verzicht des K. auf die Bischofsinvestitur
1142/1155	Erstes Auftreten von Katharern und Albingensern
1147/49	2. Kreuzzug zur Wiedergewinnung zwischenzeitlich verlorengegangener Territorien
1157	Otto von Freising schließt seine Weltchronik ab
1160-62	Tegernseer Antichrist-Traktat entstanden
1170	Petrus Waldes beginnt sein Wirken (Waldenser)
1187	Rückeroberung Jerusalems durch Salah-ad-din (Saladin)
1189/92	3. Kreuzzug, nach dem Tod Kaiser Friedrichs I. (Barbarossas) militärisch gescheitert; diplomatische Verständigung mit Salah-ad-din
1190	Joachim von Fiore († 1202) gründet das Kloster Fiore
1202/04	4. Kreuzzug
1209/29	Albigenserkriege
1218	Petrus Waldes gestorben
1228/29	5. Kreuzzug; Kaiser Friedrich II. verlangt von Akko aus auf dem Verhandlungsweg die Verfügung über Jerusalem, Nazareth und Bethlehem
1216	Gründung des Dominikanerordens
1223	Päpstliche Bestätigung der Gründung des Franziskanerordens
1241	Rückzug der Mongolen aus Mitteleuropa trotz ihres Sieges in der Schlacht bei Liegnitz
1244	Rückeroberung Jerusalems durch die Muslime
1245	größte Ausbreitung des Mongolenreiches, über ganz Rußland
1251	Kreuzzugbewegung der Pastorellen, kommt noch in Frankreich zum Erliegen
1260	Jahr des Anbruchs des 3. Weltalters im Zeichen des Heiligen Geistes nach der Weissagung Joachims von Fiore
1260	Auftreten des Wanderpredigers Gerardo Segarelli von Parma
1260	Die Bewegung der Geißler (Flagellanten) nimmt in Perugia ihren Ausgang
1291	Akko, die letzte christliche Bastion im Hl. Land wird von den Moslems zurückerobert
1300	Jubeljahr, ausgerufen durch Papst Bonifaz VIII.
1300/1303	Briefe des Fra Dolcino
1320	2. Kreuzzug der Pastorellen
1330/1384	John Wyclif
1348/50	die große Pestwelle löscht große Teile der westeuropäischen Bevölkerung aus Pogromwelle gegen Juden als angebliche Brunnenvergifter
1358	Bauernaufstand der Jacquerie in Frankreich (Jaques Bonhomme)

1381	Bauernaufstand in England (Watt Tyler, John Ball)
1387/1417	Großes Schisma; seit dem Konzil zu Pisa 1409 streiten drei Päpste um die Anerkennung
1402	Jan Hus wird Prediger an der Prager Bethlehemskapelle
1414/1418	Konstanzer Konzil unter kaiserlichem Vorsitz
1415	Trotz kaiserlichen Geleits werden Jan Hus und Hieronymus von Prag durch das Konstanzer Konzil verurteilt und anschließend verbrannt
1419/1436	Hussitenkriege
1433	Prager Kompaktaten: Ausgleich mit den gemäßigten Hussiten (Utraquisten)
1434	Militärische Niederlage der Taboriten gegen die Utraquisten
1453	Fall von Konstantinopel, Aufstieg des osmanischen Reiches zur Weltmacht
1467	Formierung der Unität der böhmisch-mährischen Brüder aus Taboriten und Waldensern
1476	Aufstand des »Pfeifers von Niklashausen« (Hans Böhm) in Franken
1492	Christoph Kolumbus entdeckt San Salvador, Kuba und Haiti
1493	»Bundschuh«-Aufstand am Oberrhein
1505	Martin Luther tritt in das Kloster der Augustiner-Eremiten in Erfurt ein
1514	Aufstand des »Armen Konrad« (Schwaben)
1517/21	Anfänge des reformatorischen Wirkens Martin Luthers
1519/21	Erdumseglung durch Fernão de Magalhães: Beweis für die Kugelgestalt der Erde
1524/25	Bauernkrieg, Hinrichtung Thomas Müntzers (1525)
1534	Jahr des Anbruchs des »Tausendjährigen Reiches Christi« gemäß dem Prediger Melchior Hoffmann aus Schwäbisch Hall
1534	Gründung des Jesuitenordens (»Societas Jesu«) durch Ignatius von Loyola
1534/35	Regiment der Wiedertäufer in Münster (»Königreich Zion«)

Glossar

Albigenser:	s. Katharer.
Antiochus IV. Epiphanes:	Makedonischer König (175–164 v. Chr.) des Seleukidenreiches; gab durch seine gewaltsame Hellenisierungspolitik den Anlaß zum jüdischen Aufstand unter der Führung der Makkabäer (167 v. Chr.) und wurde in der jüdischen Überlieferung zum Inbegriff des feindlich gesinnten Gewaltherrschers, der den Tempel Jahwes in Jerusalem entweihte und von Gottes Hand gestraft wurde. An die Begebenheit erinnert das Chanukkafest.
Apologeten	[griech.]: Im allgemeinen Verteidiger einer bestimmten Anschauung gegen Kritik von außen; im engeren Sinne die christlichen Schriftsteller des 2. Jahrhunderts wie Justin oder Tatian, die das Christentum gegen Kritik von heidnischer Seite verteidigten.
Apostasie	[griech.]: Abfall vom Glauben; so erklärt sich etwa die Bezeichnung Kaiser Julians (361–363), der nach Konstantin den traditionellen römischen Götterkult wieder zuließ, als Julian Apostata.
Apostoliker:	s. Katharer.
Bettelorden:	s. Mendikanten.
Cluny:	Benediktinerabtei, Kloster in Burgund (Dép. Saône-et-Loire), 910 gegründet, Ausgangspunkt der ersten großen eigenständigen Reformbewegung des Mittelalters (»cluniazensische Reform«), die über den innerkirchlichen Bereich hinaus die gesamte Gesellschaft zu durchdringen suchte. Von der gewaltigen Klosterkirche, die in ganz Europa stilbildend wirkte (3. Baustufe 1089 begonnen), ist heute nur noch das Südquerhaus erhalten.
Dominium	[lat.]: Herrschaft nach römischem Recht, die unbeschränkte Herrschaftsgewalt über eine Sache oder ein Territorium.
Donatisten:	Anhänger des Gegenbischofs Donatus von Karthago († um 355); die D. erkannten den regulären

Bischof Caecilian nicht an, da dieser in Zeiten der Verfolgung Kirchengüter preisgegeben hatte und somit die von ihm gespendeten Sakramente als unrein und ungültig betrachtet wurden. Die Gegenkirche der Donatisten bestand in Nordafrika nach wiederholten Schlichtungsbemühungen, unter anderem durch Kaiser Konstantin, und von Gelehrten wie Augustinus heftig bekämpft (Contra Donatistas), vom 4. bis zum 7. Jahrhundert.

Ekklesiologie — [griech.]: Lehre von der Kirche als durch Gott begründete, durch ihn gelenkte und zu ihm vermittelnde Gemeinschaft der Gläubigen in spiritueller und hierarchischer Hinsicht.

Gnosis, gnostisch — [griech.: Erkenntnis]: Der Gnostizismus als wenig geschlossene religiöse Strömung ohne einheitliche Gemeinde- oder Theoriebildung ging in einem radikal dualistisch angelegten Denken von der Gottfeindlichkeit der Materie aus, die es zu überwinden gelte. Scheidungen zwischen Licht und Dunkel prägten dieses Denken. Die orthodoxe christliche Doktrin kritisierte, daß nach gnostischer Sicht alles Dingliche in der Welt schlecht sein müsse und damit das Gute der Schöpfung Gottes negiert werde. Dualistisch begründete Denkmodelle sind unter anderen Vorzeichen auch in zeitgenössischen philosophischen Strömungen lebendig.

Hirsau: — Benediktinerabtei im Nordschwarzwald (Kr. Calw), im 9. Jahrhundert gegründet, 1049 neu gegründet, unter Abt Wilhelm seit 1069 Ausgangspunkt der cluniazensischen Klosterreform ↑ östlich des Rheins (»Hirsauer Reform«).

Humiliaten — [lat. humilis: demütig]: Auch »Arme Lombarden« genannt, Bußorden, 1201 aus einem Vorgängerorden entstanden, 1571 aufgehoben.

Indiktion, Indiktionszyklus: — Ein seit dem 4. Jahrhundert nachweisbarer Datierungszyklus, bei dem die »Indiktion« oder »Römerzinszahl« nach dem Datum das jeweilige Jahr im Zyklus anzeigt.

Katharer — [griech.: die Reinen]: Im 12. Jahrhundert entstandene religiöse Bewegung mit wechselnden Bezeichnungen (Apostoliker, Patarener, Neumanichäer) und Nebenlinien (Albigenser). Ihre Anhänger nannten sich selbst »Boni homines« oder einfach »Christiani«. Schwerpunkte der Katharerbewegung entstanden in Italien, Südfrankreich, im Rheinland und in England. Kernpunkt der Lehre war neben einer Ablehnung jeder kirchlichen Verfassung und Hierarchie sowie einer strikten Beachtung des Armutsgebots eine streng dualistische Weltsicht, in der der Teufel, der Schöpfer der schlechten materiellen Welt, Gott entgegengesetzt war. Trotz Inquisition und regelrechter Kreuzzüge zu ihrer Niederringung lebten katharische Strömungen in Südfrankreich noch bis ins 14. Jahrhundert, in Italien bis ins 15. Jahrhundert fort.

Kelsos/Celsus: Philosoph (Platoniker) des 2. Jahrhunderts, Verfasser einer systematischen Kritik des Christentums (um 178), der Origenes mit einer ausführlichen Stellungnahme begegnete. Kelsos' Schrift ist verloren und nur in Auszügen aus Zitaten bei Origenes bekannt.

LXX: s. Septuaginta.

Mendikanten [lat.: mendicare: betteln]: Bezeichnung der Bettelorden (insbesondere Franziskaner, Dominikaner, Augustiner-Eremiten), die seit der ersten Hälfte des 13. Jahrhunderts in bewußter Abgrenzung zu den traditionellen Orden (Benediktiner, Zisterzienser etc.) und mit dem Ziel der umfassenden Kirchenreform gemäß dem Ideal gelebter Armut entstanden. Im Unterschied zu den älteren Orden widmen sich die M. vornehmlich seelsorgerischen Aufgaben mit volkskirchlichem Impetus (»Predigerorden«), dabei anfänglich oft in gezielter Abgrenzung gegenüber einer als elitär und gewinnsüchtig gebrandmarkten traditionellen Kirche.

Montanismus: schwärmerisch apokalyptische Bewegung des 2. Jahrhunderts in Kleinasien, benannt nach ihrem Begründer, Montanus, die großen Einfluß erlangte und auf entschiedene Zurückweisung durch die kirchlichen Hauptströmungen stieß. Die M. prophezeiten ein unmittelbar bevorstehendes Weltende und propagierten einen moralischen Rigorismus.

Purgatorium [lat.: Reinigungsort]: Das Fegefeuer, nach kath. Lehre der Ort und Zustand zeitweiliger Läuterungsleiden für die Verstorbenen, die im Moment des Todes von schweren, aber nicht von nachlaßfähigen Sünden frei sind und zeitliche Sündenstrafen verbüßen müssen. Die Wurzeln der Idee eines Purgatoriums reichen bis ins 2./3. Jahrhundert zurück, fanden aber erst mit der Zeit zu einer dogmatischen Verfestigung (durch die Reformatoren abgelehnt, in der Ostkirche nicht dogmatisch gefaßt, in der kath. Kirche zuletzt durch das Zweite Vatikanische Konzil bestätigt).

Septuaginta [lat.: siebzig, oft zitiert als LXX]: entstanden in der Zeit nach Alexander d. Gr. unter König Ptolemaios II. Philadelphos (reg. -285/-246), so genannt nach den legendären 72 weisen Übersetzern der hebr. Bibel ins Griechische. Die Übersetzung folgte dem Bedürfnis von Juden in der hellenischen Welt, die des Griechischen nicht mächtig waren, und ist ein Indiz für die großen Missions- und Akkulturationserfolge des Judentums. Seit dem 2. Jahrhundert n. Chr. lösten neue griechische Übersetzungen (Theodotion, Aquila) die S. bei den hellen. Juden ab, nicht zuletzt weil einzelne Lesarten der LXX mittlerweile von christlicher Seite als Beleg der christlichen AT-Interpretation ins Feld geführt wurden. Auf christlicher Seite erfuhr die S. eine Überarbeitung durch Origenes (Hexapla).

Stilicho: römischer Feldherr und Staatsmann vandalischer Abkunft (408 hingerichtet), war mit einer Nichte des Kaisers Theodosius verheiratet und als Vormund des unmündigen weströmischen Kaisers Honorius faktisch Herrscher im Westen. Sein Sturz folgte dem gescheiterten Versuch, nach dem Tode des Ostkaisers Arkadius auch die Kontrolle über das oströmisch-byzantische Reich zu erlangen.

Transsubstantiation [lat.]: Vollständiger Übergang einer Substanz in eine andere, seit dem 12. Jahrhundert förmlicher Begriff zur Beschreibung des Übergangs der Substanzen von Brot und Wein in der Eucharistie (Meßopfer/Abendmahl) in die wirklichen Substanzen des Fleisches und Blutes Christi (Realpräsenz). Im Unterschied zur gewandelten, unsichtbaren Substanz geht die T.theorie davon aus, daß die Akzidentien, d. h. die äußerlich wahrnehmbaren Formen von Brot und Wein, unverändert erhalten bleiben, womit die Wahrnehmung der gewandelten Substanz zum Glaubensgeheimnis wird. Das Gegenteil zur T. waren die Konsubstantiation (Nebeneinander der Substanzen von Brot/Fleisch und Wein/Blut) oder rein symbolische Eucharistieverständnisse (Reformationszeit). Da die T.theorie wesentlich an die antike aristotelische Substanzlehre gebunden ist, werden katholischerseits heute andere Deutungen vorgetragen (etwa Transsignifikation, Transfinalisation).

»Vier Reiche«: Prophezeiung im Buch Daniel mit der Deutung des Traumes Nebukadnezars (Dan. 2): Die Reiche von Gold, Silber, Bronze und Eisen, letzteres alle anderen Reiche zerschmetternd, aber mit Ton vermischt; daher wird es brüchig sein und von jenem Stein (nämlich Gottes ewiges Reich), der »ohne Zutun von Menschenhand« herabstürzt, zermalmt werden. Die Frage, welche Reiche hier gemeint seien und nach wessen Ende Gottes Reich anbrechen werde, stand im Anschluß an das Buch Daniel stets im Mittelpunkt der apokalyptischen Literatur und führte über die Jahrhunderte hinweg zu den unterschiedlichsten Deutungen (Rom, Byzanz, Islam).

Vulgata [lat.: die allgemein verbreitete]: Lateinische Bibelübersetzung (NT und einige AT-Bücher), im Auftrag Papst Damasus' I. von Hieronymus ab 383 für das AT nach der Septuaginta ↑ und älteren lateinischen Lesarten vorrangig für das NT (Vetus Latina, Itala) sowie, in geringerem Umfang, nach der hebräischen Bibel und aramäischen Vorlagen erarbeitet. Galt mit häufigen Textüberarbeitungen bis in die Neuzeit hinein wenigstens auf katholischer Seite als maßgeblicher Bibeltext.

Waldenser: Laienpredigerbewegung des 12. Jahrhunderts, genannt nach dem Stifter Petrus Waldes, auch »Arme von Lyon« genannt; die Bewegung trat für das Armutsideal auch außerhalb der Klöster und eine umfassende Kirchenreform ein. Das 3. Laterankonzil (1179) gestattete den Waldensern die Sitten-, aber nicht die Glaubenspredigt. Die Weigerung, diese Beschränkung zu akzeptieren, führte 1184 zur Verurteilung durch Papst Lucius III. Unter den Humiliaten ↑ fanden die W. in Norditalien Gesinnungsgenossen. Trotz zunehmender Bekämpfung durch die Kirche und im Zeichen zunehmend extremer Lehren (Zurückweisung von kirchl. Lehramt, Hierarchie, Sündenvergebung, Zehntleistung etc.) gewannen die W. im 13. Jahrhundert Einfluß über den gesamten Alpenraum und bis nach Polen, Böhmen und Ungarn. Während der Reformation im 16. Jahrhundert schlossen sich Teile dem Calvinismus an, wohingegen allen Verfolgungen zum Trotz in Savoyen und Piemont sowie in Südamerika bis heute w.ische Gemeinden bestehen. Eine theologische Fakultät besteht in Rom.

Europäische Geschichte

Herausgegeben von Wolfgang Benz

Konzeption: Wolfgang Benz,
Rebekka Habermas und Walter H. Pehle

Band 60113

Band 60101

Band 60102

Europa entdecken – die neue Reihe

Die neue Fischer-Buchreihe *Europäische Geschichte* lädt ein zur Entdeckung Europas, blickt weit über nationale Grenzen hinweg und macht mit einem breiten Themenspektrum gemeinsame, aber auch trennende historische Entwicklungen deutlich.

Die 65 Autorinnen und Autoren der *Europäischen Geschichte* bieten aus höchst unterschiedlichen Perspektiven neuartige historische Überblicke von der Antike bis zur Gegenwart.

Die Buchreihe *Europäische Geschichte* besteht ausschließlich aus Originalausgaben. Die knappen und gut lesbaren Darstellungen wenden sich an ein breites Publikum, das sachliche Information ebenso schätzt wie deren anschauliche Darbietung.

Fischer Taschenbuch Verlag

fi 1701 / 3 a

Joscha Schmierer

Mein Name sei Europa

Einigung ohne Mythos und Utopie

Band 13212

Die europäische Einigung ist ins Stocken geraten, und das aus mehreren Gründen: Das Ende des Ost-West-Konflikts wirft die Frage auf, ob die nächsten Anstrengungen eher einer *Erweiterung* der Europäischen Union gelten sollen oder ob die *Vertiefung* der bisherigen, auf das westliche Europa beschränkten Gemeinschaft im Vordergrund stehen sollte. – Die Anforderungen, die die bevorstehende Währungsunion an die einzelnen Volkswirtschaften stellt, drohen die Zustimmung der Bürger zur europäischen Einigung zu erschüttern. – Einen ähnlichen Effekt hat auch das Demokratiedefizit der Europäischen Union: Die Entscheidungen aus Brüssel wirken immer direkter auf unser aller Leben, aber unsere Mitspracherechte sind derzeit noch unterentwickelt. Aus dem Blick gerät angesichts dieser aktuellen Schwierigkeiten leicht, was für ein gewaltiger Friedenserfolg allein die bisher schon erreichte europäische Einigung ist. Wer hätte vor fünfzig Jahren wohl zu hoffen gewagt, daß die europäischen Mächte wenige Jahrzehnte nach dem Zweiten Weltkrieg nicht mehr in Kriegen mit Massenheeren aufeinander losgehen würden, sondern in Konferenzen um Milchquoten streiten? In einer Reihe von historisch fundierten Essays, die die geopolitische Konstellation ebenso berücksichtigen wie die gegenwärtigen Entscheidungszwänge und die zukünftigen Weichenstellungen, plädiert Joscha Schmierer für eine entschlossene Fortsetzung der europäischen Einigung.

Fischer Taschenbuch Verlag

fi 474 / 3

Hoffnung Europa

Deutsche Essays von
Novalis bis Enzensberger

Herausgegeben von
Paul Michael Lützeler

509 Seiten. Leinen

Seit rund 200 Jahren gehört die Einigung Europas zu den wesentlichen politischen Visionen der Schriftsteller: Von Novalis' Fragment *Die Christen oder Europa* bis zu Enzensbergers Essay *Brüssel oder Europa* beschäftigte das allmähliche Näherrücken der abendländischen Kulturen Phantasie und Geist zahlreicher großer Autoren zumal in Deutschland. Im Gegensatz zu den sozialistischen Utopien, die zur Zeit weitgehend diskreditiert sind, nimmt die europäische Idee immer konkretere Formen an – und scheint als einzige aktuelle politische Vision Widerstand gegen das erneute Aufleben extremer nationalistischer Tendenzen zu bieten. Auch wenn die Europa-Pläne der Brüsseler Politiker bei vielen Bürgern des Kontinents auf wenig Gegenliebe treffen, wird die Einigung der »Alten Welt« auf Jahrzehnte hinaus eines der bestimmenden und zugleich positiven Zukunftsbilder bleiben. Der Herausgeber, der 1992 eine umfangreiche Studie zum Thema *Die Schriftsteller und Europa* publizierte, arbeitet in seinem Nachwort die wesentlichen Argumentationslinien der Autoren über zwei Jahrhunderte hinweg heraus und beschreibt zudem, wie sich die Idee des vereinten Europas heute in die Entwicklung hin zu multikulturellen und regionalen Strukturen einfügt.